Gerhard Eisenkolb
Auf den Spuren der Hudson Bay Company

Gerhard Eisenkolb

Auf den Spuren der Hudson Bay Company

Reisen im Norden Kanadas

Wolfgang Krüger Verlag

Für die deutsche Ausgabe dieses Buches habe ich die in allen deutschen Nachschlagewerken gebräuchliche Firmenbezeichnung ›Hudson Bay Company‹ verwendet. Der eingetragene Name der Gesellschaft lautet ›Hudson's Bay Company‹.

G. E.

Umschlagentwurf: Ralf Rudolph
Gesamtherstellung: Clausen & Bosse, Leck/Schleswig
Printed in Germany, 1978
ISBN 3-8105-0503-X

Inhalt

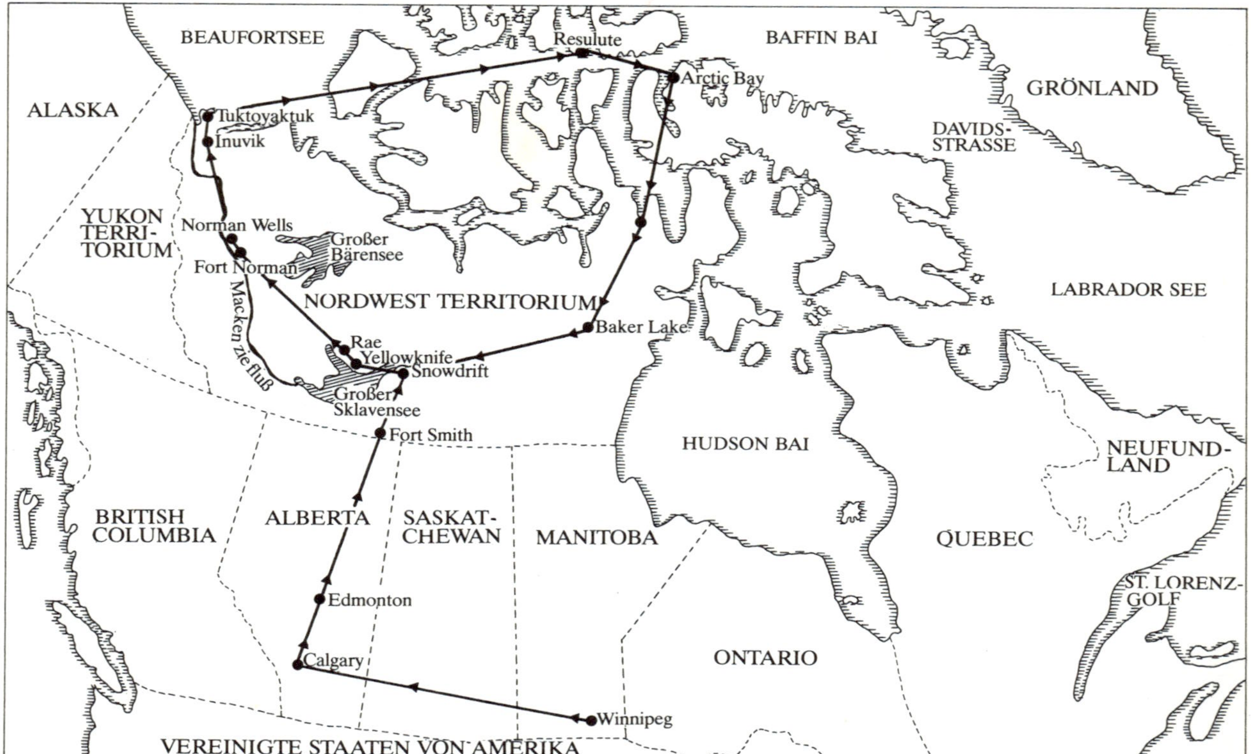
BEAUFORTSEE
BAFFIN BAI
GRÖNLAND
DAVIDS-
STRASSE
LABRADOR SEE
ALASKA
Resulute
Arctic Bay
Tuktoyaktuk
Inuvik
YUKON
TERRI-
TORIUM
Norman Wells
Fort Norman
Großer
Bärensee
NORDWEST TERRITORIUM
Baker Lake
Macken zie fluß
Rae
Yellowknife
Snowdrift
Großer
Sklavensee
Fort Smith
HUDSON BAI
NEUFUND-
LAND
BRITISH
COLUMBIA
ALBERTA
SASKAT-
CHEWAN
MANITOBA
QUEBEC
ST. LORENZ-
GOLF
Edmonton
Calgary
ONTARIO
Winnipeg
VEREINIGTE STAATEN VON AMERIKA

DIETER

will sie
näher kennenlernen

---

möchte
eine
Beziehung
mit Ihr
eingehen

ALPE-ADRIA-BANK

FN 108415i/Klagenfurt DVR 0000892

Auftraggeberln:

Währung: **EUR**

- [ ] Überweisung
- [ ] Lastschrift E.v.
- [ ] Scheck E.v.

5 6 7 8 9 10 11 12

Datum und Unterschrift(en) (bei Sammelüberweisung kontomäßige Fertigung erforderlich)

Bei Schecks: SCHECK-NR.	KTO.-NR./AusstellerIn	BLZ	Betrag

Kontonummer

Anzahl

20/1311/0603/172

Angewiesen:

BLZ - Auftraggeberln | Bankvermerke 1 | 2 | Bankvermerke 3 | 4

949

91+

Vorwort

Ein Reporter ist viel unterwegs. Aufträge seiner Redaktion führen ihn in entlegenste Winkel. Zu den Panzerfriedhöfen auf dem Sinai. In das Santiago de Chile der Generäle. Er trifft große Betrüger in Costa Rica und kleine Ganoven in Wanne-Eickel.

Die Reisen indes sind auftragsorientiert. Da bleibt wenig Zeit, Land und Leute kennenzulernen und kaum Muße, sich mit Dingen zu beschäftigen, die nicht direkt mit der Reportage zu tun haben. Selbst Reisejournalisten, deren Aufgabe es ist, über nichts anderes zu schreiben, als über ihre Reise, sind meist viel zu sehr von Betriebsblindheit geschlagen, als daß man ihren Berichten mehr entnehmen könnte als Hotelbeschaffenheit, Service und Speisequalität ihres jeweiligen Testobjekts.

Es gibt Ausnahmen, sicher. Kleine Tips am Rande. Daß man bei einer Zwischenlandung auf Jamaika beispielsweise einen Stop in Kingston einlegen soll, um schräg über die Insel nach Montego Bay zu fahren, weil es dort den besten Rum der Welt gibt und die grazilsten Mädchen.

Von dem Deputy Elmar Sutton in Fairbanks/Alaska aber berichtet kaum ein Kollege. Und das, obwohl dieser Elmar Sutton fast jede Nacht um vier Uhr aus dem Bett muß, um, angetan mit Wolfsparka, Pelzstiefeln, den Revolvergürtel tief geschnallt und die Winchester in der linken Armbeuge, neben einer Langstreckenmaschine auf dem Flugplatz Wache zu schieben. Sutton tut dies nicht aufgrund verschärfter Sicher-

heitsbestimmungen. Er wacht vielmehr darüber, daß sich nicht ein übereifriger Einwanderer heimlich von Bord schleicht, und illegal amerikanischen Boden betritt. Vielflieger zwischen Japan und Amerika kennen Sutton. Manche trinken mit ihm im Transitraum des Fairbanks Airport einen heißen Kaffee, während ihre Maschine auf dem Flugfeld aufgetankt wird und frische Verpflegung an Bord nimmt.
Andere Passagiere schütteln den Kopf oder zucken mit den Achseln, wenn sie Suttons martialische Gestalt am Fuße der Gangway sehen. Vielleicht versteigen sie sich zu einem mitleidigen Lächeln über die verrückten Amerikaner. Und eigentlich könnte man es damit auch genug sein lassen.
Elmar Sutton ist nur einer in der Legion namenloser Gesichter, die es auf jedem Flugplatz gibt. Auf Kingston, Grand Cayman Island, Anchorage, Norman Wells. Keine Zeitung wird je groß über Sutton berichten, es sei denn, er wird zum Superverbrecher oder er bringt seinen Präsidenten um. Aber Elmar Sutton gehört zu jenen Menschen, die dafür sorgen, daß Dinge funktionieren. Ob auf dem Kennedy Airport oder eben in Fairbanks. In Alaska ist es zweifellos schwerer, Dinge in Gang zu halten, als in New York. Es bedarf dafür Menschen eines anderen Schlages. Pioniere. Ich mag Pioniere.

Es gibt auf dieser Welt noch etliche Landstriche, wo fast ausschließlich Pioniere leben. Die kanadischen Northwest Territories gehören dazu. Die Territorien umfassen ein Gebiet, fast so groß wie die Vereinigten Staaten von Amerika. Aber es leben dort nur wenig mehr als 40 000 Menschen, Eskimos und Indianer mitgerechnet. Ich wollte dieses Land kennenlernen. Und die Menschen, die dort leben. Wollte etwas von ihrem Leben erfahren, von ihrer Geschichte.
Mit einem Reisebüroarrangement läßt sich das kaum verwirklichen. Wohl aber im Kanu, auf einer Trapline oder bei der Waljagd. Im Smokehouse der Eskimos oder in einem Indianer-

tipi. Die Frage ist, wie macht man das? Wie kommt man in ein Smokehouse oder ein Tipi?
Ganz einfach: Hinfahren und mit den Menschen dort reden. Sich herumführen lassen. Sie tun das gern. Und sie haben sehr viel zu erzählen.
Eine Kleinigkeit, eine entscheidende vielleicht, sollte man beachten. Wer heute in ferne Länder reist, sollte es vermeiden, so wertvolles Kulturgut wie beispielsweise den »schönen Westerwald« lauthals zu verbreiten oder für den Gebrauch von Achselspray oder Antifußpilzpuder zu missionieren. Die Menschen, die man in ihrem Land trifft, kennen und wissen – fast – alles viel besser, als man selbst das je lernen wird.

Ich möchte an dieser Stelle allen jenen Dank sagen, die mir in den Northwest Territories so großzügige Gastgeber gewesen sind; die mir geholfen haben, etwas von der Faszination ihres Landes zu begreifen und nach Hause mitzunehmen. An erster Stelle ist hier Paul Kwaterowsky zu nennen. Es gibt wohl niemanden in den Territories, der ihn und den er nicht kennt. Er hat mir viele Türen geöffnet. Ebenso wie Paul Kaeser, Bürgermeister von Fort Smith, Max Halber, Regierungsbeauftragter und für den Feuerschutz zuständig. Dr. Herbert Schwartz, der Arzt mit der größten Praxis der Welt, half mir, Freundschaft mit den Eskimos im Norden zu schließen. Silece, ein Eskimopatriarch, nahm mich mit auf Waljagd. Und Frank Loviolette, »pure blooded Indian«, wie er sich selbst bezeichnet, nahm mich mit zu Büffeln, Wölfen, Bären und in Tipis.
Ihnen allen und den vielen Ungenannten ein herzliches Dankeschön. Keinen Dank sagen kann ich Raymond Price, der mich im Kanu ertragen mußte, am Lagerfeuer und während der Suche nach der verschwundenen Goldmine. Ihm muß ich Abbitte leisten.

Köln, im Januar 1978 G. E.

Die Route

»Fahren Sie einfach immer in Richtung Pol. Irgendwer sagt Ihnen dann schon rechtzeitig, wann Sie abbiegen müssen«, hatte mir vor Jahren ein freundlicher Mormone in Salt Lake City geraten, als ich ihn nach den günstigsten Reisemöglichkeiten in den Norden Canadas befragte. Als es dann endlich soweit war und ich tatsächlich Zeit hatte für einen ausgedehnten Besuch in den Territories, fiel mir sein netter Ratschlag wieder ein. Indes, wie fährt man in Richtung Pol, wenn es keine Straßen gibt? Man kann natürlich auf den Winter warten und sich auf die Spuren der Trucks setzen, die ihre Rollbahnen über das Eis ziehen. Da Autos jedoch hin und wieder auf Tankstellen angewiesen sind, die es jedoch in der unendlichen Eiswüste nicht gibt, ist dies nicht gerade eine erfolgversprechende Methode, sein Ziel zu erreichen.
Und überhaupt ist der Winter in den Territories nichts für verweichlichte Mitteleuropäer.
Bleibt also der Sommer und das Vertrauen auf die fliegerischen Qualitäten der Piloten von Pacific Western und der zahlreichen anderen privaten Fluggesellschaften. Wer viel Zeit hat, darf auch auf israelische Panzerfahrer hoffen. Einige von ihnen nämlich chauffieren statt schwer armierter Centurion Tanks gewaltige Caterpillars durch das urweltliche Kieferndickicht längs des Mackenzie River. Und wie.
Bis zum Jahre 1980 soll der Highway, der den Süden des Landes mit den Territories verbindet, das Eismeer erreicht

haben. Derzeit endet er in Fort Simpson. Und was sich so großartig »Highway« nennt, ist in Wirklichkeit ein Schlaglochübersäter, mittelbreiter Feldweg, der dort, wo er sich zwischen Seen, Bächen und Flüssen hindurch windet, zu einem Sumpfpfad wird, zu einem Knüppeldamm.
Als Ausgangspunkt meiner Reise hatte ich Yellowknife gewählt, Hauptstadt der Territories, Sitz der Regierung, drittjüngste Siedlung im Norden mit 8500 Einwohnern, mehreren Hotels und zwei Goldminen.
Die Boeing 727 B, die – mit mir an Bord – von Edmonton aus aufsteigt, ist überfüllt. Von den 129 Passagieren sind 92 Angler. Sie kommen aus den Vereinigten Staaten, sind zünftig gekleidet und unterhalten sich über ein einziges Thema: Fische. Der Rest der Passagiere besteht aus Eskimos, Indianern, Prospektoren und Regierungsangestellten. Diese vier Kategorien fallen kaum auf, da die Angler – grüne Plastikkästen auf den Knien, aus denen sie alle Formen und Größen von Blinkern, künstlichen Fliegen, Haken, Leinenrollen und was sonst noch zu ihrem Sport gehört, hervorholen und vergleichen – einstweilen fleißig Latein vergangener Ausflüge erzählen. Ihr Stimmengewirr reißt erst wieder ab, als der Pilot zur Zwischenlandung in Hay River ansetzt.
Und wie der das tut! Schon den Start hat er absolviert wie ein F-104-Pilot beim Ernstfall. Jetzt läßt er die arme Boeing über die linke Fläche abschmieren, legt sie fünfzig Meter über der Landebahn ruckartig wieder gerade, und wie in einem ungebremsten Fahrstuhl geht es nach unten. Die Triebwerke geben seltsame Geräusche von sich und dann fegt eine Windbö die Maschine etliche Meter neben die Piste. Die Zelle der Boeing schüttelt und ruckt und die Düsen heulen auf. Dann, es herrscht plötzlich Stille, niemand spricht mehr von meterlangen Forellen, ist doch wieder das Asphaltband der Landebahn unter der Maschine und jaulend signalisieren die Vollgummipneus Grundberührung. 129 Steißbeine werden gestaucht und

eine ruckartige Bremsung mit voll aufgedrehtem Reverse preßt uns in die Gurte.
Fünfunddreißig Minuten später, über dem Great Slave Lake, erfahre ich, daß dem Piloten ein neuer Rekord gelungen war: er hatte nur ein Drittel der Landebahn benötigt, um die Maschine zum Stillstand zu bringen.
Es ist eben doch immer wieder ein Vergnügen, Pioniertaten hautnah mitzuerleben. Selbst die Angler sind beeindruckt. Sie unterhalten sich mehrere Dutzend Phon leiser. In Yellowknife verzichtet Captain Thomas Ritchie auf eine Einstellung des Rekords und so drängeln wir uns, Erleichterung in den Gesichtern, durch die Flughafenbaracke zum Taxistand. Doch, es gibt Taxen am Yellowknife Airport, eins für etwa jeweils achtzehn Passagiere. Daß dennoch alles glatt geht, ist dem Umstand zu danken, daß in diesen Regionen Privatleute widerspruchslos Passagiere in ihren Autos mit in die Stadt nehmen. Mich hat ein Prospektor aufgegabelt, der seinen Enkel vom Flugzeug abholte. Mit drei anderen Passagieren sitzen wir nun zu sechst in einem Ford Pinto. Drei Meilen lang preise ich mit wehmütiger Stimme die Geräumigkeit eines deutschen VW-Käfers.
Ich hatte mir vorgenommen, mit einem Leihwagen den Mackenzie Highway wenigstens bis Fort Providence abzufahren. Das war sehr voreilig. Der Chevrolet Impala, den es für 24 Dollar pro Tag (ohne Kilometerbegrenzung) gibt, hat erst 9000 Meilen auf dem Tacho, dafür aber sieben Sprünge in der Frontscheibe. Das ist üblich auf Schotterstraßen und erst bei etwa 25 Sprüngen würde die Scheibe ausgetauscht, belehrt mich der Vermieter. Muß wohl, denn in der Scheibe seines Privatautos zähle ich 18 Sprünge.
Mit Spitzengeschwindigkeiten von 25 bis 30 Meilen rase ich nach Norden. Bis Rae geht alles gut. Auch die Brücke über den Nordarm des Great Slave, hinüber nach Edzo ist problemlos zu passieren, dann aber ..... nun ja.
Ein Straßenbaukommando bessert den Highway aus. An den

Steuerhebeln des gewaltigen Caterpillars saß, wie ich später erfuhr, ein Mann namens Uri Dan. Meinen Leih-Impala hat er im Zuge einer Kurvenbegradigung mit dem Heck in einen See gekippt. Allerdings war er auch der erste, der mich rettete. Und ausbeulen kann der Mann: Unsere Karosseriespengler würden vor Neid erblassen.

Während Uri Blech aus Detroit klopft, bieten mir die anderen Straßenarbeiter einen Entschädigungstrunk und über Funk verständigen sie auch den Autovermieter. Der holt mich nach sechs Stunden ab und zeigt größtes Verständnis, als Uri ihm das Mißgeschick schildert. Wohl deshalb, weil dieser die entscheidenden Passagen in fließendem Hebräisch von sich gibt.

Da mir glaubhaft versichert wird, daß längs der Straße noch mit weiteren Straßenbaukommandos zu rechnen ist, bin ich von dem Drang nach automobilistischen Großtaten kuriert und lasse mich von Raymond Price zu einem Flug an den Nahanni River überreden. Dort wartet im Headless Valley eine verschwundene Goldmine darauf, wiedergefunden zu werden. Immer noch.

Pacific Western, wieder mit Thomas Ritchie am Steuerhorn, bringt mich nach Inuivik, ein Charterflieger weiter nach Tuktoyaktuk. Auch weiter in den Norden geht es nur noch mit Charterfliegern. Der nördlichste Punkt meiner Reise war Resulute auf Cornwallis Island, etwa 200 Kilometer östlich des magnetischen Nordpols. Über Arctic Bay auf Baffin Island, Pelly Bay, Baker Lake, Yellowknife und Fort Smith ging es dann wieder zurück.

Fort Smith, das Tor zum Norden

Von Edmonton, der Hauptstadt der Provinz Alberta aus, sind es über den Mackenzie Highway exakt 992 Kilometer bis zur Grenze der North West Territories am 60. Breitengrad, und noch einmal sieben Kilometer bis nach Fort Smith, jenem 2476 Seelen-Ort, der sich selbst die Gartenstadt des Nordens nennt. Und in Fort Smith ist alles anders.

Die Siedlung entstand an einem ehemaligen Kanuanlegeplatz des Slave River, unterhalb jener Stromschnellen, die den Namen Rapids of the Drowned tragen. Angeblich steht das älteste Haus im Norden in Fort Smith.

Urkundlich erwähnt wird Fort Smith bereits im Jahre 1715, damals noch unter dem Namen Fort York. Zwei oder drei Hütten gab es in jenen Tagen und mehrere Erdhöhlen, in denen Indianer lebten. Erst im Jahre 1874 begann sich die Gegend um Fort Smith zu beleben. Damals gründete Donald A. Smith, ein Hudson Bay Company Governor, dort eine Handelsniederlassung. Smith war ein hochangesehener Mann, Präsident der Canadian Pacific Railway und Mitglied des ersten Northwest Territories Council. Er erkannte die geographisch günstige Lage der Ortschaft für eine ganze Reihe von Geschäften.

Heute besitzt die Gartenstadt des Nordens als einzige in den NWT ein Museum, eine Stadthalle, eine riesige Wasseraufbereitungsanlage, eine funktionierende Kanalisation, eine Knaben- und eine Mädchenschule, ein Krankenhaus, und außer-

dem bewegt man sich in Fort Smith auf asphaltierten Straßen. Das ist selten im Norden. Lediglich in der Hauptstadt Yellowknife gibt es noch asphaltierte Straßen, aber längst nicht so viele und vor allem nicht so gepflegte wie in Fort Smith.
Regiert wird Fort Smith von einem deutschen Bürgermeister. Paul Kaeser stammt aus Sindelfingen bei Stuttgart und das wenige Deutsch, das er noch spricht, ist für ein norddeutsches Ohr ziemlich unverständlich. Seine Söhne und Töchter sprechen nurmehr Englisch. Mit unerhörtem Fleiß hat Paul Kaeser schwäbischer Lebensart in Fort Smith zu enormer Reputation verholfen. Selbst die dort lebenden Indianer, 32 Prozent der Bevölkerung, handeln nach dem Grundsatz, »schaffe, schaffe, Häusle baue«. Und sie fahren gut damit. Im Gegensatz zu anderen Ansiedlungen gibt es in Fort Smith kaum Schwierigkeiten zwischen Eingeborenen und Weißen.
Ein Rundgang durch die Gartenstadt dauert kaum zwanzig Minuten. Zu sehen gibt es wenig. Früher einmal haben sich die Menschen hier Blockhäuser gebaut, haben ihre Kamine selbst gemauert. Heute ist das anders. Wer sich niederläßt, bestellt sein Haus bei der Hudson Bay Company und erhält es umgehend geliefert. Es gibt vier verschiedene Grundtypen, die jedoch nur in der Größe, nicht aber im Aussehen verschieden sind. Geliefert werden die Häuser entweder auf gewaltigen Trucks oder mit der Eisenbahn oder per Schiff, es kommt auf die Größe an. Die beiden Haushälften werden an Ort und Stelle zusammenmontiert, isoliert und sofort mit einer Luftbefeuchtungsanlage versehen. Die ist wichtig im Winter, weil die Luft im Norden dann so trocken ist, daß einem beim Atmen die Nasenschleimhäute platzen würden. Einigen Leuten ist das auch passiert, als sie vergaßen, die Anlage einzuschalten. Horst Fröhlich gehört zu ihnen. Er ist gelernter Schreiner, stammt aus Mannheim, sprich hessischen Dialekt und arbeitet als Gärtner in einem Gewächshaus.
In seiner Freizeit bastelt Fröhlich an seinem Haus und auf

seinem Grundstück herum. Er hat sich einen Steingarten angelegt, sich von Verwandten in Deutschland Gartenzwerge schikken lassen und züchtet in seinem privaten Gewächshaus Bananen, Gurken und Gemüse. Seine Frau Heidi, ebenfalls eine Mannheimerin, sammelt Wappenlöffel. Die beiden möchten gerne einmal wieder nach Deutschland, aber sie genieren sich ein wenig. Als sie vor zehn Jahren zum letztenmal in der alten Heimat waren und stolz Bilder von ihrem kanadischen Heim herumzeigten, rümpfte man in ihrer Verwandtschaft die Nase. »Ihr wohnt ja in einer Holzbaracke«, hieß es. Daß dies die vernünftigste Bauart im Norden ist, weil sie den besten Kälteschutz bietet, wollte man nicht verstehen.
Inzwischen hat Horst Fröhlich nichts unversucht gelassen, seinem Haus das Barackenimage zu nehmen. Er hat es mit Sperrholzplatten verschalt und angestrichen, hat eine Terrasse gebaut, einen Zaun gezogen und auch sonst alles getan, um sein Haus wenigstens auf Bildern so erscheinen zu lassen, als wäre es aus Stein gebaut.
Das Barackenimage ihrer Häuser scheint überhaupt das Trauma aller Deutschen von Fort Smith zu sein. Auf einer Party, die mir Paul Kaeser gibt, und zu der Freunde aus Hay River, Yellowknife, Fort Simpson und sogar aus Baker Lake einfliegen, werde ich immer wieder gefragt, ob es stimmt, daß es in Deutschland fast keine Holzhäuser gibt. Die Frage ist fast so häufig wie jene, ob in Deutschland alle Straßen »paved«, also gepflastert oder asphaltiert sind.
Es ist eine Riesenparty, wie immer, wenn der Bürgermeister einlädt. Und es wird getrunken bis in den frühen Morgen. Danach verteilen sich die Besucher in Kaesers Gästebetten, bleiben bei anderen Freunden oder ziehen ins Pinecrest Hotel, da nach so viel genossenem Alkohol niemand mehr an den Steuerknüppel seiner Maschine will. Der Reporter der Lokalzeitung »The pilot« macht einige Bilder, verschwindet und erscheint im Laufe der Nacht mit dem frischen Andruck. Er

kann sicher sein, daß seine Zeitung am nächsten Tag eine ganz gewaltige Auflagensteigerung erfahren wird.
Als Gast aus Europa wird man herumgereicht, und obwohl ich kaum eine ruhige Minute habe, um zu beobachten, fällt mir in einer Ecke ein gewaltiger, dunkelhäutiger Mann auf. Er ist in all dem Trubel allein, niemand scheint sich um ihn zu kümmern, also gehe ich zu ihm und stelle mich vor. Der Mann erhebt sich und überragt mich um gut einen halben Kopf, er muß fast zwei Meter messen. Mit tiefer Stimme stellt er sich als Frank E. Loviolette vor. Frank ist der einzige Bison Big Game Outfitter, den es im Norden gibt und er ist reinblütiger Indianer. Allerdings ein sehr geschäftstüchtiger und das hat ihn schon vor Jahren seinen weißen Mitbürgern suspekt gemacht. Dabei tut Frank, wie ich später erfahre, nichts anderes, als die kanadischen Gesetze auszunützen. Und die gestatten es nur Indianern, auf Büffeljagd zu gehen. Jeder erwachsene Indianer erhält jedes Jahr eine bestimmte Abschußrate zugewiesen, sie richtet sich unter anderem nach der Zahl seiner Familienmitglieder. Im Jahre 1975 gestattete die Regierung Frank den Abschuß von 24 Büffeln, zwanzig davon verkaufte er an europäische Jäger, für 2000 Dollar pro Stück.
Seine Geschäftstüchtigkeit ist allerdings nicht der einzige Grund, warum Frank E. Loviolette mit den Weißen von Fort Smith in einer Art untergründigem Waffenstillstand lebt. Ein anderer, und sicherlich der Hauptgrund, ist in den Geschehnissen anläßlich der Jahrhundert-Feier des Ortes zu sehen. Damals, im Jahre 1974, wurde auch das Museum der Stadt eingeweiht und natürlich wollte man in der Gartenstadt, die unmittelbar an den Waldbüffel-Nationalpark grenzt, auch einen Büffel zeigen.
Frank, der berühmteste Büffeljäger des Landes, versprach, sich des Problems anzunehmen. Er schulterte sein Gewehr, einen 444er Marlin Leveraction, schnallte sich seinen Revolver um, packte seinen Rucksack und verschwand im Wald.

Unmittelbar neben dem Nationalpark, der im Jahre 1922 gegründet wurde und 44 800 Quadratkilometer groß ist, gibt es ein halb so großes Gebiet, in dem Büffel gejagt werden dürfen. Der kanadische Waldbüffel ist größer, schlanker und dunkler als sein Verwandter, der Präriebüffel. Als man im Jahre 1922 den Nationalpark gründete, wurden in diesem Gebiet noch knapp 1550 Waldbüffel gezählt und man bemühte sich mit allen Mitteln, diese vor der Ausrottung zu bewahren. Zwei Jahre nach der Parkgründung wurde eine 6000 köpfige Herde von Präriebüffeln aus dem südlichen Alberta nach Norden bis in den Park getrieben. Sie haben sich inzwischen mit den Waldbüffeln vermischt. Heute leben etwa 9000 Waldbüffel im Park und in dem angrenzenden Jagdgebiet noch einmal 3500 bis 4000 Tiere.
Frank Loviolette setzte seinen ganzen Stolz in die Jagd auf den mächtigsten Büffel, den es in der jagdoffenen Zone gab. Und als Mann, der schon über 1500 dieser Tiere getötet hatte, war er sich sicher, den Superbüffel zu finden.
Drei Wochen lang streifte er durch die Wälder, pirschte, schlich sich an, glaubte, das richtige Tier gefunden zu haben, schoß dann aber doch nicht, weil er meinte, noch gewaltigere Büffel zu finden. Endlich, nach 24 Tagen im Wald fand er »seinen« Büffel, einen dunkelbraunen Giganten, fast zwei Meter hoch in den Schultern, einem gewaltigen Schädel und mächtigen, kräftig gebogenen Hörnern. Jedoch, der alte Riese war schlau, Frank kam nicht sofort zum Schuß. Immer wieder versteckte sich der Recke zwischen den Kühen seiner Herde oder verschwand hinter undurchdringlichen Birkendickichten. Manchmal konnte Frank das explosionsartige Donnern hören, wenn sich der Riese in eine Sandmulde warf, um Insekten und Parasiten in seinem Fell loszuwerden.
Schließlich nach vier weiteren Tagen, hatte der Indianer den Büffel vor dem Lauf. Er zielte sorgfältig und dann fetzte das 444er Magnumgeschoß aus dem Lauf, warf den Büffel in das

Moos zwischen den Bäumen. Dies geschah etwa 30 Meilen von Fort Smith entfernt. Frank wußte, daß er den Kadaver nicht zurücklassen durfte, Füchse und Wölfe würden ihn aufbrechen, Raben und anderes Getier ein übriges tun und damit wäre der Büffel als Ausstellungsstück für das Museum verloren.

Frank hatte noch niemandem erzählt, wie er es angestellt hat, den Büffel allein bis an den Stadtrand von Fort Smith zu transportieren. Vermutlich hat er ihn auf Stangen geschleift. In der Stadt waren Freude und Bewunderung groß. Man versprach Frank, selbstverständlich die Kosten für das Präparieren des Büffels zu übernehmen und natürlich auch die weiteren Transportkosten. Nur schnell müßte es jetzt gehen, denn in zwei Monaten sollte das Museum eingeweiht werden.

Da seine europäischen Jagdgäste mitunter ähnliche Wünsche haben, kennt Frank natürlich etliche Tierpräparatoren. Einer von ihnen, der wohl beste, lebt in Regina in Saskatchewan. Zunächst per Truck, dann per Eisenbahn wurde der Büffelkadaver verfrachtet. Einen Monat lang arbeitete der Präparator, dann schickte er sein Prunkstück per Nachnahme an Frank zurück. Für seine Mühe hatte der Mann 2695 Dollar berechnet. Und Frank, eingedenk des Versprechens der Stadtoberen, bezahlte erst einmal, da ja alles ganz schnell gehen mußte. Dann kam die Museumseinweihung. Es gab viele Ahs und Ohs und eitel Bewunderung für den mutigen Indianer, der ganz allein in den Wald gegangen war, dieses riesige Tier zu erlegen. Der Gouverneur sprach anerkennende Worte, der Bürgermeister war des Lobes voll, und sogar der Premierminister, der aus dem fernen Ottawa gekommen war, staunte und dankte Frank mit Handschlag.

Und die Centennialfeiern zogen sich hin. Schon deshalb, weil die Stadtkasse für alle Kosten aufkam. Es gab Freibier und Whisky umsonst, Grillfeste, bei denen Ren vom Spieß gereicht wurde, und die Zigaretten nichts kosteten. Und immer neue Würdenträger des Landes sagten sich an, um mitzufeiern, Glück zu wünschen, sich hochleben zu lassen.

Oben: Mit Silece auf Waljagd. Aus dem schwankenden Kanu heraus schießt der Eskimo mit seinem alten Enfield 30-06 Karabiner den Beluga waidwund. Wann immer das Tier zum Atmen auftaucht, erhält es eine Kugel. Nach etwa 10 Treffen wird der Wal harpuniert.

Mitte: Die Beute ist an Land gehievt. Hinter dem Atemloch sind deutlich die Einschläge der Kugeln zu sehen. Unten die Harpunenleine mit angebundenem Schaft.

Unten: Der Wal wird zerlegt. Die Eskimos verwenden nur die handbreite Speckschicht, die in Streifen geschnitten und zu »Maktak« fermentiert wird. Das Fleisch des Walkörpers wird den Huskies vorgeworfen.

Nächste Seite oben: Ein Smokehouse am Strand von Tuktoyjuktuk. Über den Stangen trocknet Stockfisch in der Sonne.

Nächste Seite unten: Die Lagune am Südende »meiner« Insel im Great Slave Lake. Etwa gegen vier Uhr morgens bissen hier die Forellen am besten.

Vorhergehende Seite: Anglerglück um sechs Uhr morgens. Nach einem viertelstündigen Kampf hatte ich diese 58 cm lange Forelle endlich am Ufer. Über offenem Lagerfeuer gebraten schmeckte sie köstlich.

Unten: Hammelkoteletts aus Australien in einer Pfanne über einem Lagerfeuer auf einer Insel im Great Slave Lake. Für einen leidenschaftlichen Hobby-Koch ein etwas ungewohnter Küchenplatz.

Oben: Mitternacht am Großen Sklavensee.

Nach zwei Monaten endlich ließ die allgemeine Feierei nach. Man schlief seine Kater aus, räumte die Stadt auf, baute die Buden wieder ab und zog Bilanz. Da stellte man ein ekelhaftes Defizit von 7981 Dollar in der Stadtkasse fest. Zu allem Überfluß mahnte nun Frank auch noch die Präparierungskosten für den Büffel an. Die Stadtväter ignorierten die Mahnung und lächelten Frank freundlich zu, wenn sie ihm auf der Straße begegneten. Er lächelte zurück und schickte eine neuerliche Mahnung. Nun lächelte man ihm schon nicht mehr zu. Nach Franks dritter Mahnung wurde er zur Persona non grata.
Leider hatte er die Stirn, noch ein viertes, ein letztes Mal zu mahnen. Da traf ihn die Härte des Gesetzes voll. Fast täglich erschien ein Polizist bei ihm, meldete, daß wieder einmal einer seiner Söhne zu schnell gefahren war (10 Dollar), daß seine Tochter ohne Führerschein am Steuer eines Autos ertappt worden war (30 Dollar), daß sein anderer Sohn, jener, der ihn bereits auf die Jagd begleiten durfte, mit einem Revolver Schießübungen veranstaltet habe (100 Dollar) und ähnliches mehr. Außerdem erhielt er vom Magistrat einen Brief, in dem man ihn aufforderte, doch endlich seine unverschämten Mahnschreiben zu unterlassen. Schließlich habe er auf eigene Initiative gehandelt, selbst den Auftrag zum Ausstopfen des Büffels erteilt, das ginge aus den Unterlagen des Präparators eindeutig hervor, man habe sich erkundigt.
Frank revanchierte sich. Zwar schickte er keine weitere Mahnung an den Stadtrat, aber schließlich war er Häuptling eines vielköpfigen Familienclans und so machten die Indianer mobil. Es wurde kein zweites »Wounded Knee«, aber die Weißen begannen alsbald, bewaffnete Patrouillen aufzustellen, die ihre Autos und Gewächshäuser zu schützen hatten. Franks Sippe nämlich leistete ganze Arbeit. Kein Auto eines Weißen, das nicht eines Morgens auf vier zerstochenen Reifen stand, kein Gewächshaus, das nicht eines Nachts unter Wasser gesetzt wurde oder dessen Klimaanlage auf 70 Grad gedreht war.

Am schlimmsten jedoch erwischte es die Liebespärchen, die mit ihren Autos zu nächtlichen Rendezvous in die Wälder um Fort Smith fuhren. Sie wurden in schöner Regelmäßigkeit gestört, flinke Finger warfen Würfelzucker in die Tankeinfüllstutzen ihrer Autos, öffneten die Ventile an den Reifen. Und außerdem wußte natürlich jeder in der Stadt sofort, wer gerade mit wem. Das schuf Feindschaften, Rivalitäten. Das gesellschaftliche Leben sank auf den Nullpunkt.
Als erster reagierte der RCMP Captain des Ortes. Er stellte Frank einfach keine Strafzettel mehr zu. Fortan konnte seine Tochter wieder ungestört flirten, in seinem Gewächshaus gediehen die Pflanzen prächtig und auch sein Auto blieb unbelästigt.
Der Gemeinderat berief eine Sondersitzung ein und tagte sechs Stunden lang ununterbrochen hinter verschlossenen Türen. Dann unterbrach man die Sitzung, stärkte sich mit Bier und einem kalten Imbiß und tagte danach noch einmal sechs Stunden. Frank pfiff inzwischen seine Sippe zurück, er wußte, diese Sitzung konnte nur mit ihm zu tun haben, und obwohl es natürlich verlockend war, all den unbewacht vor dem Stadthaus parkenden Autos einen Besuch abzustatten, bewahrte sein Clan Disziplin.
Nach insgesamt zwölfstündiger Beratung rang sich der Magistrat zu einem diplomatischen Geniestreich durch. Zwar klaffte immer noch ein ganz enormes Loch im Stadtsäckel, aber immerhin, das ließ sich nicht wegdiskutieren, hatte Frank einen wertvollen Beitrag für das Museum geliefert. Das verdiente Belohnung. Man würde ihm eine Feier ausrichten und ihm für die hochherzige Stiftung des Büffels eine Urkunde verleihen. Alles in allem beliefen sich die Kosten für Urkunde und Feier auf 256 Dollar. Die Stadt hatte 2439 Dollar gespart und Frank konnte sich fürderhin als Mäzen des Museums betrachten.
Dennoch, so ganz eingerenkt worden ist das Verhältnis zwischen Frank und den Weißen von Fort Smith nie. Und das lag

vor allem an den Liebespärchen, die es einfach nicht mehr wagten, sich heimlich irgendwo zu treffen.

Wie mit einem Lineal gezogen führt die Gravelroad durch den dichten Mischwald aus Birken, Pappeln und Kiefern. Der Motor des Stationwaggon brummt gleichmäßig. Frank steuert mit einem Finger seiner linken Hand, mit der rechten dreht er sich auf dem Oberschenkel eine Zigarette. Faszinierend, wie geschickt er das macht. Ich habe derartiges bisher nur in Filmen gesehen.

Wir sind unterwegs im Waldbüffel Nationalpark. Frank will mir »seine« Tiere zeigen. Die Sonne brennt ziemlich heiß auf das Autodach und von der Party bin ich noch ein wenig schläfrig, auch der Indianer neben mir macht keinen sehr munteren Eindruck. Er ist schweigsam, die schweren Lider hängen halb über seinen Augen und nur die Zigarette scheint ihn wach zu halten. In der Ferne sehen wir am rechten Straßenrand ein Wohnmobil. Als wir näher kommen, erkenne ich ein Nummernschild aus Alberta. Frank bremst. Wenn hier draußen in der Wildnis ein einsames Auto steht, hält man an und fragt, ob eventuell Hilfe gebraucht wird. Und das scheint hier der Fall zu sein, denn die Windschutzscheibe des Wohnmobils ist über und über mit einem dunkelgrünen, übel riechenden Brei bedeckt, und Frank lacht schallend.

Neben dem Auto stehen zwei ziemlich bleiche Gestalten, denen der Schreck noch in allen Gliedern zu stecken scheint. Es ist ein junges Pärchen, wie sich herausstellt, aus Enneppetal im Ruhrgebiet, Lehrer alle beide und auf einer vorweggenommenen Hochzeitsreise. Die hatten sich die beiden jedoch anders vorgestellt.

Mit dem Flugzeug waren sie bis Winnipeg geflogen, hatten sich dort das Wohnmobil gemietet und wollten damit Canadas Westen und natürlich auch den Norden kennenlernen. Bis Edmonton war die Reise ganz vergnüglich, denn da gab es immer

wieder Motels, in denen man sich vom romantischen wilden Leben in der freien Natur erholen konnte. Ab Edmonton aber wurden die Motels seltener. Die beiden mußten selber kochen, sich in Seen waschen und sie stellten nach zwei, drei Tagen fest, daß sie sich eigentlich alles ganz anders vorgestellt hatten.
Vor allem nervte es sie, daß sie tagelang fuhren, ohne eine Veränderung in der Landschaft festzustellen. Die Straße führte durch Wälder, Wälder, Wälder. Auszusteigen brachte wegen der Moskitos und des inzwischen verbrauchten Insectrepellent keinen sonderlichen Lustgewinn und die Straße selbst war eigentlich auch nichts anderes als ein breiter, schlaglochübersäter Feldweg.
Zwei Wochen hatten die beiden von Winnipeg nach Edmonton gebraucht und von dort bis in den Waldbüffelpark noch einmal eine Woche. Nun war ihr Urlaub bald um, ihr Geld ziemlich verbraucht, gesehen hatten sie kaum etwas und eigentlich lag der Norden ja noch vor ihnen. Nur, von Fort Smith aus führen keine Straßen mehr weiter. Außerdem gingen sie sich gegenseitig herzlich auf den Wecker. Und zu allem Überfluß war ihnen nun auch noch die Sache mit dem Büffel passiert.
Angefangen hatte es mit dem üblichen Streit zweier Verliebter. Der Lehrer hatte seiner Kollegin vorgerechnet, daß nunmehr endgültig Ebbe in der Urlaubskasse herrschte und daß dieser Kanadaurlaub überhaupt eine Schnapsidee gewesen war.
»Aber wer wollte mir denn die große unberührte Natur zeigen? Wer hat sich denn zu Hause als Lederstrumpf aufgespielt? Und herausgekommen ist dabei nichts als eine endlose Fahrt durch Wälder. Wald gibt es in Enneppetal auch, dazu hätten wir nicht nach hier kommen müssen. Ich will endlich wieder wie ein zivilisierter Mensch leben, mich richtig waschen können, essen, was mir schmeckt und nicht immer dieses Zeug aus der Büchse. Und außerdem will ich wieder in einem richtigen Bett schlafen. Allein!« hatte die Dame an seiner Seite gefaucht und angewidert den Duft ihrer mehrfach getragenen Sachen geschnuppert.

»Von mir aus, du kannst ja aussteigen, wenn es dir nicht paßt.« Typische Antwort des Stärkeren, wenn meilenweit keine Menschenseele, keine Siedlung, kein Flugplatz ist.
»Oh, Herbert, schau mal, da, ein Büffel, wie süß.«
Der Büffel stand mitten auf der Gravelroad, schüttelte sein zottiges Fell und schenkte dem näherkommenden Auto keinerlei Beachtung. Die Lehrerin kletterte von ihrem Sitz nach hinten, um die Kamera aus dem Inneren des Wohnmobils zu holen, und Herbert bremste. In diesem Augenblick setzte sich der Büffel in Bewegung, und lief die Straße entlang von dem Auto weg. Also gab Herbert wieder Gas. Der Büffel wurde schneller, und Herbert beschleunigte den Wagen weiter. Erstaunlich, wie flink so ein dunkler Riese sein konnte. Die Lehrerin hatte die Kamera inzwischen schußbereit und hoffte, daß der Büffel endlich stehenbleiben und sich ablichten lassen würde.
Das tat er aber nicht, er legte vielmehr noch einen Zahn zu und dann geschah es: Von links preschte eine ganze Herde Büffel plötzlich aus dem Wald und über die Straße. Es waren etwa zwei Dutzend Tiere, auch Kälber darunter. Und einige hoben die Stummelschwänzchen und verdauten. Das Wohnmobil jagte in die dicken, schmierigen Fladen hinein und geriet ins Schleudern, da Herbert gleichzeitig bremste, um eine Karambolage mit den Tieren zu vermeiden. Da traf einer der Fladen die Windschutzscheibe voll und verteilte sich gleichmäßig.
Herbert gelang es, den Wagen zum Stehen zu bringen, ohne von der Straße abzukommen. Als er und seine Kollegin sich endlich etwas von dem Schreck erholt hatten, waren die Büffel weg.
»Das passiert Fremden hier immer wieder«, sagte Frank und lacht glucksend. »Machen Sie sich nichts daraus. Lassen Sie Ihren Wagen stehen, warten Sie, bis das Zeug getrocknet ist, dann läßt es sich besser entfernen. Wenn Sie wollen, können Sie ein Stück mit uns fahren.«

Die beiden wollen und sind ganz glücklich, endlich wieder unter Menschen zu sein. Wir sind gerade im Begriff einzusteigen, als es rechts im Wald gewaltig donnert. Ich erschrecke, blicke Frank fragend an.
»Ein Büffel, der Körperpflege betreibt«, sagt er und geht uns voran in den Wald. Es ist nicht ganz leicht, sich durch das Gewirr der Äste und Zweige zu zwängen. Aber dann lichtet sich der Baumbestand etwas und wir kommen gut voran. Und dann sehen wir sie. Vier Tiere sind es, groß und massig. Mit kleinen, blutunterlaufenen Augen sehen sie zu uns herüber, nehmen aber keine Notiz von uns. Ein Bulle wirft sich zur Seite, kracht donnernd auf den Boden. Sand spritzt auf. Der Bulle wälzt sich in der Sandmulde herum, kommt wieder auf die Beine und schmeißt sich erneut zu Boden. Er will Ungeziefer, Insekten und Zecken, die sich in seinem Fell eingenistet haben, loswerden.
»Geh ruhig weiter ran, noch sind sie ganz friedlich«, sagt Frank.
»Und woran merke ich, wenn sich das plötzlich ändert?« will ich wissen.
»Ganz einfach, dann stellen sie ihren Schwanz auf, und dann nichts wie weg.«
Die Büffel bleiben friedlich, selbst als wir bis auf zwei, drei Meter an sie herankommen. Das Klicken der Kamera scheint sie kalt zu lassen. Der Leitbulle ist außerordentlich photogen, und das scheint er auch zu wissen. Immer wieder stellt er sich neu in Positur, senkt den mächtigen Schädel, wirft ihn dann hoch, schüttelt sich und läßt sich krachend in die Sandmulde fallen. Als wir unsere Filme verknipst haben, trollt sich die kleine Herde und wir gehen zum Auto zurück.
Das Lehrerpaar begleitet uns bis hinauf zum Trout Lake, an dessen Ufer eine Pfadfindergruppe aus Calgary ein Lager aufgeschlagen hat. Die gemischte Gruppe, zwölf Jungen und siebzehn Mädchen, hat nach Indianerart Tipis errichtet, eine große

Feuerstelle angelegt und läßt sich von ihrem Feldmeister gerade die Geschichte des Nationalparks erklären. Frank ist für die Gruppe ein Gewinn, ist er doch der erste reinblütige Indianer, den sie zu Gesicht bekommt. Er wird gebührend bestaunt und man lädt uns alle zum Essen ein. Es gibt Nudelsuppe, Büffelsteak und Schokoladenpudding. Wir sind gerade beim Nachtisch, als Motorengeräusch ertönt. Ein Fiatbus mit Ludwigshafener Kennzeichen fährt auf die Lichtung.
»Oh, what a strange licence«, wundert sich eines der Mädchen, als sie das Kennzeichen erblickt. »From what country does it come from?«
Herbert, der Lehrer, erklärt ihr, daß es ein deutsches Nummernschild ist. Im Kreise der Pfadfinderinnen ist er mächtig aufgelebt und ich fürchte um den Rest seines Urlaubs, zumal seine Kollegin mit dem Feldmeister der Pfadfinder in ein sehr angeregtes Gespräch vertieft ist und immer wieder bewundernd zu ihm aufsieht.
Die Besatzung des Fiat besteht aus einem älteren Zahnarztehepaar aus Ludwigshafen, das seit drei Jahren im Ruhestand lebt und sich vorgenommen hat, die ganze Welt zu umfahren. Vor vier Monaten sind die beiden nach Kanada gekommen und im Gegensatz zu dem Lehrerpärchen haben sie etwas vom Land gesehen. Sogar einen Zug der Lemminge in Frobisher Bay. Die Zahnärztin hat dieses Naturereignis im Film festgehalten. Wie sich später herausstellt, ist sie überhaupt eine sehr erfolgreiche Filmerin. Drei ihrer Streifen, die sie von früheren Reisen mitgebracht hat, wurden bereits im Baden-Württembergischen Regionalfernsehen gezeigt.
Die Sonne senkt sich bereits auf die Baumwipfel, als wir das Camp der Pfadfinder verlassen. Der Lehrer hat sich entschlossen, dort zu übernachten und sich am nächsten Tag von seiner Freundin abholen zu lassen. Diese will endlich zivilisiert wohnen und begleitet uns deshalb nach Fort Smith. Im Pinecrest Hotel wird sie übernachten. Vor dem Hotel treffen wir auf Don

McArthur, einen Schwiegersohn von Bürgermeister Paul Kaeser.
»Sie müssen sich unbedingt den Sonnenuntergang bei den Rapids of the Drowned ansehen«, sagt er. »Ich habe Grillsachen im Auto und auch was zu trinken, also kommen Sie.«
Frank verabschiedet sich, die Lehrerin verspricht, in spätestens fünf Minuten geduscht und umgezogen zu sein und schafft es tatsächlich. Erstaunlich, wie eine Dusche und frische Kleidung einen Menschen verändern können. Der Lehrer hat offenbar gar nicht gewußt, was ihm da entgeht.
Dons Frau Gerda ist noch gekommen, und zu viert fahren wir hinaus zu den Stromschnellen. Auf einer Sandbank baut Don den Grill auf. Gerda kümmert sich um das Fleisch und die Lehrerin und ich starren überwältigt in einen gigantischen Sonnenuntergang. Das Wasser des Slave River sprüht zwischen den Felsen, mehrere kleine Regenbogen stehen über den Rapids. Sie sehen vom Ufer relativ harmlos aus, aber Don versichert, daß es noch niemandem gelungen ist, sie zu bezwingen, nicht einmal den tollkühnen Grand Canyon Fahrern aus Arizona. Im Jahre 1972 wollten es fünf Holländer wissen. Sie besorgten sich eine erstklassige Ausrüstung, Schwimmwesten, Moltoprenanzüge. Nachdem sie mit markierten Treibholzstücken immer wieder die Strömungen getestet hatten, glaubten sie ihrer Sache sicher zu sein und wagten sich mit zwei Kanus auf den Fluß. Fast die gesamte Einwohnerschaft von Fort Smith war Zeuge ihres gewagten Unterfangens.
Zunächst ließ sich auch alles gut an. Die Holländer, geübte Wildwasserfahrer, steuerten geschickt durch die Schnellen, wichen Hindernissen aus, und sie hatten auch die Hälfte der Strecke bereits geschafft, als ihre Boote umschlugen und von den Strudeln zwischen den Felsen verschlungen wurden. Obwohl sofort Hilfsmannschaften mit Motorbooten bis unmittelbar an die Rapids heranfuhren, konnten nur drei der Holländer

geborgen werden, die Leichen der beiden anderen wurden bis heute nicht gefunden.
»Es werden ganz bestimmt wieder Leute kommen, die versuchen, stärker zu sein als die Rapids«, sagt Don. »Das war in diesem Land immer so. Solange es eine Aufgabe zu bewältigen gibt, werden sich Menschen daran versuchen. Ich habe gehört, daß in Edzo am Sklavensee zwei Indianer dafür trainieren, die Rapids zu bezwingen. Und wer weiß, vielleicht probiere ich es auch irgendwann mal.«
Zuzutrauen ist es diesem ehemaligen RCMP Captain. Don McArthur, 42 Jahre alt, groß, drahtig und mit schlohweißem Haar, hat ein bewegtes Leben hinter sich. Er war Hudson Bay Company Manager, Polizeioffizier, Regierungsangestellter im Büro für Touristik, Trapper, Outfitter und ist jetzt Chef einer Reinigungsfirma, die alle öffentlichen Gebäude in Fort Smith betreut. Viermal in seinem Leben hat er bereits ein Haus gebaut. Zwei Häuser in British Columbia hat er verkauft, das dritte wurde bei dem großen Erdrutsch im Jahre 1969 in die Fluten des Slave River gerissen. Jetzt bewohnt er mit seiner Frau Gerda und seinen beiden Söhnen das vierte. Es steht mitten im Ort, neben der Kirche. In ihm hofft Don den Rest seines Lebens verbringen zu können. »Wenn mich nicht der Teufel reitet und ich die Rapids bezwingen will.«
Er reicht mir sein Fernglas und deutet hinaus zwischen die gurgelnden Wellen. Große weiße Vögel schwimmen dort. Es sind Pelikane. Die Rapids of the Drowned sind der nördlichste Punkt der Erde, an dem Pelikane vorkommen. Jedes Jahr im Juni kommen sie aus dem Süden herauf, bleiben bis Ende August und ziehen dann wieder fort. Auch Sandkraniche gibt es in dem Gebiet um die Gartenstadt und im Nationalpark. Sie kommen bereits im Mai und bleiben bis Mitte September. Manchmal kann man sie zwischen den Büffelherden herumstolzieren sehen.
Nach dem Essen, es gab Schweinelendchen, eine köstliche

Rarität im Norden, fährt Don mit uns zu der Wasseraufbereitungsanlage, auf welche die Stadtväter ganz besonders stolz sind. Das Gerätehaus mit den Pumpanlagen und Filtern liegt oberhalb der Rapids, und Don hat einen Schlüssel. Begeistert erklärt er die Anlage und weist immer wieder darauf hin, daß es die einzige ihrer Art im Norden ist.
Oberster Wassermeister des Ortes ist Gerome Frazer, ein Halbblut, der in Edmonton für seine Aufgabe ausgebildet wurde. Leider ist Frazer Analphabet, und so hat er nie einen Blick in das von der Regierung herausgegebene Handbuch über die Zugabe von Chlor zum Trinkwasser geworfen. Er handhabt dies ganz nach Gefühl und so kann es vorkommen, daß an manchen Tagen überhaupt kein Chlor im Wasser ist und an anderen ganz Fort Smith wie ein riesiges Hallenbad riecht.
Die Sonne ist jetzt, es ist 23 Uhr 30, untergegangen. Dunkel schimmert der Sternenhimmel über uns, und die Lehrerin und ich sehen unser erstes Nordlicht. Es ist schwach und nicht sehr deutlich, aber es ist ein Nordlicht.
In der Bar des Pinecrest Hotels nehmen wir einen Abschiedsdrink. Die Szenerie könnte aus einem Western stammen, riesiger Saloon, mit einer Bühne, auf welcher sechs Tingelmädchen die Beine werfen, ein Klavierspieler mit sechs Fingern an der rechten Hand und eine Schar grölender oder kartenspielender Männer, die alle reichlich verwegen aussehen. Es sind Prospektoren, die am nächsten Morgen weiter in den Norden ziehen. Am Eingang drängen sich scheu etliche Indianer, einige andere liegen volltrunken in den Ecken.
Die Lehrerin ist fasziniert. Sie wird von allen Seiten angestarrt, da sie außer den Tingelmädchen das einzige weibliche Wesen in der Bar ist. Wir bestellen zwei Whiskys, und der Kellner rät uns, doch lieber eine Flasche zu ordern, da in fünf Minuten Sperrstunde ist und dann der RCMP Constable kommt, um die Bar zu schließen. Na schön, wir können die Flasche ja nachher auf dem Zimmer leeren.

Tatsächlich läutet nach fünf Minuten eine schrille Glocke, der Klavierspieler hört auf zu klimpern, auf der Bühne fällt der Vorhang und die Indianer drängen zur Tür hinaus. Der Constabler erscheint, verkündet, daß kein Alkohol mehr ausgeschenkt werden darf und rät den Männern, sich auf ihren Heimwegen ruhig zu verhalten. Lautes Gejohle begleitet seine Worte.

Für den nächsten Tag habe ich eine Einladung zu Eduard Kramer-Finkenstein, jenem Tenor, der Berlin 1932 verließ, um Fallensteller zu werden. Ich bringe die Lehrerin zu ihrem Zimmer und wünsche ihr noch eine schöne Zeit in den Territories. Sie fragt, ob ich sie nicht zu dem Tenor mitnehmen kann, ihr Herbert wäre bei den Pfadfindern doch gewiß ganz prima aufgehoben. Warum eigentlich nicht? Also verspreche ich es ihr.

Gefeierter Operntenor wird Fallensteller

Es ist 18 Uhr 30. Aus einem gewaltigen Alo brennt eine strahlende Sonne vom wolkenlosen Himmel. Moskitoschwärme hängen in der Luft, stürzen sich gierig auf alles, was sich bewegt. Vor dem Pinecrest Hotel lungert eine Schar Indianer. Ihre flächigen, dunklen Gesichter sind grimmiger als sonst. Es liegt Spannung in der Luft. Die Indianer stehen in Rotten, Hände fast bis zur Mitte der Unterarme in den Taschen ihrer zerbeulten Hosen. Einige rauchen, andere lassen Flaschen mit billigem Fusel kreisen. Meist ist es selbstgebrannter, sogenannter »Indian Whisky«, ein Zeug, das den Gaumen verätzt, die Speiseröhre verbrennt und im Magen wühlende Schmerzen verursacht. Es macht aggressiv und später auch betrunken.
Noch verhalten sich die Indianer ruhig, pöbeln nicht. Sie warten auf den Bus, der sie zu einer Versammlung der Stämme nach Pine Point bringen soll. Auf dieser Versammlung, das ist die Meinung aller Weißen in den Territories, sollen die Indianer gegen die Regierung aufgehetzt werden. Funktionäre werden sie darauf einschwören, keinen Millimeter Land für den Bau einer Pipeline herzugeben. Und dies nicht aus Gründen des Umweltschutzes, sondern einzig, um dem Weißen Mann Schwierigkeiten zu machen. Als im Jahre 1970 per Regierungsdekret festgestellt wurde, daß alles Land im Norden den Indianern und Eskimos als Kollektiveigentum gehört, brachen die Spannungen aus.
Sie haben sich mittlerweile wieder etwas gelegt, unterschwellig

jedoch gärt und brodelt es im Kanada nördlich des 60. Breitengrades. Es herrscht Pogromstimmung. Die Argumente, die von beiden Seiten vorgetragen werden, sind ebenso simpel wie dialektisch. Den Scharfmachern scheint es in erster Linie um Krawall zu gehen, und um sonst nichts.
Vom Breakfastroom des Pinecrest Hotels aus beobachten weiße Trapper, Prospektoren, Minenarbeiter und Arbeiter der Ölgesellschaften die versammelten Indianer. Auch in diesem Raum ist die Stimmung mehr als gereizt. Ein Wort würde genügen, um die Weißen einen Kampf vom Zaun brechen zu lassen.
Eigentlich müßte ich mit der Lehrerin, sie heißt Annemarie, längst auf dem Wege zu Eduard Kramer-Finkenstein sein, indes, wir trauen uns nicht so recht aus dem Hotel. Nicht, daß wir von den Indianern etwas zu befürchten hätten, aber eine zweideutige Bemerkung der Indianer gegenüber Annemarie würde den Weißen im Frühstücksraum als Vorwand genügen. So sitzen wir vor unseren Pappbechern mit Cola und warten. Hoffentlich kommt der Bus bald.
Um viertel vor sieben entfaltet der Indian Whisky seine verheerende Wirkung voll. Zwar bemühen sich immer wieder einige besonnene Indianer, ihre betrunkenen Stammesbrüder zur Mäßigung anzuhalten, aber das gelingt nur schlecht. Erste Drohworte und Verhöhnungen werden ausgestoßen und einige leere Flaschen zersplittern auf dem geteerten Platz vor dem Hotel. Das Stimmengemurmel wird lauter, Schreie ertönen. Auf dem Platz und den umliegenden Straßen ist kein einziger Weißer zu sehen. Selbst die Beamten der RCMP halten sich zurück, um nicht zu provozieren.
»Hoffentlich fangen die jetzt nicht mit der alten Geschichte an, sonst gibt es blutige Köpfe«, sagt Ralf Ferguson, der Hotelmanager. Er ist knapp 50, ein schwerer, breiter Mann mit schlohweißem Haar, einem wettergegerbten Gesicht und schwieligen Händen. Noch vor einem Jahr hatte er eine Trapline, dann trat

er aus Versehen in das Eisen einer Bärenfalle. Seither hinkt er. Für seine Verdienste um die Hudson Bay Company hat man ihn zum Hotelmanager ernannt. Er versieht den Job reichlich lustlos, vor allem seit er begonnen hat, über seine Altersversorgung nachzudenken. Ferguson sitzt an unserem Tisch, und das Whiskyglas verschwindet beinahe zwischen seinen kräftigen Händen. Hin und wieder nimmt er einen kleinen Schluck, spült sich den Mund damit, bevor er ihn hinunterschluckt.
»Mit welcher alten Geschichte?« frage ich, ohne ihn anzublikken. Draußen werden die Indianer immer unruhiger. Irgend jemand hat ihnen neuen Fusel gebracht. Einer schlägt einen Flaschenhals mit dem Rücken seines Bowieknifes ab, setzt die gerade Bruchstelle an die Lippen, trinkt. Der Schnaps rinnt ihm dabei aus den Mundwinkeln, tropft auf seine Hemdbrust. Im Schein der gleißenden Sonne sieht es aus wie Blut.
»Wir hatten hier mal einen RCMP Captain, der mit einer Indianerin verheiratet war. Ein schönes Paar, wirklich. Sie haben drei Kinder zusammen. Aber der Captain wußte nicht, wie man Indianer behandelt. Er hat seine Frau nie geschlagen. Na ja, und da ist sie ihm eben eines Tages weggelaufen. Ging einfach zurück zu ihrer Familie. Der Captain hätte hingehen müssen, mordsmäßig Krach schlagen, die Frau verdreschen und von ihrer Familie Genugtuung fordern. Aber der Idiot hat sich scheiden lassen. Natürlich muß er für die Kinder Unterhalt bezahlen, fast sechshundert Dollar. Und die Frau lebt von der Wohlfahrt, auch fast sechshundert Dollar. Für das Geld hat die sich drei Liebhaber gekauft und der Captain ist zum Gespött geworden. Natürlich heißt es jetzt, alle Weißen sind lausige Liebhaber, wissen nicht, wie man mit einer Frau umgeht und außerdem sind sie dumm. Der Captain ist versetzt worden, macht seinen Dienst nun in Manitoba, aber natürlich geht die Geschichte hier ständig herum und sorgt nicht gerade für ein freundliches Auskommen zwischen Weiß und Rot.« Nach die-

ser langen Rede nimmt der sonst eher wortkarge Hotelmanager einen kräftigen Schluck Whisky, steht dann auf und hinkt zum Eingang. »Werd mal vorsichtshalber die Läden vorlegen, sonst werfen die mir hier noch die Scheiben ein«, sagt er über die Schulter.
Der ehemalige Trapper kommt zu spät. Noch bevor er die Tür erreicht, trifft eine halbvolle Fuselflasche die Panoramascheibe des Breakfastrooms, zersplittert. Mit ihr geht die Scheibe zu Bruch. Sie bricht nicht gleich aus dem Rahmen, aber sie hat ein faustgroßes Loch bekommen, von welchem aus Sprünge sternförmig über die ganze Scheibe laufen. Eine neue Flasche kommt geflogen. Wieder ein Loch in der Scheibe. Splitter klirren zu Boden. Im Raum herrscht gespenstische Stille. Annemarie hält meinen linken Arm umklammert, starrt mit schreckgeweiteten Pupillen nach draußen. Wir sitzen zum Glück ziemlich im Hintergrund des Raumes, kaum anzunehmen, daß uns Splitter oder Scherben treffen werden.
Aus den Augenwinkeln sehe ich, wie sich an einem Tisch links von dem unseren drei Prospektoren ihre dicken, rotschwarz karierten Wollsweater ausziehen. Jeder wickelt sich das Kleidungsstück um den linken Arm. Dann stehen die Männer auf, gehen zur Theke hinüber. Einer greift in das Flaschenregal, nimmt drei volle Flaschen Rum heraus, verteilt sie unter seinen Kameraden. Es sind große, schwere Männer, breitschultrig und mit harten Gesichtern. Ihr ungeschlachter Körperbau täuscht über die Geschmeidigkeit hinweg, mit der sie sich bewegen.
Jetzt ist überall im Raum Stühlescharren zu vernehmen und Ferguson hinkt so schnell er kann hinter die Theke. Er bückt sich. Als er wieder zum Vorschein kommt, hält er eine abgesägte doppelläufige Schrotflinte in der Hand. Er sagt kein Wort, postiert sich lediglich mit der Waffe vor dem Flaschenregal.
Draußen ist das Geschrei lauter geworden. Die Indianer hüpfen herum, grölen, schütteln Fäuste. Und nun kommt eine

ganze Salve von Flaschen, zerschmettert die Scheibe völlig. Scherben fliegen herum. Eine trifft einen Trapper an der Stirn, schlitzt die Haut auf. Blut fließt dem Mann in die Augen. Er wischt es in den Ärmel seines graugrünen Hemdes, springt auf, reißt einen Stuhl vom Boden, dreht ein Bein heraus. Es ist das Zeichen zum allgemeinen Angriff.
Die Weißen im Breakfastroom stürmen nach draußen, reißen dabei Tische und Stühle um. Einige nehmen die Tür, andere springen durch die zerborstene Scheibe. Im Nu ist draußen die Hölle los. Männer werfen sich gegeneinander, stürzen zu Boden, rollen umeinander, brüllen, schlagen, beißen und spukken, treten aufeinander ein. Es herrscht archaisches Tohuwabohu. Fasziniert sehen Annemarie und ich zu. Bis auf Ferguson und uns ist der Frühstücksraum leer. Der Hotelmanager legt die Schrotflinte unter die Theke zurück und greift zum Telefon. Er grinst, läßt dann den Hörer wo er ist.
»Die sollen sich erst noch etwas austoben«, sagt er und gießt sich einen Whisky ein. Mit der Flasche und zwei weiteren Gläsern kommt er an unseren Tisch gehinkt. »Hier, auf Kosten des Hauses.« Er schenkt die Gläser voll, grinst breit. »So was bekommt man nicht alle Tage zu sehen.« Er prostet uns zu. Annemarie ist zu aufgeregt um zu trinken und auch mir ist jetzt nicht gerade nach Alkohol.
Ein hünenhafter Weißer mit beginnendem Fettansatz um die Hüften hat einen Indianer an den Haaren und am Hosenbund gepackt. Er hebt ihn hoch, stemmt ihn über den Kopf und schleudert ihn in den Frühstücksraum. Krachend geht der Indianer zusammen mit einem Tisch und mehreren Stühlen zu Boden, rappelt sich sofort wieder auf. Seine Finger bekommen eine leere Flasche, die auf dem Boden herum rollt, zu fassen. Er schlägt sie ab, hält sie seinem Gegner drohend entgegen. Der Weiße lacht kollernd, greift sich einen zerbrochenen Stuhl, aus dessen Sitzfläche nur mehr zwei Beine herausstehen. Fast tänzelnd kommt er näher, hält den Stuhl wie ein Torero den

Degen. Annemarie schlägt die Hände vors Gesicht, späht dabei aber durch die Finger. Der Indianer wirft den Rest der Flasche, die er in der Hand hält. Sie richtet an der Sitzfläche des Stuhles keinen Schaden an. Dann ist der Weiße über dem Indianer. Er hat den Stuhl einfach fallen lassen. Jetzt hält er den Indianer mit der linken Hand an der Kehle. Aus seinem Mund dröhnt polterndes Lachen, als er dem Indianer die rechte Faust auf den Schädel schmettert. Dieser fällt wie ein nasser Sack zu Boden.

Immer noch lachend will sich der Weiße umwenden und sich wieder draußen ins Getümmel stürzen, als ihn zwei Indianer von hinten anspringen und ihn niederreißen. In dem Knäuel sich herumwälzender Leiber ist nicht genau zu erkennen, wer gerade wem etwas tut. Plötzlich ein Knall wie der trockene Schuß einer kleinkalibrigen Pistole und einer der Indianer erhebt sich. Der Weiße und der zweite Indianer bleiben liegen. Wie sich später herausstellt, sind sie mächtig mit den Köpfen zusammengestoßen.

Der siegreiche Indianer blickt sich um, bemerkt uns. Vor Annemarie macht er eine knappe Verbeugung, lächelt mich kurz an und will sich auf Ferguson stürzen. Der ehemalige Trapper sitzt ganz ruhig, wartet, bis der Indianer heran ist und tritt dann mit seinem gesunden Bein gegen einen Stuhl, der zwischen ihm und dem Angreifer steht. Die Sitzplatte trifft den Indianer unterhalb der Knie und sein Schwung reißt ihn nach vorne. Ferguson bekommt einen Zipfel des blauen Batiktuches, mit dem sich der Indianer die Haare aus dem Gesicht gebunden hat, zu fassen, reißt daran. Der Angreifer kracht mit dem Gesicht auf die Tischplatte. Es gibt ein häßliches Knacken, als sein Nasenbein bricht. Wieder tritt Ferguson mit dem gesunden Bein zu und der jetzt schlappe Körper des Indianers rollt zur Seite, bleibt bewegungslos auf dem schmutzigen Boden liegen.

»Cheers!« sagt Ferguson und hebt sein Glas. Annemarie und

ich können nicht anders, wir trinken ihm zu und der ehemalige Trapper lacht und streicht sich einige Tropfen Whisky, die ihm in den Bart gekleckert sind, aus dem Gefilz der grauen Haare. Und immer noch wogt draußen das Kampfgetümmel. Rein körperlich scheinen die Indianer den Weißen unterlegen, aber was ihnen an physischer Stärke abgeht, gleichen sie durch katzenhafte Gewandtheit und Zähigkeit wieder aus. Vor der Prügelei haben sie sich durch den Indian Whisky in eine fast tranceartige Kampfesstimmung gesteigert. Zerborstene Flaschenhälse sind nun ihre Waffen und eigentlich kann es nur noch Sekunden dauern, bis jemand da draußen ernsthaft verletzt wird, wenn nicht gar Schlimmeres geschieht. Warum ruft Ferguson nicht bei der RCMP an? Die berühmten Rotröcke müßten hier doch ...
Ein klappriger Dodge kommt die Straßen neben dem Stadthaus herangerattert, kurvt auf den Platz, bahnt sich unter hemmungslosem Einsatz der Hupe einen Weg durch die Kämpfenden, die dem Dodge auch tatsächlich ausweichen. Neben der zersplitterten Scheibe hält der Wagen, die Fahrertür wird geöffnet. Der Mann, der aussteigt, ist Eduard Kramer-Finkenstein.
»Stop it, you damned bloody fuckin' bastards!« schreit er und betätigt weiter die Hupe. Und tatsächlich, ganz langsam beginnen die Kämpfenden, sich voneinander zu lösen. »Habt ihr nichts anderes zu tun, als euch die Köpfe einzuschlagen?« faucht der alte Mann und läßt endlich die Hupe los. »Was sollen denn meine Gäste von euch denken? Sollen die in Europa erzählen, daß hier nur prügelndes Gesindel rumläuft?«
Weiße und Indianer haben sich jetzt getrennt, klopfen sich Staub aus Jeans und Hemden. Manche blicken betreten zu Boden, andere grinsen dümmlich. Kramer-Finkenstein schüttelt seine mächtige weiße Mähne und flucht lästerlich, als er den mit Scherben übersäten Platz betrachtet. An manchen Stellen hat der Boden dunkle Flecken – Blut. Wie sich heraus-

stellt, ist aber niemand ernstlich verletzt. Es hat Schnittwunden gegeben, blutende Nasen, einige Zähne sind auf dem Asphalt geblieben, das ist alles. Plötzlich setzt ein ungeheurer Andrang zu den Toiletten ein. Die Männer wollen sich waschen. Während sie drängeln, kommt Kramer-Finkenstein in den Breakfastroom, sieht sich kurz um, tritt dann grinsend an unseren Tisch.
»Fast habe ich so was vermutet«, sagt er lachend, als er sich einen Stuhl heranzieht und sich setzt. »Konnte mir Ihre Verspätung nicht erklären, bis mir meine Frau sagte, daß die Indianer ja heute nach Pine Point wollen und daß sie vor dem Hotel abgeholt werden sollen.«
Ich mache Kramer-Finkenstein mit Annemarie bekannt und der einstige Operntenor sagt ihr herrlich antiquierte Höflichkeiten, die im Berlin der zwanziger Jahre en vogue gewesen sein müssen. Ferguson bringt unaufgefordert noch ein viertes Glas und schenkt Kramer-Finkenstein ein. Dann holt der Hotelmanager einen alten Aluminiumtopf, stellt ihn auf einen der Tische und wendet sich an die Schlange der Männer, die sich vor den beiden Toiletten drängelt. »Für die Scheibe und was ihr sonst noch demoliert habt, kriege ich 200 Dollar«, ruft er mit Stentorstimme. Mit ärgerlichen Gesichtern drehen sich die Männer zu ihm um, greifen dann mürrisch zu ihren Geldbeuteln und treten einer nach dem anderen an den Tisch, um Geldscheine in den Topf flattern zu lassen. Mit großen, erstaunten Augen sehen Annemarie und ich zu und Kramer-Finkenstein betrachtet uns belustigt.
»Sie dürfen das nicht falsch verstehen«, sagt er. »Ich werde Ihnen das nachher bei einem gemütlichen Glas erklären. Genügend Zeit haben Sie sich ja hoffentlich mitgebracht.« Es ist eine Feststellung, keine Frage. Man hat im Norden Zeit zu haben, wenn man eingeladen wird. Sonst wird man nicht mehr eingeladen. Ich frage mich, was inzwischen wohl aus Herbert, Annemaries Lehrerkollegen geworden sein mag. Ob er immer

noch mit den Pfadfinderinnen turtelt? Oder befindet er sich zu Fuß auf dem Weg durch den Nationalpark und flüchtet immer wieder vor Büffelpulks? Annemarie scheint ihn jedenfalls nicht zu vermissen. Aus ihrem Benehmen schließe ich, daß eine Reise im Wohnmobil doch nicht unbedingt die ideale Ehevorbereitungszeit ist.
Mit zufriedenem Gesicht zählt Ferguson die Geldscheine, die die Kombattanten in den Alutopf geworfen haben. Er kommt auf 253 Dollar und einige Cents. Wortlos holt er fünf Flaschen aus dem Regal, entkorkt sie und stellt sie neben den Topf. Der Wink wird verstanden. Die Männer, die sich mit Hilfe ihrer Taschentücher notdürftig gesäubert haben, bilden jetzt erneut eine Schlange vor dem Tisch, treten einzeln heran und jeder nimmt einen Schluck. Nun kommen auch wieder Gespräche auf und die Schlacht vor dem Pinecrest Hotel beginnt bereits Geschichte zu werden. Von jetzt ab wird man sie an langen Abenden immer und immer wieder erzählen, ausschmücken, Details erfinden, den einen oder anderen Teilnehmer zum Helden hochstilisieren.
»Kommen Sie, bei mir zu Hause ist es gemütlicher«, sagt Kramer-Finkenstein und erhebt sich. »Meine Frau hat einen kleinen Imbiß vorbereitet. Ich hoffe, es wird Ihnen schmecken.«
Als ich bezahlen will, winkt Ferguson ab und so folgen Annemarie und ich dem einstigen Tenor über Scherben und zerbrochene Stühle hinweg zum Ausgang. Der Indianer, den Ferguson so unsanft zu Boden geschickt hatte, stemmt sich langsam hoch. Seine Nase sitzt seltsam platt im Gesicht, beginnt jedoch unmittelbar über dem Ansatz eine gewaltige Beule zu bilden. Blut rinnt ihm über das Kinn und sein Blick ist noch etwas glasig. Er wankt in Richtung Toiletten.
Während wir über knirschende Scherben zu dem alten, zerbeulten Dodge gehen, kommen Indianerfrauen gelaufen. Sie haben Besen in den Händen, eine trägt zwei Schaufeln. Unauf-

gefordert beginnen sie, den Platz zu säubern. Wir steigen in den Dodge und Kramer-Finkenstein läßt den Motor an. Er wendet den Wagen und als wir vom Platz rumpeln, sehen wir den Bus kommen, der die Indianer abholen soll. »Hätte auch pünktlicher sein können«, sagt Kramer-Finkenstein und nimmt beide Hände vom Lenkrad, weil er nach Zigaretten sucht. Er findet Gottlob ein Stäbchen, bevor der Dodge in den linken Straßengraben kracht.

Wenige Minuten später halten wir etwas außerhalb vor einem schmucken, kleinen Häuschen, das gar nicht nach den kanadischen Northwest Territories aussieht, sondern weit mehr nach einem Cottage in Surrey. Das liegt, wie ich später erfahre, daran, daß Kramer-Finkensteins Frau aus Surrey stammt.

Lilibeth Kramer-Finkenstein, geborene Hawkins, empfängt uns in der Diele. Sie ist eine herbe, rothaarige Schönheit, die 35 Jahre ihres Lebens als Krankenschwester im Norden gearbeitet hat, und bevor Lilibeth ihrem Eduard das Ja-Wort gab, hat sie ihm das Versprechen abgenommen, endlich seßhaft zu werden und ein Haus zu bauen. Eduard baute, und weil er es größtenteils eigenhändig tat, unterscheidet sich sein Haus auch ziemlich wesentlich von den meisten in Fort Smith, schon deshalb, weil es massive Wände hat.

Die Diele ist holzgetäfelt und rechts, an der langen Garderobe, hängen, an Haken aufgereiht, sechs Gewehre. Es sind wunderschöne alte Waffen und Eduard verspricht, mir im Laufe des Abends die Geschichte einer jeden einzelnen zu erzählen. Hinter den Fenstern verglüht ein sprühendes Abendrot. Kolkraben hüpfen durch den Vorgarten. Sie haben zerzaustes, struppiges Gefieder und mächtige schartige Schnäbel.

Mit dem Imbiß beweist Lilibeth, daß sich Fort Smith zu Recht Gartenstadt des Nordens nennt. Es gibt Unmengen Gemüsesalat, Bärenschinken und kalten Renrücken. Natürlich ist er in guter alter englischer Tradition zum Roastbeef umfunktioniert, schmeckt aber unvergleichlich besser. Eduard selbst hat

zur Feier des Abends seinen Weinkeller geplündert. Den erlesenen französischen Rotwein hier herauf in den Norden zu bringen, muß allein an Transportgebühren ein Vermögen gekostet haben. Indes, die Schiffspassage scheint dem edlen Tropfen nicht geschadet zu haben.
Nach dem Imbiß, draußen herrscht unwirkliche Dämmerung und vor den Fliegengittern der Fenster summen Moskitos, bittet uns die Hausherrin ins Wohnzimmer und Eduard genehmigt sich eine Zigarre. Es ist eine original kubanische und damit eigentlich streng verboten, aber Kramer-Finkenstein hat sich, wie er grinsend erzählt, nie viel aus Verboten des Government gemacht. Aus Rücksicht auf Lilibeth, die in dreißigjährigem Ehekrieg nur ein deutsches Wort gelernt hat (»Mistvieh«), führen wir die Unterhaltung auf Englisch. Kramer-Finkenstein spricht es so wie Henry Kissinger. Und dabei ist er schon seit 43 Jahren in Kanada, hatte also wesentlich mehr Zeit, seine Sprachkenntnisse zu vervollkommnen als der ehemalige Harvardprofessor.

Eduard Kramer-Finkenstein stammt wie jeder echte Berliner aus Breslau. Im Jahre 1905 geboren, war seine Jugend weitgehend vom Ersten Weltkrieg geprägt. Und die Jahre, die danach kamen, waren auch nicht gerade dazu angetan, dem Sohn einer mittelmäßigen Schauspielerin und eines nicht gerade berühmten Choreographen großartige Zukunftsaussichten zu eröffnen. Als Zwanzigjähriger debütierte Eduard in Berlin und erntete freundliche Kritiken. Drei Jahre lang trieb er sich danach »hauptsächlich für Naturaliengage« in der Provinz herum, bis ihn erneut der Ruf in die ehemalige Reichshauptstadt ereilte. Dort indes war die Luft für einen Mann mit nicht lupenreinem Arierpaß inzwischen dünner geworden. Immer wieder gab es Rollen, die er »im letzten Augenblick dann doch nicht« mehr übernehmen durfte. Und auch seine Gagen waren nicht so, daß er davon in Berlin ein halbwegs standesgemäßes

Leben führen konnte. Sie »waren nicht einmal halbwegs« und Eduard trug sich immer häufiger mit dem Gedanken, Deutschland zu verlassen. Seine Eltern waren inzwischen gestorben, persönliche Bindungen hatte er kaum und die wenigen Freunde, die ihm geblieben waren, gaben ihm immer häufiger zu verstehen, daß es für alle Beteiligten besser war, sich möglichst nicht zu sehen.
Wie viele seiner Glaubensgenossen hoffte Kramer-Finkenstein darauf, daß der braune Spuk bald vorübergehen und von der Vernunft besiegt werde. Und natürlich irrte er.
Im Dezember 1932 traf Eduard in Berlin einen alten Freund seiner Eltern wieder. Der Mann war erst vor kurzem aus Kanada zurückgekehrt und schwärmte dem jungen Heldentenor ohne Engagement von der majestätischen Weite dieses noch relativ unbekannten Landes vor. Und von den Möglichkeiten, die sich einem unternehmerischen jungen Mann dort ganz von selbst eröffneten. »Die Crux war nur, die brauchten dort oben keine Sänger, sondern Macher«, und Kramer-Finkenstein wußte nicht so recht, was er denn außer Singen machen sollte. Immerhin, Schießen hatte er gelernt, vom Verwalter jenes schlesischen Gutes, auf welchem seine Eltern zur Miete gewohnt hatten.
Schießen ist genau das, was man im Norden können muß, befand der elterliche Freund und malte in glühenden Farben die Möglichkeiten eines Trapperlebens. Eduard blieb skeptisch. Hohes C und Waidmannsheil schienen ihm nicht leicht zu vereinbaren. Dennoch versprach er, alles genau zu bedenken. Er bedachte exakt zwei Monate. Das heißt, eigentlich bedachte er da längst nichts mehr, sondern vertraute seinen Stimmbändern und sang, wenn er ein Engagement hatte, den Jungsiegfried und war glücklich. Ein stimmlich zwar längst nicht so qualifizierter Kollege, der aber abstammungsmäßig dem Wagnerschen Ideal näher kam, berichtete auf einer NS-Versammlung von dem Tort, den ein Intendant mosaischen Glaubens

dem hehren Nibelungenlied mit der Besetzung der Siegfriedrolle durch Kramer-Finkenstein antat. Zwei Tage später räumte ein SA-Rollkommando das Theater am Zoo. Und das gründlich. Ein über Eduards Kehlkopf gepreßtes Stuhlbein verursachte schlimme Heiserkeit und Schmerzen nicht nur beim Schlucken. Der Intendant begriff, Eduard begriff, es blieb die Frage, wie kam Eduard nach Kanada?

Wieder half der elterliche Freund. Er besorgte das Geld für die Schiffspassage, kaufte Kramer-Finkensteins bescheidenes Erbe und händigte ihm dafür einen Scheck für eine kanadische Bank aus, »bitte ins Jackenfutter einzunähen«, da man zu jener Zeit als Deutscher nicht so einfach über Devisen verfügen durfte. Schließlich schenkte er ihm noch eine Suhler Büchse, einen Zwilling mit Wechselläufen. Bei jedem Laufpaar bestand der linke aus einem Schrotlauf, Kaliber 16/70, der rechte aus einem Kugellauf 7 × 57 R bzw. 8 × 68.

Mit dem Gewehr in der Hand und einem halbvollen Überseekoffer fuhr Kramer-Finkenstein nach Bremerhaven. Er erreichte nach 7 Tagen New York und nach etlichen Wirrungen und Irrungen auf dem Landweg Kanada. Der Freund seiner Eltern hatte ihm geraten, sich an das Hauptquartier der Hudson Bay Company, in Winnipeg, Manitoba, zu wenden. Das tat der Tenor, der immer noch ein wenig mit seinem Hals laborierte. Die Manager waren bereit, ihn in ihre Dienste zu nehmen, machten jedoch zur Bedingung, daß er, zwecks Erlernung der Geschäftsgepflogenheiten erst einmal einige Monate in Fort Smith Dienst tun müsse. Man werde dann ja weiter sehen.

Die ersten beiden Flaschen Côte du Rhône sind geleert. Lilibeth räkelt sich behaglich auf dem Sofa und kramt in einem Schuhkarton nach alten Fotos. Hin und wieder reicht sie uns eines herüber (»Ed as a young man. He is beautiful, isn't he?!«). Annemarie hört dem einstigen Tenor fasziniert zu, stellt hin und wieder Zwischenfragen, will nicht begreifen, daß

ein junger Mann von 28 Jahren einfach seine Heimat verläßt und sich in ein Abenteuer stürzt, von dem er nicht den Schimmer einer Ahnung hatte. Eduard wischt ihre Einwände mit einer Handbewegung beiseite, entkorkt eine dritte Flasche.
»Es war ganz einfach«, sagt er. »Ich habe es vorgezogen, selber zu jagen, anstatt gejagt zu werden.« Also machte er für ein Jahr den Hiwi des Hudson Bay Company Managers in Fort Smith und sammelte Erfahrungen. Zunächst mit der Witterung, dann mit den Indianern, schließlich mit sich selbst. Letztere gipfelten darin, daß er befand, lieber als Trapper zu arbeiten, denn Hiwi zu spielen. Er hatte damals knapp 500 Dollar gespart, also versah er sich mit der Ausrüstung, die ihm ratsam erschien. Und die natürlich falsch war.
In einem Kanu zog er los, den Slave River abwärts, dann, immer entlang des Ufers des Great Slave Lake hinauf nach Fort Providence, Jean Marie River, Fort Simpson, Wrigley und Fort Norman bis nach Fort Good Hope. Fort Good Hope liegt fast am Polarkreis und, so hatten das jedenfalls die Trapper behauptet, denen Eduard bislang begegnet war, dort oben gab es alle Möglichkeiten, ganz groß ins Pelzgeschäft einzusteigen. Acht Wochen lang war Eduard mit seiner Ausrüstung unterwegs, bis er den Dease Arm des Great Bear Lake erreichte, wo die Baumgrenze unmittelbar entlang des Seeufers verläuft.
Der immer noch etwas heisere Tenor begann, sich eine Hütte zu bauen. Es wurde ein schwarzer Iglu, eine Erdhütte mit festgestampftem Boden und einem Dach aus Treibholzstangen, die mit Graswasen bedeckt waren. Die Hütte war so niedrig, daß Kramer-Finkenstein in ihr nicht aufrecht stehen konnte, aber immerhin hatte sie eine Vorratskammer und einen Kamin aus Feldsteinen, Eduard war guten Mutes, in ihr den Winter heil zu überstehen.
»Ich hab so ziemlich alles falsch gemacht, was man nur falsch machen kann. Daß ich überlebte, lag wohl an meiner Dummheit.« Zwei Trapper, die etwa 150 Kilometer weiter südöstlich,

in der Nähe von Port Radium in der Echo Bay ihre Hütte hatten, fanden mehrere seiner abgeschossenen Patronenhülsen und wollten wissen, welcher Wahnsinnige etwas so Wertvolles wie eine Patronenhülse einfach im Wald liegen läßt.
»Auf diese Art fand mich einer von ihnen. Gerade rechtzeitig, um mich vor dem Verhungern und Erfrieren zu bewahren.«
Dieser Trapper hieß Harry McLeod. Er blieb bei Kramer-Finkenstein, da ihm ein überaus heftiger Wintereinbruch den Rückweg zu seinem Partner verwehrte. Und er brachte dem Deutschen einen Winter lang bei, wie man als Trapper jagt und lebt. Wie man seine eigenen Patronen herstellt, die Kugeln gießt, das Pulver abmißt, die Hülsen kalibriert. Und wie man Wölfe tötet, ohne das wertvolle Fell mit einer Kugel zu beschädigen.
Dazu verwenden erfahrene Trapper ein Stück Draht, eine Rasierklinge und eine dünne Speckseite oder ein Stück Fisch. Die Speckseite oder das Stück Fisch werden um die Rasierklinge herum befestigt und diese wird so an dem Draht aufgehängt, daß ein Wolf sie im Sprung gerade noch erreichen kann. Schnappt ein Wolf nach dem Köder, dann schlitzt er sich in der Regel die Zunge der Länge nach auf. Der Trapper braucht dann nur noch der Blutspur zu folgen. Das allerdings muß er schnell tun, bevor andere Wölfe ihren schwerverletzten Artgenossen gerissen haben.
»Natürlich ist diese Art der Jagd verboten, steht sogar unter schwerer Strafe, aber sie wird auch heute noch praktiziert. Und beweisen Sie mal einem Trapper, daß er das Tier nicht mit einer Kugel ins Auge erlegt hat«, sagt Kramer-Finkenstein und nippt an seinem Wein. Dazwischen greift er nach Salzmandeln, die Lilibeth bereitgestellt hat. Annemarie schüttelt sich und Lilibeth sagt: »Ein Pelz ohne Einschußloch bringt zehn Dollar mehr.« An den Wänden des Wohnzimmers hängen fünf herrliche Wolfspelze.
Zu Beginn des Jahres 1935, nach Kramer-Finkensteins Erin-

nerung muß es etwa Mitte Februar gewesen sein, nahm Harry McLeod den immer noch oder bereits wieder heiseren ehemaligen Tenor mit zu seinem eigenen Lager. McLeod hatte eine Art Schlitten gebaut, auf welchem die Männer abwechselnd die wenigen Felle und die restliche Ausrüstung Kramer-Finkensteins hinter sich herzogen. Sie hatten eine beschwerliche, kräfteraubende Reise vor sich, für die McLeod etwa zwei Wochen veranschlagt hatte. Es sollten achtzehn Tage werden. Und es wartete eine grauenvolle Überraschung auf die Männer.

Am Morgen des 18. Tages, während der Nacht war feiner, pulveriger Schnee gefallen und hatte die Männer in ihren eisstarrenden Pelzen eingehüllt und gegen den Wind geschützt, wühlte sich McLeod als erster aus seinem Kältepanzer. Er schüttelte sich, blies den Schnee aus dem Gewehrlauf, säuberte das Schloß der Waffe und weckte Kramer-Finkenstein. Auch der Deutsche blies seine Flinte sauber und achtete darauf, nicht mit der bloßen Haut den Gewehrstahl zu berühren. Wer das tat, fror sofort fest und Kramer-Finkenstein hatte sich durch seine frühere Unachtsamkeit etliche Verletzungen zugezogen, die nur langsam heilten.

Die Männer verzichteten darauf, ein Feuer zu machen. Sie aßen Schnee und Trockenfleisch und McLeod gab sich ziemlich aufgekratzt, da er hoffte, in spätestens sechs Stunden sein Camp zu erreichen und dort seinen Partner Warren Purdey zu treffen.

»Wenn Purdey nicht in der Hütte ist, dann hat er zumindest einen Topf Kaffee zurückgelassen. Und bestimmt auch frisches Fleisch. Wir werden Mehl haben und Bohnen und Speck«, schwärmte McLeod und warf sich in das Geschirr des selbstgefertigten Schlittens. Kramer-Finkenstein konnte nur mühsam mit dem erfahrenen Trapper Schritt halten. Gegen Mittag hatten sie sich eine Anhöhe hinaufgekämpft und dabei mehrere

tiefe Schneewehen überwunden. Oben angekommen, ließ sich McLeod auf den Schlitten sinken, zog einen seiner Fäustlinge aus Wildkaninchenfell aus und suchte in seinen Taschen nach einem Riegel Kautabak, fand ihn jedoch nicht. Grimmig fluchend fuhr er wieder in die Handschuhe und deutete mit der Faust nach Süden.
»Da hinten, bei den sechs Birken, da ist unsere Hütte.« Er hielt sich beide Handschuhe vors Gesicht und atmete in das Fell, dann spähte er erneut scharf aus. »Purdey scheint nicht da zu sein, es steigt kein Rauch auf. Na, macht nichts, bald haben wir es ja geschafft.«
Auf der anderen Seite des Hanges, als es bergab ging, übernahm Kramer-Finkenstein das Geschirr des Schlittens. Der Deutsche war mit seinen Kräften am Ende. Er hatte Erfrierungen an den Fingern und Zehen, seit Wochen quälende Zahnschmerzen und von Zeit zu Zeit Magenkoliken. Seit er mit McLeod durch die endlose weiße Einsamkeit marschierte, trieb ihn nur ein einziger Gedanke vorwärts: Eine warme Hütte, ein Bett, heißer Tee, kurz, ein sicheres Zuhause.
Nach einer knappen Stunde hatten die Männer die Hütte der beiden Trapper erreicht. Es war ein solides Blockhaus, bis unter die mit dicken Läden verbarrikadierten Fenster mit einem Wall von Feuerholz umgeben. Kramer-Finkenstein warf die Lederriemen des Schlittengeschirrs ab, taumelte in Richtung Tür – und wurde von McLeod zurückgerissen und zu Boden gedrückt.
»Still«, zischte der erfahrene Trapper und tastete nach dem Schloß seines Gewehres. »Ich hab was gehört. Kam aus der Hütte. Aber es sind keine Spuren zu sehen.«
Kramer-Finkenstein hatte außer dem Heulen des Windes nichts gehört. Und ihm war auch reichlich egal, was McLeod gehört hatte, er hatte sein Ziel erreicht, eine feste Hütte, einen Kamin, genügend Holz, um endlich einmal nicht zu frieren. Obwohl er es kaum noch erwarten konnte, in die Hütte zu

eilen, blieb er dennoch gehorsam in den Schnee geduckt liegen, und beobachtete McLeod, der, das gespannte Gewehr in den Fäusten, näher an die Hütte heranschlich.
Der Trapper sicherte, spähte, suchte nach Spuren. Und fand keine. Und dann hörte auch Kramer-Finkenstein: Ein langes, qualvolles Stöhnen. Es drang aus der Hütte. Ganz behutsam schlich McLeod näher zu dem Eingang hin. Er räumte den Schnee beiseite, entriegelte das Holzschloß der Tür von außen, nahm sein Gewehr hoch und warf sich dann mit aller Kraft gegen die rohbehauenen Bohlen. Aus der Dunkelheit des Hütteninneren schlug ihm der Geruch frischen Blutes entgegen, der von Erbrochenem und menschlichen Exkrementen.
McLeod tastete sich, wie er später zu Protokoll der den Fall untersuchenden RCMP Beamten gab, zunächst nach links. Dort mußte der Tisch stehen und auf ihm eine Petroleumlampe. Der Trapper fand den Tisch, die Lampe fand er nicht. Sie stand, auch das stellte sich wenig später heraus, neben dem Lager seines Freundes Purdey.
Warren Purdey lebte, aber er war schwer verletzt. Eine Kugel aus seinem eigenen Büffelgewehr hatte ihn in den Kopf getroffen. Das Gewehr, ein Webbleykarabiner, lag neben der rohen Lagerstatt und Purdey phantasierte.
Entsetzt wich McLeod zur Tür zurück, winkte Kramer-Finkenstein herbei und zusammen traten sie auf den Schwerverletzten zu. »Während McLeod Feuer machte und Kaffee aufsetzte, kniete ich neben dem Lager des Mannes«, erzählt der einstige Heldentenor, und jetzt glänzen seine Augen kalt und hart und man vergißt, daß dieser Mann über 70 Jahre alt ist und daß dieses Erlebnis 40 Jahre zurückliegt. »Ich hielt die Hand des Fiebernden und offenbar verwechselte er mich mit seinem Partner, denn er versuchte sich an mir hochzuziehen. Und dann begann er zu sprechen. Seine ersten Worte waren ›I fucked Caribou‹, dann sank er zurück auf sein Lager. Nachdem das Feuer im Kamin zu brennen begonnen hatte und es in der

Hütte wärmer wurde, nahm auch der Gestank zu, wurde geradezu unerträglich. McLeod öffnete die Fensterläden und so konnten wir es aushalten. Wir haben dem Schwerverletzten Kaffee eingeflößt und McLeod sagte, daß er sofort weiter müsse nach Echo Bay. Dort gab es damals eine Funkstation und von dort aus wollte er die RCMP benachrichtigen. Das war wichtig, weil sonst später vielleicht der Verdacht auf uns gefallen wäre, daß wir Purdey umgebracht hätten. Ich blieb also in der Hütte und versuchte etwas für Purdey zu tun, während sich McLeod auf den Weg zur Funkstation machte. Fünf Tage später waren die RCMP Leute da, drei Beamte mit einem Flugzeug kamen und landeten im Schnee neben der Hütte. McLeod war bei ihnen. Inzwischen war Purdey seinen schweren Verletzungen erlegen, hatte mir jedoch vorher noch erzählt, warum er sich selbst in den Kopf geschossen hatte.
Warren Purdey war ein streng religiöser Mensch. Das einzige Buch, das er jemals gelesen hatte, war die Bibel, dennoch konnte er den Versuchungen des Fleisches nicht widerstehen. Er hatte seit Jahren keine Frau gehabt und als sein Partner McLeod aufgebrochen war, um denjenigen zu finden, der seine Patronenhülsen im Wald verstreut hatte, war Purdey ganz allein zurückgeblieben. Er schlug sich mit seinen körperlichen Begierden herum, las die Bibel und ging auf Jagd. Eines Tages schoß er ein Caribou. Es war ein weibliches Tier und der Schuß Purdeys hatte es nicht getötet. Als er die Caribоukuh so daliegen sah, überkam es Purdey plötzlich und er verging sich an dem Tier.
Voller Ekel über sich selbst erschoß er danach das Caribou, übergoß den Kadaver mit Petroleum und zündete ihn an. Tagelang saß er dann brütend in der Hütte und grübelte über seine Sünde nach. Er war überzeugt, etwas getan zu haben, was ihn um die ewige Seligkeit gebracht hatte. Gleichzeitig kam er aber zu dem Schluß, mit dieser Sünde nicht länger leben zu können. Also beschloß er, sich zu töten. Er wollte erfrieren und so setzte

er sich in die Hütte, öffnete Tür und Fensterläden und wartete. Aber es gelang ihm nicht, einfach so zu erfrieren. Immer wieder trieb ihn der Hunger hoch, trotz Kälte und Schnee und Einsamkeit und einsetzender Schwäche.
Und dann dachte er an seinen Partner McLeod und daß dieser ja nichts dafür konnte, daß er, Purdey, sich so vergessen und derart schwer gesündigt hatte. Also begann er, die Hütte wieder zu säubern, Feuer zu machen, zu essen. Und dann lud er eine seiner Patronenhülsen für den Schuß auf sich selbst. Er verwendete jedoch so viel Pulver, daß das Schloß seiner Waffe explodierte, als er das Gewehr gegen sich abfeuerte. Die Wucht der Kugel, die Purdeys Kopf traf, war nicht groß genug, um den Schädel glatt zu durchschlagen. Sie verletzte den Trapper zwar schwer, tötete ihn jedoch nicht. Das Ganze muß passiert sein, kaum drei Tage, bevor McLeod und ich die Hütte erreichten. Die Untersuchungen der RCMP Beamten bestätigten später das Geständnis, das Purdey mir gegenüber abgelegt hatte.«
Das Schicksal des Trappers Purdey beeindruckte Kramer-Finkenstein derart, daß er beschloß, selbst nicht mehr auf Trap-Line zu gehen. Er ging im Frühjahr zurück nach Fort Smith und wollte wieder einen Posten bei der Hudson Bay Company annehmen. Dazu kam es jedoch nicht, denn im Frühjahr des Jahres 1936 nahm die Stadt einen enormen Aufschwung und Kramer-Finkenstein fand, was dem Ort fehlte, war ein Hotel. Also versprach er McLeod, ihn binnen kürzester Zeit reich zu machen, wenn dieser sich mit seinen Ersparnissen am Bau eines Hotels beteiligte. Der Trapper willigte ein. Mit einem Startkapital von 1000 Dollar begannen die beiden ungleichen Freunde mit dem Bau eines Hotels. Als sie es im Sommer fertig hatten, verfügte der Bau über sechs Schlafsäle mit je sechs einfachen Bettgestellen, eine Küche, einen Frühstücksraum und eine Bar, in der leider kein Alkohol ausgeschenkt werden durfte, da Kramer-Finkenstein keine Lizenz dafür erhielt. Die aber bekam ein anderer Deutscher, der fünf Jahre für die

Hudson Bay Company gearbeitet hatte, Paul Kaeser, heute Bürgermeister von Fort Smith. Folgerichtig machten McLeod und Kramer-Finkenstein diesen Paul Kaeser zu ihrem Partner. Die drei nannten ihr Hotel Pinecrest-Hotel. Das Geschäft florierte prächtig. Kaesers gute Beziehungen zur Hudson Bay Company erwiesen sich als sehr vorteilhaft, und da McLeod unter den Trappern des Nordens einen Ruf als grundehrlicher Mann genoß, brachten sie ihre Felle bald nur mehr ihm und er verkaufte sie über Kaeser weiter an die Company. Das Trio machte so gute Gewinne, daß man im Jahre 1947 darangehen konnte, das Hotel zu erweitern. Der Neubau, zu dem sie sich entschlossen hatten, wurde im Frühjahr 1948 eingeweiht und brannte im Jahre darauf völlig aus. Kaeser, Kramer-Finkenstein und McLeod waren pleite.
Für Kramer-Finkenstein war dies ein besonders harter Schlag, denn er hatte kurz nach der Einweihung des neuen Hotels seine Lilibeth geheiratet und seine Frau erwartete ihr erstes Kind.
»Weil ich unbedingt Geld verdienen mußte, meldete ich mich zur RCMP und die haben mich tatsächlich genommen.« Der untersetzte Siebzigjährige mit der mächtigen weißen Mähne auf dem wettergegerbten Schädel hat jetzt große traurige Augen, als er von jener Zeit erzählt. Und Lilibeth schnuffelt leise vor sich hin. Ihr Kind, ein Sohn, wurde tot geboren und der Arzt sagte Lilibeth, daß sie nie wieder Kinder haben dürfe.
Vor den Fenstern schleicht eine nordlichtgrüne Nacht. Durch die Fliegengitter dringt laue Luft. Im Wohnzimmer haben sich die Schwaden der Kubazigarre in die Vorhänge geflüchtet und ich sehe auf die Uhr. Es ist kurz vor Mitternacht. Ich stoße Annemarie an, die in dem Sessel neben mir sitzt.
»Aber, wer wird denn jetzt schon auf die Uhr sehen«, rügt Kramer-Finkenstein, der meinen Blick bemerkt hat. »Kommen Sie, gehen wir in den Keller, holen wir noch eine Flasche herauf. Soviel Zeit muß sein. Ich kann Ihnen dann auch gleich noch die Bilder zeigen, die meine Frau malt und für die sie

letztes Jahr in Edmonton einen Preis bekommen hat. Außerdem verscheucht das meine trüben Gedanken. Sie müssen entschuldigen, aber wir haben uns immer Kinder gewünscht, na ja, shut up.«
Zu viert gehen wir in den Keller, und ich staune erneut. Dies ist das erste voll unterkellerte Haus, das ich im Norden zu sehen bekomme. »Und es ist das einzige«, versichert der einstige Tenor.
Neben dem Raum mit den Ölkesseln und jenem mit dem Brenner hat sich Lilibeth einen Trockenraum für ihre Wäsche eingerichtet, daneben ist der Weinkeller untergebracht und in einem großen, von Neonröhren strahlend erleuchteten Gelaß hat Lilibeth ihr Atelier. Sie malt naiv und in Öl. Und sie malt hauptsächlich Nordlichter. In allen Farben und in allen Formen. Auf der Staffelei steht eine Leinwand mit einem orangeroten Nordlichtzickzack. Annemarie und ich sind voll der Bewunderung. Lilibeth rammt mir ihren knochigen linken Ellenbogen in die Seite, lacht und zeigt große, kräftige, teegelbe Zähne.
»Ich war die einzige, die auf der Ausstellung Nordlichter gezeigt hat, also habe ich einen Preis bekommen, bremsen Sie Ihren Enthusiasmus, ja!« sagt sie und lacht scheppernd. »Eisbären im Schnee kann jeder malen, dafür gibt es keine Auszeichnungen.«
Im Weinkeller darf ich wieder Begeisterung zeigen und Kramer-Finkenstein wählt mit Bedacht eine Flasche, die er vorsichtig in ein Handtuch geschlungen über die Treppe nach oben trägt. Von der Kirche neben dem neuen Pinecrest Hotel schlägt es Mitternacht, als er sie entkorkt.
»Vermutlich waren Sie etwas geschockt von dem, was sich heute vor dem Hotel abgespielt hat«, beginnt Eduard aufs neue und er bleibt dabei getreu in jenem Fahrwasser, das ich überall in den Territories bei Weißen und Eingeborenen angetroffen habe. Wenn sie einmal ins Erzählen geraten, hören sie

nicht wieder auf. Mag sein, daß es daran liegt, daß hier oben jeder jeden kennt. Und daran, daß natürlich jeder über die Erlebnisse des anderen Bescheid weiß. Kommt ein Neuling in die Runde, so sind alle Anwesenden dankbar, einen Zuhörer gefunden zu haben. Dabei nehmen sie es gerne in Kauf, daß sie selbst ihre Geschichten zum zigsten Mal hören.

»Ich habe mich gewundert, daß nicht mehr passiert ist«, sage ich. »Bei der Wut, mit welcher beide Parteien aufeinander losgegangen sind, hätte man mit Schwerverletzten rechnen können, wenn nicht gar mit Schlimmerem.«

»Mag sein, daß das noch kommt. Wundern würde es mich nicht. Und es ist die alleinige Schuld des Government. Die haben in Ottawa doch keine Ahnung, was hier oben wirklich los ist.« Und dann erklärt mir Kramer-Finkenstein wortreich und unter Zuhilfenahme dreier weiterer Flaschen Rotwein, was in den Territories Sache ist zwischen Weißen und Eingeborenen. Wenn die Weißen im Norden von Eingeborenen sprechen, dann meinen sie ausschließlich die Indianer. Eskimos sind für die Bewohner der Gebiete jenseits des 60. Breitengrades eine besondere Sorte Mensch, unheimlich manchmal, mystisch in ihren Sitten und Gebräuchen. Man beobachtet sie in schweigender Bewunderung, schüttelt den Kopf im Unvermögen des Begreifens ihrer Jahrtausende alten Kunst des Überlebens. Und die Weißen haben sich die Abneigung der Eskimos gegenüber den Indianern zu eigen gemacht.

Noch keine 50 Jahre ist es her, seit Eskimos und Indianer – auf Anordnung der fernen Regierung in Ottawa – miteinander Frieden schlossen. Daß dieser Friede hält, liegt einzig daran, daß sich beide Volksgruppen eisern aus dem Weg gehen. In Regionen, wo dies nicht möglich ist, auf Forschungsstationen der Ölgesellschaften zum Beispiel oder in Boomtowns wie Inuvik, gibt es immer wieder ungeklärte Todesfälle. Sie werden von den Constablern der RCMP zu Protokoll genommen und zu den Akten gelegt. Das rettet Leben, weil es vor eisigen

Vendettas bewahrt. Diese Racheakte, in den dreißiger und vierziger Jahren gab es sie noch, wurden auf Ellesmere- oder Baffin Island nicht mit der Lupara ausgetragen, sondern mit Harpune und Walmesser. Oder einfach mit einem Stoß in ein Eisloch.

Als mit den Handelspionieren der Hudson Bay Company vor über 300 Jahren die ersten Weißen in den Norden kamen, in Plankenbooten von Churchill in Manitoba aus, hatten sie Indianer als Fährtensucher bei sich. Dies führte dazu, daß immer wieder einzelne Niederlassungen von Eskimos überfallen wurden. Die schweigenden Schneemenschen, wie man die Eskimos damals nannte, gingen bei ihren Angriffen beispiellos grausam vor. Fälle von Kannibalismus sind überliefert. Den Hudson Bay Company Leuten fiel jedoch auf, daß ausschließlich Niederlassungen überfallen wurden, in denen sich Indianer aufhielten. Camps mit rein weißer Besatzung blieben verschont, es bahnten sich sogar erste freundschaftliche Kontakte an. Captain Mortimer Pelly, einer der ersten Weißen, der sich mit den Eskimos in ihrer Sprache verständigen konnte, weil er wegen Schiffsbruchs drei Jahre unter ihnen gelebt hatte, kam hinter des Rätsels Lösung: Die Eskimos betrachteten die Indianer als ›dunkle Teufel‹, die es zu töten gilt, um den Norden rein zu halten für die »wahren Menschen«, wie sich die Eskimos in ihrer Sprache selbst bezeichnen. Bis zum Auftauchen der Weißen kam es nur ganz selten zu Zusammenstößen zwischen Indianern und Eskimos.

»Grund allen Übels ist die Wohlfahrt«, knurrt Kramer-Finkenstein und Lilibeth nickt beifällig. »Wir sind hier oben kaum über 10000 Weiße und mit unserer Arbeit erhalten wir 15000 arbeitsscheue rote Analphabeten, die zwar nicht ihren Namen schreiben können, aber sehr schnell spitz gekriegt haben, daß sie von der Wohlfahrt hervorragend leben können. Und jetzt kommt auch noch die Aufwiegelei der Indianerfunktionäre hinzu.«

Was Kramer-Finkenstein meint, läßt sich auch durch langwieriges Recherchieren im »Federal Bureau of Indian Affairs« in Ottawa nicht genau klären. Fest steht, daß jeder Indianer ein Recht auf ein Haus, auf freie Jagd und auf eine feste monatliche Unterstützung hat, deren Höhe sich nach der Zahl der Familienmitglieder richtet. Für das Wohnen in regierungseigenen Häusern bezahlt eine Indianerfamilie in der Regel 18 bis 26 Dollar im Monat. Dieses Geld wird gleich von der Wohlfahrtsunterstützung abgezogen. Die Unterhaltung der Häuser obliegt dem Government.

In Ottawa scheint man übersehen zu haben, daß die kanadischen Indianer, ebenso wie ihre amerikanischen Vettern, Nomaden sind. Während des Winters nehmen sie die ihnen zugewiesenen Häuser gerne an, ziehen jedoch mit einsetzendem Tauwetter weiter, den Herden der Caribous nach. Die Häuser bleiben, reichlich verwahrlost, zurück. Wenn dann der Winter wieder kommt, kehren auch die Indianer zurück. Und sind baß erstaunt und meist auch sehr ungehalten, wenn sie ihre Häuser bereits anderweitig besetzt vorfinden. Bis heute ist es nur in wenigen Ausnahmefällen gelungen, Indianer seßhaft zu machen.

Was die Weißen besonders erbost, ist der Umstand, daß in aller Regel sie die Leidtragenden sind, wenn eine Indianerfamilie am Ende des Sommers in ihr altes Haus zurück will. Nach dem Indianergesetz von 1952 muß nämlich dann die weiße Familie das Haus räumen, da die Indianer ältere Rechte nachweisen können.

Indes, dies ist nicht der einzige Zankapfel. Was mir Kramer-Finkenstein über die seit einigen Jahren eingerissenen Jagdgewohnheiten der Indianer erzählt, hat mir vor Wochen bereits Paul Kwaterowsky, ehemals für zwölf Jahre Superintendent of Game, bestätigt.

Noch gegen Ende der vierziger Jahre waren fast alle männlichen Indianer während des ganzen Sommers damit beschäftigt,

Jagdvorräte für den Winter anzulegen. Meist waren sie auf der schier unendlichen Seenplatte per Kanu unterwegs und durchstreiften das riesige Gelände der Territories bis zur Baumgrenze. Dies ist seit Inkrafttreten des Indianergesetzes allmählich anders geworden.
Immer häufiger geschieht es, daß gegen Ende Juli, also mit einsetzendem Herbst – er dauert je nach Breitengrad maximal bis Anfang September – Indianerabordnungen bei der Jagdbehörde erscheinen und mit traurigen Gesichtern versichern, wieder einmal einen Sommer lang vergeblich auf der Jagd gewesen zu sein. Und nun möge doch bitte die Regierung helfen. Die tut das dann in der Regel auch. Buschflieger werden gechartert, die aus der Luft nach Ren- oder Caribouherden Ausschau halten. Ist eine Herde gesichtet, wird über Funk der Standort gemeldet und ein weiterer Buschflieger bringt die indianischen Jäger in Schußweite. Was dann geschieht, nennt Paul Kwaterowsky die nordischen »Metzeleien«.
Indianer wie auch Eskimos sind in der Regel schlechte Schützen. Wenn sie von den Buschfliegern abgesetzt werden, schleichen sie sich an die Herde heran und feuern wahllos zwischen die Tiere, so lange, wie sich noch irgend etwas in Schußweite bewegt. Natürlich entkommen immer wieder angeschossene Tiere und Paul Kwaterowsky berichtet von einer Nachsuche, bei welcher insgesamt 34 Caribous verendet gefunden wurden.
Nach der Metzelei beginnen die Indianer sofort damit, die erlegten Tiere aufzubrechen und zu zerlegen. In der weitestgehend keimfreien und trockenen Luft des Nordens verdirbt das Fleisch während des Transports im Flugzeug nicht. Es sind wiederum die Buschflieger, die auf Kosten der weißen Steuerzahler die Beute der Indianer in die Siedlungen bringen.
»Und die Weißen haben nicht einmal mehr das freie Jagdrecht. Nur diejenigen, die vor dem Jahre 1927 eingewandert sind, dürfen auf Trapline gehen. Auch so eine menschenfreundliche Errungenschaft des Indianergesetzes«, faucht Kramer-Fin-

kenstein, und nun genehmigt er sich, ganz Gift und Galle, noch eine Kubazigarre. Und dicke Qualmwolken ausstoßend, fügt er hinzu: »Als die Regierung auch noch beschloß, daß alles Land im Norden den Eskimos und Indianern gehört, war es mit einem friedlichen Nebeneinander natürlich vorbei. Das rote Gesindel ist frech, aufmüpfig und lebt auf unsere Kosten.«
Diese Stimmung habe ich bei den meisten Weißen im Norden angetroffen. Es hat wenig Sinn, mit ihnen darüber zu diskutieren, auf welch schlimme Art die Indianer und Eskimos auch heute noch übervorteilt werden. Beispielsweise wenn es darum geht, ihre handwerklichen Erzeugnisse zu vermarkten. Oder die Bodenschätze des angeblich ihnen gehörenden Landes. Ganz zu schweigen von der Chancengleichheit in Ausbildung und Beruf. Dinge, die gesetzlich zwar geregelt scheinen, in der Praxis aber doch nicht stattfinden, weil man Vorurteile eben nicht wegverordnen kann.
Hier die Schuldfrage zu stellen ist müßig. Sicherlich haben alle Beteiligten Fehler gemacht. Und ganz sicher liegt ein Hauptteil der Schuld bei der Regierung in Ottawa, wo jene Abgeordneten, die guten Willens waren und sind, in völliger Verkennung der Lebensumstände in den Territories wirklichkeitsfremde Gesetze erließen. Und dies sogar schon zu einer Zeit, als die meisten von ihnen den Norden noch aus eigenem Erleben kannten.

Eine gleißende Sonne stemmt sich über dem Arktischen Schelf in ein makelloses Azur. Sie scheucht Moskitowolken vor den Fliegengittern, lockt sie zu erreichbaren Opfern. Lilibeth, die zeitweise auf ihrem Sofa eingenickt war (»Das darf Sie nicht stören, das passiert mir öfter, bin schließlich nicht mehr die Jüngste, aber ich freu' mich riesig, wenn wir mal Besuch aus dem alten Europa haben, kümmern Sie sich also am besten nicht weiter darum«), geht in die Küche, sorgt für Kaffee. Annemarie hilft ihr und Eduard Kramer-Finkenstein erzählt

mir jetzt die Geschichten seiner Gewehre. Es sind wilde, manchmal reichlich verrückte Jagdabenteuer, und im Brustton der Überzeugung verkündet der geschaßte Heldentenor, daß er Chauvinist ist. Als ob ich ihn, Besitzer eines 80000 Dollar-Hauses, ehemaliger RCMP Constabler, Hudson Bay Company Agent, Hotelmanager und nunmehr, obzwar Pensionär, Leiter des »Northern Life Museum and National Exhibition Centre«, für eine Betschwester gehalten hätte. Annemarie und ich verzichten darauf – was viel Überzeugungskraft kostet –, von Kramer-Finkenstein ins Hotel gebracht zu werden. Der Mann hat allein drei Flaschen Rotwein getrunken. Außerdem pflegt er während der Fahrt unentwegt nach Zigaretten zu suchen. Wir dekadenten Alteuropäer wollen nach dieser Nacht etwas für die Gesundheit tun und deshalb einen Frühstücksspaziergang unternehmen. Eduard und Lilibeth blinzeln verständnisinnig und lassen uns ziehen.
Händchenhaltend tappen wir durch einen staubtrockenen und kaum kühlen Morgen. Indianerinnen huschen zwischen Reihenhäusern, Raben blicken griesgrämig von Dachfirsten. Nur die gewaltigen Schwalbenschwärme sind putzmunter und dezimieren die Moskitoschwärme. Annemaries Schritt wird langsamer, ihr Händedruck fester. Dabei hatte ich mir wirklich vorgenommen, ein fairer Mensch zu bleiben. Was wohl ihr Verlobter Herbert gerade mit den Pfadfinderinnen treibt?
Nichts treibt er. Er wartet vor dem Hotel, ist etwas verlegen und druckst herum, will Annemarie unter vier Augen sprechen. Ich versuche, mich aufs Zimmer zu verdrücken, aber Ferguson, der Hotelmanager, paßt mich ab. Es ist eine Nachricht für mich da. Max Halber, Regierungsangestellter und unter anderem zuständig für Waldbrandbekämpfung, bestellt mich für sechs Uhr zum Flugplatz. Nach Point Lake soll es gehen. Dort brennen angeblich 3000 Hektar Wald. Vier Löschflugzeuge sind im Einsatz und 25 Indianer. Seit 20 Stunden habe ich nicht mehr geschlafen, dennoch, so was darf man

sich nicht entgehen lassen. »Halbers Frau Inez wartet auf dem Flugplatz, sie kommt mit nach Yellowknife«, sagt Ferguson. »Inez stammt aus Kuba, sie macht die besten Daiquiries in ganz Kanada und hat in einer Thermosflasche sicherlich einen Morgentrunk für Sie dabei. Außerdem können Sie ja in der Maschine schlafen.« Grinsend hinkt Ferguson zum Flaschenregal, reicht mir eine Flasche Bacardi über den Tresen. »Wegzehrung«, wie er sagt. Immerhin weiß ich jetzt, woher Kramer-Finkenstein seine Zigarren bezieht.
Ich habe gerade noch Zeit, eine Dusche zu nehmen und die Wäsche zu wechseln. Für die Fahrt zum Flugplatz leiht mir Ferguson seinen Pontiac. Ich soll den Wagen draußen, Schlüssel im Schloß, einfach stehen lassen. Vor der Abfahrt treffe ich Annemarie und Herbert. Beide sehen erleichtert aus. Als ich nach drei Tagen ins Pinecrest Hotel zurückkomme, vertraut mir Ferguson an, daß Herbert in Kanada bleiben will. Um seine Pfadfinderin zu heiraten. Annemarie war zu jenem Zeitpunkt bereits abgereist.

Der Große Sklavensee

»Bleib zwei Tage auf einer Insel, es ist das beste Training, das du haben kannst, wirklich«, sagt Raymond Price und sieht mich prüfend an. Ich weiß, daß ihn das, was er da sieht, zweifeln läßt. Ein Mitteleuropäer mit Fettansatz um die Hüften, dem ein Sonnenbrand die Stirnhaut pellt. Fast neue und, igittigitt, saubere Jeans, leichte Wanderschuhe und ein T-Shirt, aus dem ein Bauch beult. Hände ohne Schwielen, saubere Fingernägel und ein erwartungsvoll blitzendes Auge. Rundum genau der Mensch, der in der gnadenlosen Einsamkeit und Weite des Nordens durch Wald und Tundra ziehen will.
»Bleib im Hotel«, scheint Rays Blick zu sagen, und vielleicht hat er gar nicht so unrecht. Dennoch, ich will es wissen, und so stimme ich seinem Vorschlag, auf einer der zahllosen Inseln des Großen Sklavensees zu biwakieren, zu.
»Wenn du nichts dagegen hast, stelle ich dir die Ausrüstung zusammen. Laut Wettervorhersage wird es schön bleiben, du kannst also ohne Zelt auskommen.« Ray ist ganz geschäftstüchtiger Outfitter. An den Dingen, die er für mich einkaufen wird, verdient er bestimmt zehn Prozent. Es ist die übliche Rate im Norden, hat mir Paul Kwaterowsky gesagt, und dagegen kann man nichts einwenden.
Ray und ich verabreden, uns in drei Stunden unten am Pier drei des Hafens von Yellowknife zu treffen. Gegen 16 Uhr wollen wir auslaufen. Ich marschiere zum Hotel zurück, überlege, was man auf einer einsamen Insel alles braucht, um zwei Tage

auszuhalten. In erster Linie wohl genügend Insectrepellent. Im Supermarkt erstehe ich zwei große Spraydosen, sie kosten zusammen 9 Dollar. Ich decke mich auch gleich noch mit Zigaretten ein und will noch eine Flasche Wodka haben. Die gibt's leider nur im lizenzierten Liquer store, und der hat bis 18 Uhr geschlossen. Auch im Hotel ist es nicht einfach, außer der Zeit eine Flasche Alkohol zu bekommen. Es gibt ein langes Gerede mit dem Etagenkellner, der schließlich den Generalmanager holt. Auch der zuckt bedauernd mit den Schultern. Erst als er erfährt, was ich vorhabe, läßt er sich erweichen.
»Ich kann Ihnen um diese Zeit unmöglich eine Flasche verkaufen«, sagt er, »aber natürlich kann ich Ihnen aus meinem privaten Vorrat eine Flasche leihen. Geben Sie sie mir wieder, wenn Sie zurück sind.« Grinsend verschwindet er in seinen Gemächern, und es dauert fast eine halbe Stunde, bis er wieder erscheint. Da hat er ein ziemliches Paket unter dem Arm. »Hier, etwas an zusätzlicher Verpflegung. Sie werden es brauchen können, so, wie ich Raymond Price kenne.« Er soll nur zu recht haben.
Weil ich ein Optimist bin, packe ich mir eine Badehose in den Rucksack, Handtücher, ein festes Leinenhemd zum Wechseln, außerdem ziehe ich Jagdkleidung an: Dicke Wadenstrümpfe, Hirschlederhosen, ein grünes Hemd und einen Anorak. Die leichten Wanderschuhe vertausche ich mit Bergstiefeln.
Raymond staunt, als er mich am Pier trifft, sagt aber kein Wort. Wir gehen zu seinem Kajütenkreuzer. Es ist ein Riva-Boot. Wie mag dieses am Lago Maggiore gebaute Gefährt in Kanadas Norden gekommen sein? Ray läßt den Sechszylinder Chevrolet Diesel an, und in langsamer Fahrt tuckern wir aus dem Hafen, vorbei an Latham Island, der ersten Ansiedlung von Weißen am Großen Sklavensee. Dann schiebt Raymond den Gashebel nach vorn, der Motor brüllt auf und der Bug des Bootes hebt sich aus dem Wasser. Dem Anglokanadier macht es Spaß, pfeilschnell über die Wellen zu jagen. Lachend steht er

am Steuer und läßt sich den Wind ins Gesicht peitschen. Ich habe keine Ahnung, auf welche Insel er mich bringen wird, und es ist auch egal.

Im Heck des Bootes sehe ich zwei Angelruten, einen Kasten mit Haken, Sehne und einer enormen Sammlung vielfarbiger Blinker. Auch ein Bora-Messer liegt in dem Kasten, dazu eine Zange, ein Handbeil, eine Fishing Licence, ausgestellt auf meinen Namen, sowie eine fleckige Liste: »Catch and Possession Limits«. In einem großen Pappkarton finde ich einen Grillrost, eine Gußeisenpfanne (gut sechs Pfund schwer), Rinderfett, Pfeffer und Salz, zwei tiefgefrorene, gewaltige Steaks, ein Küchenmesser, eine Gabel und einen Löffel, eine Büchse Mais, zwei Büchsen Pfirsiche, eine Blechkanne, vier Teebeutel, eine Tüte Zucker und ein Paket Brot. Und das soll für zwei Tage reichen?!

Am linken Ufer gleitet ein an Tipistangen aufgehängtes Kanu vorüber, das Wahrzeichen von Rae-Edzo, einer Indianersiedlung. Und dann steuert Raymond hinein in das Gewirr der unzähligen Inseln. Sie sehen alle relativ klein aus, aber das täuscht, wenn man näher kommt, erweisen sie sich als ganz schön groß. Fast drei Stunden fahren wir, dann zeigt Ray nach vorne. »Da kommt deine Insel«, sagt er und deutet auf einen Doppelbuckel, der breit und mächtig auf dem Wasser liegt.

Ich springe an Land, und Ray reicht mir die Ausrüstung. Es ist noch ein Schlafsack dabei, den ich vorhin übersehen habe, und eine Signalpistole mit fünf Leuchtpatronen.

»Wenn du in Schwierigkeiten kommst, einfach in die Luft schießen. Irgend jemand sieht es bestimmt. Es sind immer Buschflieger in der Luft oder Indianer mit Kanus unterwegs. Und hier reagiert jeder auf ein solches Signal.« Er reicht mir die Angelruten. »Kannst du damit umgehen?« fragt er.

Ich kann nicht, aber das werde ich natürlich niemals zugeben. Also nicke ich.

»Na fein. Du fängst bestimmt was, und den Fisch kannst du dir dann in der Pfanne braten. Wie man ihn filetiert, weißt du ja, oder warst du nie bei den Pfadfindern?«
Natürlich war ich, aber wir haben niemals Fische filetiert. Wieder nicke ich.
»Dann viel Spaß!« Ray springt ins Boot, bringt den Motor auf Touren, und bald sehe ich ihn zwischen den Inseln verschwinden. Es ist 19 Uhr 45. In 48 Stunden wird er zurückkommen und mich abholen, bis dahin kann ich in der Einsamkeit meditieren. Die Sonne steht zehn Fuß über dem Horizont, und ein laues Lüftchen weht, zu schwach allerdings, um die Moskitos zu vertreiben. Also sprühe ich mich erst einmal gründlich ein, bevor ich darangehe, die Insel zu erkunden. Das Insectrepellent riecht ziemlich scharf und brennt an den Stellen, die vom Sonnenbrand wund sind.
Langsam klettere ich den Felsen, auf dem meine Ausrüstung abgestellt ist, hinauf. Der Boden ist mit trockenen Moosflechten bedeckt. Halbhohe Krüppelkiefern, die meistens verdorrt sind, stehen herum. Trockene Äste bilden ein dichtes Unterholz. Ich bin froh, Bergstiefel angezogen zu haben, mit leichten Wanderschuhen wäre hier kein Durchkommen gewesen. Auch die Lederhose erweist sich als sehr vorteilhaft, weil ich fast andauernd an spitzen Ästen hängenbleibe, die mir meine Jeans unweigerlich aufgerissen hätten.
Als ich den höchsten Punkt der Insel erreicht habe, sehe ich erst, wie groß sie wirklich ist, mindestens fünf Hektar. Im Westen hat sie einen flachen, aber sehr steinigen Strand, im Osten fallen die Felsen steil in den See ab. Der Norden ist von einem undurchdringlichen Krüppelkieferndickicht bewachsen, und im Süden führen kleine Riffe in den See hinaus. Ich beschließe, mein Lager in der Nähe des Landungsfelsens aufzuschlagen. Einmal muß ich dann die Ausrüstung nicht so weit tragen, und zum anderen halte ich den Felsen für einen guten Angelplatz. Obwohl, jeder Platz ist hier so gut wie der andere.

Also schleppe ich die Sachen den Felsen hinauf und suche mir eine relativ ebene Stelle.
Was tun mit 48 Stunden Einsamkeit? Immerhin, zwei sind bereits vergangen, die Sonne ist etwas tiefer auf den See gesunken, taucht die Inseln in Abendlicht. Es ist so schön und still hier draußen, daß ich mich erst einmal auf den Felsen setze und die Ruhe genieße. Um Mitternacht frischt der Wind etwas auf, vertreibt die Moskitos, und ich beschließe, eine Feuerstelle anzulegen, zumal sich der Hunger meldet. Es liegen eine Menge loser Felsbrocken herum, die ich so zu einem Geviert aufschichte, daß der Grillrost genau darüberpaßt. Mit der Handaxt mache ich mir Feuerholz, genügend dürre Äste sind vorhanden.
Das Feuermachen geht überraschend leicht, und ich lasse die Äste zu Glutbrocken zusammenfallen, schichte frisches Holz darüber und schaffe so die nötige Hitze für die Pfanne. Dennoch mißlingt mir mein erstes Steak gründlich. Der Grillrost rutscht von einem der Steine, die Pfanne rutscht mit und kippt das Steak in die Glut. Der Fettrand des Fleisches flammt hell auf, es zischt und spritzt, und bevor ich das Steak mit dem Boramesser retten kann, ist es arg verbrannt. Das läßt mich um meine morgige Ration fürchten. Indes, da ist ja noch das Paket, das mir der Hotelmanager gegeben hat. Mal sehen.
Der Mann ist ein wahrer Freund. Ich finde Wurst, diverse Büchsen mit Fertiggerichten und Obstsäften und sogar einen Büchsenöffner. Einen solchen nämlich hat Ray mir vorenthalten. Er erwartet von mir, daß ich fähig bin, eine Konservendose fachgerecht mit der Handaxt zu öffnen.
Während das Steak verbrennt, schmiere ich mir einige Brote und die Moskitos kommen kosten. Ich kann die Brote schlecht einsprühen und wedle wild mit der Hand, um die Quälgeister zu verscheuchen. Es beeindruckt sie überhaupt nicht.
Nach dem ersten, etwas verunglückten Essen, erneuere ich das Insectrepellent, und da mir mal ein Anglerfreund erzählt hat,

daß Fische nach Mitternacht besonders gut beißen, werde ich mich mit der Angel versuchen. Aus dem Zubehörkasten wähle ich einen handlangen, rotsilbernen Blinker, befestige einen Dreifachhaken daran und mache mich mit der Mechanik der Rolle vertraut. Der erste Wurf gerät gefährlich. Der Haken fetzt mir ein ziemliches Stück Stoff aus der Hemdschulter und nimmt dabei auch gleich noch etwas Haut und Fleisch mit. Hoffentlich goutieren die Fische diesen tollen Köder. Die nicht sehr große, aber reichlich tiefe Wunde blutet stark und brennt. Verbandszeug fehlt in der Ausrüstung, also funktioniere ich ein Taschentuch um und beträufle es mit Wodka. Es tut scheußlich weh. Außerdem lockt es die Moskitos an. Mit zusammengebissenen Zähnen sprühe ich Insectrepellent. Das Zeug erweist sich als ganz vorzügliches Blutstillmittel, und grimmig wende ich mich wieder dem Angelsport zu. Na bitte, langsam gelingen die Würfe ja.
Über eine Stunde bringe ich damit zu, den Blinker immer wieder weit in den See hinaus zu schleudern und wacker wieder einzuholen. Von Fischen keine Spur. Blöder Sport, und so was soll angeblich die Nerven beruhigen.
Da, das kann nicht sein, die Angel ruckt in meinen Händen, ruckt wieder, wird mir fast aus der Hand gerissen, knarrend läuft die Leine ab. Was jetzt? Die Beute hält still, und ich hole langsam ein. Das läßt sich der Fisch nicht lange gefallen. Er zerrt und reißt, ich lasse ihm Leine. Verdammt, wie fängt man denn so ein Tier?
»Ermüdend ziehen«, hat mir mein Anglerfreund im fernen Deutschland geraten. Wie zieht man ermüdend? Zum Glück benimmt sich der Fisch hilfreich. Immer wieder läßt er sich ein Stück heranziehen, dreht dann ab und versucht zu entkommen. Einmal springt er aus dem Wasser, und bei seinem Anblick bekomme ich einen derartigen Schreck, daß ich Leine nachlasse. Das bewahrt mich davor, die Beute zu verlieren, denn wie mir Ray Price später erklären wird, gelingt es den Fischen

immer wieder, durch plötzliches Ausdemwasserschnellen die Angelleinen zu zerreißen.
Mein Kampf mit dem Fisch zieht sich. Der Riese, und nach dem was ich vorhin gesehen habe, muß es ein gewaltiges Tier sein, will und will nicht müde werden. Natürlich hat mir Ray auch keinen Kescher mitgegeben, wie soll ich den Fisch denn jemals an Land bekommen? Schließlich merke ich, wie das Ziehen an der Leine schwächer wird. Auch die Ausreißversuche sind nicht mehr so hektisch. Langsam, vorsichtig, Hand über Hand hole ich Leine ein, wickle sie auf die Rolle. Vorhin hätte ich mich beinahe in der Sehne verfilzt. Dann endlich habe ich den Fisch so nahe herangezogen, daß ich ihn sehen kann. Wirklich ein gewaltiges Tier. Jetzt ein vorsichtiger Ruck, hurra, da liegt er auf dem Felsen. Und schnellt sofort wieder zurück ins Wasser. Ekelpaket! Also noch einmal von vorne. Diesmal gelingt es mir, das Tier weiter auf den Felsen hinaufzubekommen. Es benötigt zwei heftige Bewegungen, um neuerlich ins Wasser zu entkommen, beinahe verliere ich dabei die Angel. Aber eben nur beinahe.
Und dann habe ich ihn endlich, und durch einen Stich mit dem Boramesser ist sein Leben beendet. Mann, ist das ein Brocken, fast sechzig Zentimeter lang. Ich hänge ihn über einen Ast, suche einen Platz für meine Kamera und will mich per Selbstauslöser zusammen mit meiner Beute auf den Film bannen. Ich muß das tun, denn sonst glaubt mir zu Hause niemand, daß ich ein derartiges Prachtexemplar erwischt habe.
Zwei Tage später sagt mir Ray Price, daß die Kanadier des Nordens Fische dieses Kalibers wieder in den See zurückwerfen, sie sind ihnen zu klein. Nun ja, noch bin ich mächtig stolz.
Doch nun kommt Arbeit auf mich zu. Das Feuer muß neu entfacht, der Fisch, es ist ein »arctic trout«, eine arktische Forelle, ausgenommen werden. Ich sammle frisches Holz. Trockenes Moos sorgt dafür, daß das Feuer schnell wieder aufflammt. Dann geht es der Forelle zu Leibe. Wie man sie

zubereitet weiß ich, ich koche leidenschaftlich gerne. Nur, hier draußen fehlt es so ziemlich an allen Zutaten. Immerhin habe ich Salz. Meine Hände beginnen nach Fisch zu riechen, und das Boramesser wird langsam stumpf. Ich wetze es an einem Stein, aber das hilft nicht viel, außer daß die Klinge schartig wird.
Diesmal habe ich Glück mit dem Grillrost und der Pfanne. Alles bleibt auf seinem Platz und ich handle mir lediglich zwei Brandblasen ein. Dafür schmeckt die Forelle wie nie. Das ist doch ganz etwas anderes, in der freien, unverfälschten Natur einen Fisch nur mit Salz zu bereiten. Da schmeckt man erst das wahre Aroma. Zart und saftig zergehen die Filets auf der Zunge. Was macht es da schon, daß ich keine Seife bei mir habe und mir den Fischschleim mit dem Messer von der Haut kratzen muß. Dabei gehen gleich die Brandblasen auf, und ich kühle die Hände im See.
Weil ich mich etwas zu weit vorbeuge und auf dem abschüssigen Felsen das Gleichgewicht verliere . . . Meine Badehose ist im Rucksack geblieben. Ich hätte sie ohnedies nicht benützt, weil das Wasser zu kalt ist. Der Buschflieger, der fünf Stunden später eine Schleife über der Insel dreht, wird sich wohl fragen, welcher Irre da im Adamskostüm angelt. Immerhin sind nach dieser Zeit meine Sachen bis auf die Lederhose fast trocken. Und diese wird es bis zu Rays Ankunft sicherlich auch sein.
Nachdem ich mich noch einmal gründlich am ganzen Körper mit Insectrepellent eingesprüht habe, krieche ich in den Schlafsack. In der Stille hier draußen bin ich sofort eingeschlafen und erwache erst zehn Stunden später. Jetzt ist die Hose tatsächlich trocken, wenngleich etwas steif und schrumpelig. Das gibt sich jedoch, nachdem ich sie einige Zeit getragen habe.
Die Morgentoilette wird zur Trockenwäsche, da ich keine Lust habe, noch einmal Bekanntschaft mit dem kalten See zu machen. Dafür stelle ich erstaunt fest, daß ich die Kunst des Lagerfeuerschürens bereits so perfekt beherrsche, daß mir sogar das Aufbrühen von Tee gelingt. Und dann ist da ja noch das

zweite Steak. Diesmal wird es. Und nachdem ich den Abwasch besorgt habe, unternehme ich einen ausgedehnten Verdauungsspaziergang. Erstaunlich, wie so was in einem weglosen Gelände anstrengt.
Als ich nach der Rückkehr zu meinem Camp auf die Uhr sehe, traue ich meinen Augen nicht. Seit meiner Ankunft auf der Insel sind 47 Stunden vergangen. Im Sonnenschein des andauernden Tages habe ich nicht gemerkt, wie die Zeit verging. Langsam beginne ich, meine Sachen zu packen, den Schlafsack zusammenzurollen. Und jetzt höre ich auch einen Motor knattern. Raymond kommt mich holen, diesmal mit einem Boot Marke Eigenbau. Er hat seine Freundin dabei und einen jungen Huskie, der sich sofort über die Reste meiner Forelle hermacht.
Raymond fragt mich, ob es mir etwas ausmachen würde, noch etwas auf der Insel zu bleiben. Natürlich habe ich nichts dagegen, zumal er Seife an Bord hat und ich mir endlich die Hände waschen kann. Sie sehen jetzt schon sehr viel zünftiger aus. Die Nägel sind dunkel und rissig, in den Rillen klebt Sand und Staub, und die aufgerissenen Brandblasen beginnen zu verschorfen. Außerdem haben mich natürlich trotz des Insectrepellents Moskitos gestochen, und ich habe mir die Stiche aufgekratzt. Raymond sieht es mit Wohlgefallen. Seine Freundin kümmert sich um die Schulterverletzung und hat in ihrer Handtasche sogar ein Pflaster.
Während ich zusammen mit der Frau frisches Feuerholz sammle und der junge Huskie dürre Bäume verbellt, demonstriert Raymond, wie man angelt. Es sieht wirklich sehr elegant aus. Leider beißt kein Fisch an. Aber es gibt ja zwei Angelruten, und so lasse ich mich auf einen Wettkampf ein. Als wollten die Fische mir besonders wohl, entschließt sich einer zum Biß an meinem Haken. Schleunigst überlasse ich meine Angel daraufhin Ray, der es innerhalb von fünf Minuten geschafft hat, das Tier, ein noch größeres als mein erster Fisch, auf den Felsen zu

holen und zu töten. Er filetiert gekonnt, obwohl das Bora-Messer schon reichlich stumpf ist. Seine Freundin werkt an der Pfanne, ohne sich Brandblasen zu holen, und irgendwie gelingt es ihr auch, besser zu würzen als ich. Jedenfalls schmeckt der Fisch jetzt tatsächlich nach Forelle, ist auch nicht verbrannt und gabelt sich prächtig.

Wir begießen das Essen mit meinem Desinfektionswodka, und im Magen tut er wohler als auf der Schulter. Es stellt sich heraus, daß Raymond noch eine Flasche Whisky an Bord hat, und da die Flasche Wodka, auf drei Personen verteilt, wirklich zu wenig war, leeren wir auch noch den Whisky. Als wir den Flaschenboden erreicht haben, singt Ray unanständige Trapperlieder, und ich gebe Studentengesänge zum besten. Zum Glück verstehen weder er noch seine Freundin Deutsch.

Diese ist es schließlich, die das Boot nach Yellowknife zurücksteuert. Im Hafen erwartet uns Rays Compagnon, mit dem zusammen er eine Charterbootgesellschaft betreibt, und wir landen alle vier in Yellowknifes ältester Bar, dem Wild Cat Café, wo sich Rays Compagnon beeilt, unter Zuhilfenahme mehrerer doppelter Whiskys mit unserer Stimmung gleichzuziehen.

Das Wild Cat Café wird hauptsächlich von Prospektoren besucht, und so riecht es auch. Man kommt sich vor wie im Inneren eines Petroleumfasses. Es liegt daran, daß die Trapper kein Geld für Insectrepellent ausgeben, sondern statt dessen ihre lange Unterwäsche in Petroleum tauchen und die Sachen dann naß anziehen. Dies ist, so schwören sie, das beste Mittel gegen Moskitos. Ich frage mich, wieso die Haut der Prospektoren dennoch über und über mit aufgekratzten Stichen bedeckt ist.

Am frühen Morgen, als die Prospektoren aufbrechen, zieht sich auch Ray mit seiner Freundin zurück, und sein Compagnon bringt mich ins Hotel. Der Licenced Liquer Store hat noch – oder schon wieder – geöffnet, und ich besorge für den

Hotelmanager eine Flasche Wodka. Dann endlich, hurra, eine Dusche. Und ein Bett. Und vor allem keine Moskitos. Dennoch stelle ich fest, daß ich auf der Insel besser geschlafen habe. Für den nächsten Tag habe ich mir ein Auto gemietet. Es gibt hier zwar kaum Straßen, aber eine Gravelroad führt als Stichstraße mitten in den Arktischen Schelf, und eine zweite zu den Goldminen und weiter nach der Indianersiedlung Rae. Die möchte ich dringend kennenlernen.

Das Wildcat Café

Der erste nachweisliche Goldfund am Nordarm des Great Slave Lake resultiert aus dem Jahre 1890. Damals war ein Mann namens Blakeney in Richtung Klondyke gezogen und hatte sich offenbar verirrt. Er schürfte in der Nähe des Great Slave, fand Gold, steckte sich einige Claims ab und sandte Gesteinsproben nach Ottawa. Berichte über diese Gesteinsproben finden sich im »Geological Survey of Canada Reports«, Volume XI, Seite 33ff. Aus ihnen geht hervor, daß aus dem Claim Nummer 10 pro Tonne Gestein 2158 Unzen Gold und 408 Unzen Silber zu gewinnen waren. Zu jenen Zeiten jedoch lohnte sich der Abbau wegen der außerordentlich schwierigen Transportsituation nicht und der Fund von M. B. Blakeney geriet in Vergessenheit. Jedoch nicht für immer.

Sieben Jahre später trieb es einen ehemaligen Hauslehrer, Gefängniswärter, Fleischbeschauer und Friedhofsgärtner aus Manning in Alberta in den Norden. Der Mann hieß Jim Donovan und von Geologie oder Mineralogie verstand er nichts. Aber dies war auch das wenigste, was ein Prospektor der damaligen Zeit wissen mußte. Viel wichtiger war es, die Kunst des Überlebens zu beherrschen. Und das tat Jim Donovan. Er hatte es in einer ganzen Reihe von Jobs bewiesen. Auf seinem Weg nach Norden traf er einen ähnlich erfolgreichen Zeitgenossen, wie er einer war und natürlich taten sich die Abenteurer zusammen. Gemeinsam schafften sie es bis nach Lac La Martre und vertranken zum Auftakt ihr restliches Geld.

Mit reichlich schweren Köpfen begannen sie dann, wieder nach Süden zu ziehen, Richtung Nordarm des Great Slave Lake. Sie hackten und schaufelten sich verbissen durch die Gegend und eines Tages, endlich, glaubten sie, fündig geworden zu sein. Indes, es gab für sie keine Möglichkeit, dies nachzuprüfen, da sie nicht wußten, wie man das Erz aus dem Gestein lösen sollte. Einer von Jims Freunden behauptete, daß es eventuell doch eine Möglichkeit gäbe – so man ihm die Frühstückspfanne überließe und ein riesiges Feuer anzünden würde. Natürlich stimmten die Männer alle zu und bald brannte ein gewaltiges Feuer. Leider wußte nun niemand, wie man über diesem enormen Scheiterhaufen eine relativ kleine Frühstückspfanne erhitzen sollte. Also warteten alle darauf, daß das Feuer langsam niederbrannte.

Und dann hatten sie ihr Erfolgserlebnis. Tatsächlich konnte aus dem Gestein etwas ausgeschmolzen werden. Und das glänzte silbern. Im Nu lagen sich die Männer in den Armen, tanzten, feierten, steckten gewaltige Claims ab und machten sich umgehend auf den Weg nach Fort Resolution. Die Kunde von ihrem gewaltigen Silberfund eilte ihnen voraus. Die Freunde wurden wie Könige empfangen, aßen, tranken, und spielten auf Kredit und warteten darauf, was die Untersuchung des Silberklumpens in Ottawa ergeben würde.

Ihre Freude dauerte genau einen Monat, dann lag das Ergebnis der Probe vor. Und, wie gemein, jemand hatte das Kuvert mit der Nachricht geöffnet. Das Ergebnis: Blei. Die vermeintlichen Millionäre versuchten, sich so unauffällig wie möglich aus Fort Resolution abzusetzen. Es gelang nur einem, Jim Donovan. Und dieser sollte tatsächlich Glück haben. Er verkaufte seine Claims für 30000 Dollar an einen wohlbekannten Minenagenten in Toronto. Und weil Jim ein weiches Herz hatte, vor allem eines für seine Freunde, fuhr er mit dem Geld zurück nach Fort Resolution und löste seine Kameraden aus. Wieder wurde kräftig gefeiert, so lange, bis auch die

immense Summe von 30000 Dollar sich ihrem Ende entgegen neigte.
Einmal Glück als Prospektor, immer Glück als Prospektor, dachte Jim Donovan und so zogen er und seine Freunde erneut zum Great Slave. Am Ausgang des Nordarmes ragt ein Felsen, ähnlich jenem von Gibraltar, in den See hinaus. Auf diesem Felsen, damals noch namenlos, ließen sich die Freunde nieder und begannen, eine Blockhütte zu errichten. Es war harte Arbeit, fast so schlimm, wie das Graben nach Erz. Als die Hütte endlich stand, befanden Jim und seine Kumpane, daß es Zeit sei, sich einen Urlaub zu gönnen. Da platzten ernsthafte Prospektoren in ihren Urlaub und baten um Unterkunft. Jim hatte die Idee seines Lebens: Er nannte die Blockhütte fortan »Wildcat Cafe« und vermietete Lagerstätten für zwei Dollar die Nacht.
Jene ernsthaften Prospektoren fanden, wonach Jim Donovan vergeblich gesucht hatte, Gold. Und nun setzte ein Rush ein, der zwar nicht so gewaltig war wie jener zum Klondyke, der aber den Freunden eine stetig sprudelnde Einnahmequelle sicherte. Im Jahre 1930 begann der Aufschwung dann wirklich. Minengesellschaften schickten ihre Prospektoren, Dutzende von Flugzeugen wasserten im Great Slave Lake und die Indianer, die in diesem Gebiet bislang ein relativ beschauliches Dasein geführt hatten, wurden aufgeschreckt und schickten eine Abordnung nach Yellowknife, die sich im Namen aller Indianer des Gebietes das wildscheuchende Auftreten des weißen Mannes verbat.
Die Prospektoren lachten, die Indianer grollten, man arrangierte sich. Und Jim Donovan, inzwischen ein alter Mann, baute sein Wildcat Cafe wacker weiter aus. Bevor er den Bau jedoch beenden konnte, starb er. Angeblich an einer Flasche selbstgebrannten Schnapses, denn Donovan, der als reicher Mann galt, war auf seine alten Tage zum Geizkragen geworden. Ein neuer Mann tauchte kurz vor Jims Tod am Großen

Sklaven See auf. Er kam aus dem Norden, vom Great Bear Lake und er hieß Gordon Latham. Seinen Namen trägt heute jener Felsen, auf dem Jim Donovan das Wildcat Cafe errichtete.
Auch Gordon Latham begann seine siebte oder achte Karriere als Kneipier. Nachdem er gesehen hatte, wie gut Donovan's Etablissement florierte, baute er das Corona Inn auf und unterbot Donovan's Preise. Mit Freuden nützten die Prospektoren den Konkurrenzkampf der Wirte, hatten allerdings nur kurze Zeit etwas davon, denn nach dem Tod Donovans sorgte Latham für eine Fusion des Wildcat Cafe mit dem Corona Inn, wenngleich die beiden Beherbergungsbetriebe nach außen unter ihren alten Namen weitergeführt wurden.

Es ist Freitag morgen, sieben Uhr. Vor einer Stunde hat die Piper Commanche mit Ralph Mulligan am Knüppel, auf dem Flugplatz von Fort Smith abgehoben. Diese Maschine soll mich ins Waldbrandgebiet bringen. Ich zweifle, ob es jemals dazu kommt, denn Inez Halber, die bis Yellowknife mitfliegt, hat tatsächlich eine Thermosflasche mit wunderbar kaltem Daiquirie bei sich. Mit dem Inhalt geht sie sehr freigiebig um und Mulligan fliegt bereits so, wie ich nach einer Weinprobe im Badischen fahre. Auf die Landung in Yellowknife bin ich sehr gespannt. Nicht, daß es mir etwas ausmachen würde, schließlich habe ich eine lange Nacht bei Eduard Kramer-Finkenstein hinter mir.
Mulligan fliegt über die Indianersiedlung Detah, umkurvt das Antennengeviert des Funkfeuers in der Nähe der Goldmine und schwenkt dann nach links. Tatsächlich kommt die Landebahn näher. Es ist kaum zu fassen, wir setzen ohne einen Ruck auf und während die Maschine ausrollt, trinkt Mulligan aus der Verschlußkappe der Thermosflasche einen letzten Daiquirie. Inez Halber strahlt. Ich strahle mit. Wir melden uns bei der Flugaufsicht. Für Mulligan ist eine Nachricht aus der zentralen

Waldbrandbekämpfungsstelle bereitgelegt: Zur Entgegennahme weiterer Instruktionen wird er gebeten, sich in der Leitstelle einzufinden. Ich habe den Verdacht, daß man dort höheren Orts meinen Mitflug untersagen will. Aber Mulligan schüttelt grinsend den Kopf und deutet auf eine Kühltasche, die er hinter den Rücksitzen der Maschine verstaut hatte. »Die wollen lediglich, daß ich ihnen ihren zollfreien Schnaps bringe. Um sicher zu gehen, daß ich damit gleich vorbei komme, haben sie die Nachricht an den Tower durchgegeben.«
Ein Taxi bringt uns zum Hafen hinunter und Inez Halber verabschiedet sich. Sie will eine Freundin besuchen, die ihr zeigen soll, wie man auf Eskimoart eine Parka näht. Und zu solchen Instruktionsstunden nimmt man Daiquirie in Thermosflaschen mit. Das müssen Parkas werden!
In den zentralen Waldbrandbekämpfungsstellen sitzen drei übernächtigte Männer mit grauen Bartstoppeln in den bleichen Gesichtern. Sie telefonieren pausenlos und rufen einem drallen Mädchen im Minikleid Zahlen zu. Das Mädchen, es ist eine Schülerin aus Alberta, die hier während ihrer Schulferien jobt, steht vor einer riesigen Karte der Northwest Territories und steckt blaue Fähnchen um. Die Fähnchen markieren Waldbrandgebiete. Bevor mir Mulligan das System der Fähnchen erklärt, habe ich den Eindruck, als stünde das gesamte Gebiet zwischen Great Bear, Great Slave und Pellatt Lake in Flammen und das entspricht fast dem Staatsgebiet Österreichs.
Max Halber kommt polternd die Stufen zum Eingang herauf. Auch er sieht übernächtigt und bleich aus, ist unrasiert, riecht nach Ruß und Schweiß. Als er mich sieht, huscht ein flüchtiges Lächeln über sein Gesicht.
»Mächtig viel zu tun im Moment«, sagt er und läßt sich schwer auf einen dreibeinigen Hocker fallen. »Draußen gibt es fast jede Minute eine Selbstentzündung.«
»Und was tun Ihre Männer dagegen?« will ich wissen.
»Es hat keinen Sinn, Geld zu verschwenden, indem man

Löschflugzeuge zu jedem Brand schickt. Auf unserer Karte ist genau eingetragen, wo gerade Prospektoren oder Trapper unterwegs sind, wo man Lager angelegt hat, Versorgungsstationen. Da versuchen wir zu retten, was zu retten ist. Leider gelingt das nicht immer. Ich komme gerade vom Contwoyto Lake. Wir haben dort vier Flugzeuge im Einsatz und vierzig Mann rausgebracht, die eine Versorgungsstation retten sollen. Viel Zeit werden die Männer nicht haben. Dort draußen herrscht ziemlicher Wind und der treibt die Flammen vor sich her.« Halber zündet sich eine Zigarette an und geht in eine Ecke des Raumes, wo auf einem Spirituskocher eine Kanne mit Kaffee steht. Er gießt sich eine Blechtasse voll, trinkt gierig. »In einer halben Stunde fliegen wir wieder. Wenn Sie wollen, können Sie in der Einweisungsmaschine dabei sein.«

Natürlich will ich. Ralf Mulligan wird der Pilot der Einweisungsmaschine sein. Max Halber bringt uns mit seinem Auto zum Flugplatz. Dort werden gerade zwei Löschflugzeuge einsatzbereit gemacht. Es sind Zweimotorige Hochdecker mit bauchigen Rümpfen. Jede Maschine nimmt eine Tonne rotes Löschpulver an Bord. Dieses Löschpulver ist eine Chemikalie, die den Flammen den Sauerstoff entziehen und sie damit eliminieren soll. Wasser werden die Maschinen erst während des Fluges aufnehmen, aus einem der zahl- und namenlosen Seen. Dies geschieht in einer Art Landeanflug, bei welchem durch eine Bodenklappe im Bauch der Maschine bis zu zehn Tonnen Wasser an Bord genommen werden. Dem Wasser wird dann von der Besatzung das Löschpulver beigemengt.

Aus einem unerfindlichen Grund scheint Ralf Mulligan plötzlich wieder stocknüchtern zu sein. Außerordentlich korrekt checkt er die Piper, die inzwischen aufgetankt wurde, durch, bittet den Tower um Startgenehmigung und dann fliegen wir in Richtung Nordnordost. Eine knappe Stunde sind wir unterwegs, als wir die Rauchwand am Horizont erblicken. Sie ist etwa fünf Meilen breit. Mulligan geht auf 1000 Fuß über

Grund und wir jagen über das Staketengewirr der Krüppelkiefern. Nach weiteren zehn Minuten überfliegen wir verbranntes Land. Weißgraue Aschefahnen hängen in der Luft, verwirbeln. Der Boden ist schmutzigschwarz.
Das Funkgerät beginnt zu knattern, dann sind Stimmen zu hören. Die Bodentrupps melden sich, geben Lageberichte. Nach ihren Aussagen kommt das Feuer im Tempo eines guten Fußgängers voran, mit etwa sechs Stundenkilometern.
Die eine Hälfte des Bodentrupps, zwanzig Mann, hat versucht, eine Schneise um das Versorgungscamp zu roden, aber man zweifelt, ob die Schneise breit genug ist, um dem Feuer Einhalt zu gebieten. Mulligan schlägt vor, zwei Löschflugzeuge über der Schneise einzuweisen. Sie sollen den Boden so mit Wasser tränken, daß die Flammen ersticken. Der Leiter des Bodentrupps meldet Zweifel an, verweist auf den Funkenflug. Man kommt überein, alle sechs im Einsatz befindlichen Löschflugzeuge auf der dem Camp zu gelegenen Seite der Schneise einzusetzen und hofft, so eine Neuentzündung durch Funkenflug zu verhindern.
Die Piloten der Löschmaschinen haben das Gespräch mitgehört. Sie staffeln sich in Zweierpulks und warten auf den Einsatzbefehl Mulligans, der sich die Schneise erst einmal aus der Nähe ansehen will. Unsere Piper stößt in die Rauchwand, wird von den durch die Flammen verursachten Turbulenzen geschüttelt. Die Krüppelkiefern und das strohtrockene, verfilzte Unterholz brennen wie Zunder, fünf, sechs Meter hoch schlagen die Flammen. Handtellergroße Ruß- und Ascheteile wirbeln um die Kanzelscheiben, werden vom Propellersog angezogen und hinter die Tragflächen geschleudert. Dann haben wir die Flammenwand hinter uns und der Dunst lichtet sich etwas, wir können die Schneise sehen, die der Bodentrupp geschlagen hat. Aus der Luft sieht sie aus wie ein Feldweg, der halbkreisförmig um das Versorgungscamp führt.
»Viel zu schmal«, sagt Mulligan, drückt die Piper in einen

Oben: Blick vom arktischen Schelf über die Seenplatte.

Unten: Hausbau in Inivik, der Boomtown im Mackenzie Delta. Wegen des Permafrostbodens werden die Häuser alle auf Pfählen errichtet.

Nächste Seite oben: Waldbrände sind die gefährlichsten Feinde der Nordmänner. Rettungsflugzeuge der Fire-Guard evakuieren die einsamen Camps.

Nächste Seite unten: Ein Löschflugzeug der Fire-Guard im Anflug auf eine Brandstelle.

MACKENZIE AVE

Vorhergehende Seite oben: Das angeblich älteste Haus im Norden. Es stammt aus dem Jahre 1793. Um dieses Haus herum wurde später die heutige Stadt Fort Smith errichtet. In der Holzhütte an der Kreuzung Mackenzie Avenue und Breynot Street (zwei staubige Feldwege) wohnt heute niemand mehr.

Vorhergehende Seite unten: Die Rapids of the Drowned im Slave River. Diese Stromschnellen in der Nähe von Fort Smith sehen eigentlich recht harmlos aus, allerdings ist es noch niemandem gelungen, sie lebend mit einem Boot oder einem Kanu zu bezwingen. Im Jahre 1974 bezahlten drei Holländer den Versuch mit dem Leben.

Oben: Die kanadische Seenplatte aus der Luft zu erleben, ist ein Augenschmaus. Ein Algenring auf einer Sandbank verleiht diesem See in der Nähe von Normann Wells ein pitoreskes Aussehen.

Unten: Per Wasserflugzeug werden die abgelegenen Stockpiles der Mineralölgesellschaften im Eismeer vor dem Mackenzie Delta versorgt.

Sturzflug und zieht sie über der Station steil hoch, dreht ab. »Das schaffen die Wasserbomber nie.«
»Klar, daß wir das schaffen«, sagt eine Stimme aus dem Funkgerät, niemand weiß, welchem Piloten sie gehört. »Nun sag schon, aus welcher Richtung wir einfliegen sollen.« »Moment«, Mulligan dreht eine Orientierungskurve. Im Süden kann ich die sechs Hochdecker näherkommen sehen. »Ihr müßt aus 60 Grad reinkommen, Abwurf auf Sicht.« In weiten Spiralen zieht Mulligan jetzt die Piper in die Höhe, schraubt die Maschine auf 5000 Fuß über Grund.
Und dann sind die Wasserbomber heran. Riesige rote Schwaden hängen für Sekunden in der Luft, klatschen flächig ins Gewirr der Krüppelkiefern. Die Piloten leisten Maßarbeit, ihre Würfe liegen exakt nebeneinander. Es sieht aus, als würde von der Schneise aus ein rotgrüner Zebrastreifen zum Versorgungscamp führen.
»Wunderbar, Jungs, und jetzt in die Lücken«, ruft Mulligan ins Mikrophon des Funkgerätes und folgt den Wasserbombern, um mir zu zeigen, wie sie während des Fluges ihre Tanks füllen. Jeweils zwei Maschinen jagen nebeneinander dicht über die Oberfläche eines kleinen Sees. Gewaltige Gischtfontänen sprühen auf, als ihre Bäuche in den Wasserspiegel tauchen und die Motoren durchgestartet werden. Schwerfällig und unter der plötzlichen Last in ihrem Inneren etwas flügellahm, gewinnen die Löschbomber langsam wieder Höhe, gehen auf Kurs. Diesmal gelingt der Abwurf nicht so präzise. Drei Löschladungen klatschen in die Schneise, eine färbt die Hüttendächer der Versorgungsstation rot, zwei Ladungen sind exakt plaziert. »He, was ist los? Seid ihr Bastarde betrunken?« schreit Mulligan ins Funkgerät und schickt einen Sturzbach von Flüchen hinterher. Der Leiter des Bodentrupps flucht mit. Seine Männer, die in der Schneise standen, sind von den stürzenden Wassermassen zu Boden gerissen worden. Dann scheppert Gelächter aus dem Lautsprecher, vermutlich kommt es von

den Piloten der Löschflugzeuge. Die Maschinen drehen zum Auftanken in Richtung See ab, neuer Anflug, Wurf, Auftanken, Anflug, Wurf. Das ganze wiederholt sich etwa achtmal, dann müssen die Löschbomber zurück nach Yellowknife, um Sprit aufzunehmen.
»Jetzt können wir nur noch hoffen und beten«, sagt Mulligan und fliegt stoisch Linkskurven über der Versorgungsstation. Der Leiter des Bodentrupps meldet aufkommenden Wind. Die Meldung wird vom zweiten Bodentrupp bestätigt.
»Aus welcher Richtung?« fragt Mulligan.
»Im Augenblick aus Süden. Verdammter Mist, wenn der Wind bleibt, war alles umsonst«, giftet der Leiter des Bodentrupps. Eine Weile ist es jetzt stumm im Lautsprecher. Wir sehen, wie die Rauchschwaden langsam ihre Richtung ändern, nach Norden schwenken. Wenn der Wind anhält, werden die Flammen die Schneise umgehen. »Yiiipppiiieee!« Der Jubelruf kommt so grell über das Funkgerät, daß Mulligan die Lautstärke reguliert. »Der Wind dreht, wirklich, der verdammte Wind dreht!« schreit der Leiter des Bodentrupps und Mulligan drückt die Nase der Piper nach unten.
Tatsächlich, jetzt können wir sehen, wie die Rauchschwaden weiter herumschwenken. Kaum 50 Fuß über dem Boden reißt Mulligan die Piper wieder hoch. Die Männer unten hüpfen herum, schwenken ihre Mützen, winken mit Schaufeln und Hacken. Und dann hat die Flammenwand die Schneise erreicht. Einzelne Lohen steigen mächtig auf, versuchen, über die Schneise zu lecken, sinken in sich zusammen, fackeln wieder hoch, verlöschen plötzlich. Glühende Aschepartikel werden über die Schneise gewirbelt, flattern in die roten Streifen, die die Löschbomber hinterlassen haben. Wie emsige Ameisen eilen die Männer des Bodentrupps hin und her, schlagen mit ihren Schaufeln auf den Boden, ersticken einzelne kleine Brandherde. Immer wieder jagt Mulligan die Piper im Tiefstflug über die Schneise, so, als könnte er damit die wie wild

schuftenden Männer am Boden noch mehr anstacheln. Und dann ist es plötzlich geschafft: Die Flammenwand hat sich geteilt.
Links und rechts neben dem Versorgungscamp eilt der Brand weiter, dem Ufer des Contwoyto Lake zu. In drei, vier Stunden wird er ihn erreicht haben.
»Alles unter Kontrolle«, meldet sich der Leiter des Bodentrupps. »Schätze, wir werden bis morgen hier bleiben müssen, aufpassen wegen der Schwelbrände.«
»Okay, machts gut, ich schick euch eine Twin Otter, so gegen 15 Uhr, bis dann«, verabschiedet sich Mulligan von dem Bodentrupp. Langsam zieht er die Piper wieder hoch, nimmt Kurs auf Yellowknife. Unsere Spannung lockert sich. Ich wische mir die schweißnassen Hände an den Jeans ab, suche nach Zigaretten, zünde eine für Mulligan mit an. »Wenn wir wieder auf dem Boden sind, lade ich dich ins Wildcat Cafe ein«, sagt Mulligan, der mich nun einfach duzt. »Hast dich ganz gut gehalten bei der Fliegerei, das verdient einen Schluck. Hatte letztes Jahr einen Reporter aus Manitoba dabei. Der Kerl hat mir die ganze Kabine vollgekotzt. Das hat vielleicht Spaß gemacht!«
Die Meldung von der erfolgreichen Rettung des Versorgungscamps hat auch in der Koordinierungsstelle Begeisterung ausgelöst. Die Männer, die dort 32 Stunden ununterbrochen Dienst getan haben, lassen sich jetzt ablösen. Auch sie wollen ins Wildcat Cafe kommen, erfahren wir über Funk. Endlich taucht der Flugplatz von Yellowknife auf, wir erhalten Landeerlaubnis und als wir die Maschine in Parkposition manövriert haben, sehen wir Max Halber am Zaun stehen, er wartet mit seinem Wagen auf uns, will sich anschließen.
Das Äußere des Wildcat Cafes macht keinen sehr einladenden Eindruck. Ein Steg aus roh behauenen Planken führt durch matschigen Untergrund zu einer niedrigen Brettertür. Das Holz des Blockhauses ist grau und verwittert. Teerpappe auf dem Dach, mit Steinen beschwert, an vielen Stellen geflickt.

Zwei ausgeglühte Ofenrohre, schief und mit brüchigen Rändern stechen durch die Teerpappe. Neben der Brettertür ein großes, fast bis zum Boden reichendes Fenster. Es ist die einzige, natürliche Lichtquelle des Wildcat Cafes, da sich das Dach an beiden Seiten so tief hinunterzieht, daß kein Platz mehr für weitere Fenster ist. Die Stirnseite des Blockhauses verschwindet halb in einem Hügel.
Rohe Dielenbretter quietschen und wippen unter unseren Schritten. Der niedrige Gastraum ist düster, Rauchschwaden hängen unter der Decke. Der scharfe Geruch von saueren Bohnen streitet mit Whiskydunst um die Vorherrschaft. Da Mulligan, Halber und ich Hunger haben, siegen für kurze Zeit die saueren Bohnen. Sie schmecken überraschend gut und der runzlige Chinese, der sie serviert, sagt in Hollywoodenglisch »You vely fine people coming flom the fileplace, must eat vely much to lemain stlong.« Da alle Anwesenden ernst bleiben, verkneife auch ich mir ein Grinsen und löffle den Teller leer.
Mit einem Blick auf die Uhr stelle ich überrascht fest, daß es bereits später Nachmittag ist. Außer dem Chinesen und den fünf Fireguards ist das Wildcat Cafe leer, die runden Tische mit den blankgewetzten Platten sind nicht besetzt, obwohl auf jedem Tisch eine Flasche Whisky steht, Gläser vor jedem Platz. »Gleich wird es hier rund gehen«, sagt Max Halber. »Vor einer halben Stunde haben sie in der Mine Schluß gemacht. Die Männer brauchen etwas Zeit, bis sie in die Stadt kommen, aber nun dürfte es soweit sein.«
Er hat kaum ausgesprochen, als die Tür aufgestoßen wird und ein Pulk Minenarbeiter herein drängt. Es sind große, schwere Männer mit Gesichtern, in denen sich Vergangenheit spiegelt. Und sie sind alle so um die fünfzig, Mitglieder der Prospectors Association, wie ich später erfahre. Männer also, die die Hauptstadt der Territorien mit aufgebaut haben. Schweigend verteilen sie sich an drei Tischen, setzen sich stühlescharrend, lassen die Flaschen kreisen. Und nach dem ersten Drink schallt

mit einem Male Stimmengewirr durch den niedrigen Gastraum. Der Chinese bringt Petroleumlampen. »Das tut er nur am Wochenende«, erklärt Mulligan. »Wir haben hier jede Menge elektrisches Licht, aber am Wochenende ist immer Memorial Day, Nostalgie.«
Es dauert nicht lange und einige Mitglieder der Prospectors Association kommen an unseren Tisch, erkundigen sich bei Max Halber, wem das fremde Gesicht gehört, klopfen mir dann zur Begrüßung auf die Schulter.
»Schreiberling sind Sie«, sagt Jock McMeekan nach einiger Zeit und sieht mich prüfend an. »Dann müssen Sie unbedingt Curley Sutton kennenlernen. Der kann Ihnen über den Norden die besten Geschichten erzählen. He, Curley, komm mal rüber, du hast einen neuen Zuhörer«, ruft er zu einem der Nebentische hin und ein untersetzter, sehr breitschultriger Mann hebt den Kopf und prostet uns zu. Nachdem er getrunken hat, steht er auf und schlurft heran.
»Ich bin Curley«, sagt er, läßt sich auf einen Stuhl fallen, den Max Halber herangezogen hat, mustert mich aus kleinen, tiefliegenden Augen, über denen die zusammengewachsenen Brauen einen dicken schwarzen Wulst bilden. Der Blick seiner Augen ist freundlich, abschätzend und ein klein wenig überlegen.
»Schon mal Prospectors Punch getrunken?« fragt er mich. Ich schüttle den Kopf. »Dann wird es höchste Zeit. He, Ching«, er meint den Chinesen, »bring dem Fellow einen großen Topf Prospectors Punch, aber einen kräftigen.«
»No Plospectols punch fol the young man, he'll get dlunk«, fistelt der Chinese zurück und schüttelt den Kopf. Mulligan grinst mich spitzbübisch an, auch Max Halber lächelt. »Wenn Sie langsam trinken, werden Sie es aushalten, zumindest eine Weile«, macht er mir Mut.
Der Chinese verschwindet hinter einem Bretterverschlag und ich höre die Flamme eines Spirituskochers zischen. Es dauert

kaum fünf Minuten, da bringt er tatsächlich einen riesigen Blechnapf, aus dem es dampft.
Behutsam stellt er ihn vor mich hin und der Duft des Gebräus nimmt mir fast den Atem. Es besteht, wie ich später erfahre, zu einem Drittel aus Malzwhisky, einem zweiten Drittel aus Brandy und einem restlichen Drittel Rotwein, kalifornischem in meinem Falle. Das ganze wird zusammengeschüttet, mit Vanillestangen, Gewürznelken und Zimt kurz aufgekocht und mit drei bis vier Löffeln Zucker abgeschmeckt. In Österreich soll es adäquate Getränke unter der Bezeichnung »Jagertee« geben.
»Na los, junger Mann, kosten Sie», Curley klopft mir aufmunternd auf die Schulter, beginnt dann, mich nicht aus den Augen lassend, sich eine Zigarette zu drehen. Ich fasse mit beiden Händen nach dem litergroßen Blechnapf, ziehe ihn an mich heran. Das Blech ist ganz schön heiß und die aufsteigenden Düfte wirken betäubend. Ich koste trotzdem. Langsam trinken, hat mir Max Halber geraten, aber von dem Gebräu kann man ohnehin nur winzige Schlückchen nehmen. Als ich den ersten hinuntergewürgt habe, schießen mir Tränen in die Augen und fast augenblicklich ist meine Stirn schweißnaß. Prospectors Punch muß ein ideales Katermittel sein. Entweder man überlebt und ist geheilt oder es war ohnehin nichts mehr zu retten. »Schmeckts?« fragt Curley und ich kann nur nicken. Die Männer lachen und dann geht der Topf, Gott sei Dank, reihum. Als er wieder vor meinem Platz steht, ist er zu einem Viertel geleert. Und dann fängt Curley an zu erzählen, von Goldie Cunningham, weil ihm der Name der Dame schon den ganzen Tag im Kopf herumgeht.
»Goldie Cunningham war ein Revuegirl, das Ende der fünfziger Jahre im Corona Inn auftrat. Sie stammte aus Texas, war groß, rotblond und an den richtigen Stellen gepolstert. Singen konnte sie wirklich nicht besonders, aber die Beine werfen, daß es eine Pracht war. Und was für Beine, Mann, da legst du jeden Cariboulauf weg. Sie tingelte so ein bißchen, wie das viele

Mädchen gemacht haben. Und sie sorgte dafür, daß wir uns nicht zu einsam fühlten, wenn wir von den Claims zurückkamen. Doch, Goldie war schon richtig. Und weil sie auch noch ein kluges Mädchen war, hielt sie sich immer ein Whiskylager und verdiente sich auf diese Art etwas Nadelgeld. Andere Mädchen haben das auch gemacht, aber keine war so geschickt wie Goldie.« Curleys Stimme gerät ins Schwärmen und ganz automatisch greift er nach dem Napf mit dem Prospector Punch. Er hat einen gewaltigen Zug und seine Augen tränen nicht, als er den Napf absetzt. Mit dem Jackenärmel wischt er sich die Lippen, dreht sich eine frische Zigarette und blickt in die Runde.

»Wer von euch hat Goldie noch gekannt?« fragt er. Drei, vier Männer melden sich. »Na also«, sagt Curley, »hab ich nicht recht, wenn ich sage, daß Goldie ein Prachtmädchen war?« Eifriges Kopfnicken und zustimmendes Gemurmel. Wieder wandert der Blechnapf einmal um den Tisch, diesmal bekomme auch ich wieder meinen Teil ab.

»Eines Nachts, es war im Frühjahr 1959, ich erinnere mich genau, kamen wir ganz spät aus der Mine«, fährt Curley fort. »Keine Bar hatte mehr auf, alles schlief bereits. Aber wir hatten schwer gearbeitet und wollten unbedingt noch etwas trinken. Also sind wir zu Goldies Haus und haben geklopft. Goldie muß wohl wirklich schon geschlafen haben, denn es dauerte ziemlich lange, bis wir ihre Stimme hörten. Eine Stimme wie ein Reibeisen. Und sie hat uns alle zum Teufel gewünscht, wollte uns keinen Whisky mehr verkaufen. Wenn mich heute so eine Stimme zum Teufel wünschte, ich würde wie ein Wahnsinniger rennen, aber damals war ich ein junger Spund, hatte Flausen im Kopf, war stark, gut im Saft und außerdem war es bitter kalt draußen. Auf dem See lag dickes Eis und ein lausiger Wind schüttelte uns durch.

Also haben wir weiter geklopft und Goldie gebeten, uns wenigstens zwei oder drei Flaschen zu verkaufen. Sie wurde fuchs-

teufelswild, rief uns schlimme Dinge zu. Und dann hat sie einen Eimer Wasser geholt und über uns ausgegossen. Und das bei der Kälte. Jetzt waren auch wir wütend. Mann, hatten wir vielleicht Zorn im Bauch. Unsere Sachen, die Goldie mit ihrem Wasser getroffen hatte, froren sofort steif. Also haben wir an ihre Tür gehämmert und verlangt, daß wir uns in ihrem Haus trocknen können.
Goldie dachte nicht daran, zu öffnen, schimpfte einfach weiter und drohte damit, die RCMP zu verständigen. Na ja, und da hatte George Whitley eine Idee. Nicht weit von Goldies Haus stand ein Caterpillar und daneben lagen jede Menge Stahltrossen. Wir also nichts wie hin, die Trossen um das Haus gespannt und dann an dem Caterpillar festgemacht. Whitley ließ das Ding an und wir haben Goldie ein Ultimatum gestellt. Entweder sie machte auf, ließ uns rein und verkaufte uns Whisky oder wir würden ihr Haus von den Pfählen ziehen und auf das Eis des Sees schleppen.
Offenbar hat sie nicht geglaubt, daß wir das wirklich tun würden, denn sie hat uns nur ausgelacht und deshalb ist Whitley losgefahren. Es klappte nicht auf Anhieb, weil wir in der Dunkelheit die Trossen nicht richtig festgemacht hatten, aber beim dritten Anlauf hatten wir das Haus von den Pfählen, zogen es den Hang hinunter. Aufs Eis ist es dann von selbst gerutscht. Da haben wir dann unseren Whisky bekommen. Goldie sah ganz komisch aus, als sie die Tür aufgemacht hatte. Und sie hat immer wieder gefragt, wer denn diese Idee hatte. Erst dachten wir, sie wolle denjenigen bei der RCMP anzeigen, aber dann haben wir gemerkt, daß es sie ehrlich interessierte und Whitley hat es zugegeben. Da hat sie uns alle nach Hause geschickt, bis auf Whitley. Aber wir mußten ihr versprechen, am nächsten Morgen zu kommen, um das Haus wieder auf seinen alten Platz zu stellen. Das haben wir auch getan. Whitley und Goldie empfingen uns mit strahlenden Augen und erklärten, daß sie sich verlobt hätten. Mit Hilfe des Caterpillars haben wir das

Haus dann wieder auf die Pfähle gehievt und anschließend gefeiert. Goldie und Whitley haben ein Jahr später geheiratet und sind in den Süden gezogen, nach Texas, wo Goldie zu Hause war. Die haben jetzt dort eine Ranch und einen Sack voll Kinder.« Curley greift nach dem Blechnapf, nimmt einen tiefen Zug, wischt sich die Lippen und starrt dem Rauch seiner Zigarette nach. »Das waren noch Zeiten, damals«, sagt er, trinkt erneut. »Hm, kann sein, daß wir das Haus nicht ganz auf den See gezogen haben, das ist durchaus möglich, aber von den Pfählen hatten wir es und Goldie heißt jetzt Mrs. Whitley, hat sieben Kinder und das ist wahr.« Wir klatschen, als Curley seine Erzählung beendet hat, und ich greife nach dem Blechnapf, will zur Abrundung noch einen Schluck Prospectors Punch trinken. Der Topf ist leer und die Männer können sich kaum halten vor Lachen. »Ob ich wohl noch so einen, äh, ich meine, wäre es möglich, vielleicht . . .« Der Satz verunglückt mir gründlich und das liegt nicht am genossenen Getränk. Der Chinese hat mich dennoch verstanden und verschwindet kopfschüttelnd hinter seinem Holzverschlag. Jock McMeekan grinst mich an. »Sie führen sich ja prächtig ein«, meint er. »Das ist aber bei Curley auch wichtig. Der war früher ein gefürchteter Schlagetot. Lief immer mit einem mickrigen Freund herum, der alle Leute anstänkern mußte. Und wenn die dem Kleinen Benehmen beibringen wollten, hat Curley die Sache erledigt.«
»Ich hab mich nie geprügelt, das kannst du nicht sagen«, schmollt dieser. »Es war nur einfach schön, die blöden Gesichter der Leute zu sehen.«
»Curley benutzte da nämlich einen Trick, müssen Sie wissen«, erklärt McMeekan. »Er fing solche Sachen am liebsten in Bars an. Wenn jemand auf die Stänkereien des Kleinen einging, stand Curley auf, ging zu dem Betreffenden hin, hob den Kerl samt Stuhl hoch und hielt ihn über den Tresen. ›One more word and I'll drop you into the salami‹, war damals seine ständige Redensart.«

Ich muß wohl ziemlich ungläubig geguckt haben, denn plötzlich fühle ich mich hochgehoben. Curley hat die hinteren Beine meines Stuhls gepackt und stemmt mich gegen die niedrige Decke. Er hebt mich zwar nicht sehr hoch, das läßt der Raum auch gar nicht zu. Immerhin, was er da in seinen Pranken hält, sind gut und gern 200 Pfund. Das kann nur am Prospectors Punch liegen. Kaum wieder auf festem Boden, überzeugt man mich, daß ich nun eine Runde auszugeben habe. Mit einem Mann wie Curley im Rücken widerspricht man nicht.
Krachend fliegt die Tür auf und die Umrisse eines mittleren Riesen verdunkeln den Eingang. Gegen das Licht ist nicht zu sehen, was er in Händen hält, aber augenscheinlich trägt er etwas, macht zwei große Schritte in den Raum und stellt das Etwas ab. Es ist das dralle Schulmädchen aus Alberta, das ich aus der zentralen Brandbekämpfungsstation kenne. Im Raum erstirbt jeder Laut. Die Männer starren mit einer Mischung aus Entsetzen und Bewunderung auf den Riesen, dann wieder auf das Mädchen, schließlich erneut auf den Riesen. Dieser lacht kollernd. »Wette gewonnen«, raunzt er, klapst dem Mädchen auf den Po und schiebt es an einen Tisch. »Ich hab doch gesagt, daß ich hier ein weibliches Wesen reinbringe, ohne daß eine Frau die Schwelle überschreitet.« Der Chinese bringt den Blechnapf und Curley grapscht danach, setzt ihn an und trinkt, obwohl das Zeug kochend heiß sein muß. »Mann«, keucht er, als er den Napf wieder absetzt, »daß ich das erleben muß. Das erste Frauenzimmer im Wildcat Cafe! Ich glaub, ich seh nicht recht!« Er sieht doch richtig und die anderen tun das auch. Aber ihnen scheint nicht zu gefallen, was sie da sehen, obgleich das Mädchen im Supermini ein leckerer Anblick ist. »Na schön, du hast gewonnen«, sagt McMeekan nach einer ganzen Weile, »und nun schaff sie bitte wieder weg, ja. Das geht nicht gegen Sie, Miss«, wendet er sich an das Mädchen, »aber im Wildcat Cafe war noch nie eine Frau und das wollen wir auch nicht ändern. Wir können die gewonnene Wette gerne woan-

ders feiern, nur nicht hier.« Der Riese schaut jetzt etwas betreten drein. Er verzichtet darauf, sich einen Drink einzugießen, greift nach dem Arm des Mädchens und zieht es zur Tür. »Habt euch doch nicht so«, murmelt er, dann ist er draußen und die Tür schlägt hinter ihm und der Miss aus Alberta zu.

»Sowas konnte Bruce Weaver auch nur mit jemandem machen, der nicht aus der Gegend ist«, sagt Max Halber. »Keine Frau aus dem Norden hätte sich dazu hergegeben. Na ja, das Mädchen konnte ja nichts dafür, wer weiß, was Bruce ihr erzählt hat . . .«

»Ist ja egal, die Stimmung jedenfalls ist hin«, mault Mulligan, der Pilot. »Eine Frau im Wildcat, da kann man ja nie wieder herkommen.« Er steht auf, greift nach dem Blechnapf, trinkt. »Nee, also sowas«, schüttelt er den Kopf. Dann plötzlich huscht ein Grinsen über sein Gesicht. »Ich hab eine Idee, Männer«, sagt er. »Machen wir ein Picknick irgendwo draußen, ich fliege uns hin.«

Sein Vorschlag wird diskutiert, findet schließlich Zustimmung. Man einigt sich auf einen namenlosen See in der Nähe der McLeod Bay des Grand Slave. Der See liegt mitten im Arktischen Schelf, unweit der Cameron Falls. Wir verabreden, uns alle in einer Stunde am Hafen zu treffen, Mulligan will sich von einem Freund eine Twin Otter leihen und wir sammeln 80 Dollar für den Sprit.

»Was jeder essen und trinken will, bringt er sich am besten selbst mit«, ruft Max Halber in die Runde. Er hat mich eingeladen, mit zu der Freundin seiner Frau zu kommen, da ich meine Sachen in Fort Smith habe und daher keine Möglichkeit, mich umzuziehen oder mich irgendwo zu duschen. Außerdem bin ich jetzt seit vierzig Stunden auf den Beinen und reichlich unrasiert, merkwürdigerweise jedoch kaum müde. Inez Halbers Freundin ist eine Engländerin vom Schlage Lilibeths. Nur dreißig Jahre jünger. Sie ist Witwe, ihr Mann kam vor einem Jahr bei einem Jagdunfall ums Leben. Sie hat zwei kleine

Kinder, einen Jungen und noch etwas langhaariges, krabbeliges, marmeladenbeschmiertes, das auf den ersten Blick nicht gleich einzuordnen ist. Ich tippe auf Mädchen, es ist aber ein Junge.
Irgendwie scheint der Prospectors Punch jetzt Wirkung zu zeigen, denn beim Rasieren metzele ich in meinem Gesicht rum wie ein Indianer, der sich Schmucknarben beibringen will. Die anschließende Dusche erweist sich als sehr wohltuend und ernüchternd. Inez packt uns vier große Tiefkühlsteaks ein, legt eine Flasche Bacardi dazu, etliche Zitronen und eine Tüte Zucker. Plastikgeschirr fehlt in keinem kanadischen Haushalt und nachdem Max telefoniert hat, sehen sich die beiden Frauen unversehens zu einem Picknick eingeladen. Sie stimmen begeistert zu.
Pünktlich nach einer Stunde sind wir am Hafen, Mulligan hat die Twin Otter bekommen und zu meiner Überraschung treffe ich Ray Price wieder, Freund vom Nahanni und von der einsamen Insel, auf der ich meinen verweichlichten Europäerleib zu nordischen Abenteuern stählen sollte. Nach zwanzigminütigem Flug sind wir mitten über dem Arktischen Schelf, der sich etwa auf das Gebiet zwischen Artillery, McLeod Bay, Yellowknife und Pellat Lake erstreckt. Der Schelf ist ein schorfiger Rücken aus Urgestein, einstmals während der jüngsten Eiszeit, die in den Northwest Territories erst vor etwa 15 000 Jahren endete, flach geschliffen. Jetzt ist dieser Rücken von der Erosion zerklüftet, mit Moos und Flechten bedeckt. Zwischen den zahllosen Azurseen, Eiszeitrelikte auch sie, herrscht Mischwald vor. Birken, Pappeln, Kiefern, vereinzelt sogar Erlen. Der Felsrücken des Schelfs steigt bis auf knapp 300 Meter Höhe an und gehört zu den landschaftlich schönsten Gebieten der mittleren Territories. Er zeichnet sich durch enormen Wildreichtum aus. Alle möglichen Arten von Wildenten und -gänsen gibt es hier. Rallen, Bekassinen, Falken, Bussarde, Dallsheep und Caribous, Wölfe, Schwarzbären, Biber, Fisch-

otter, Murmel. In den Seen herrscht die Forelle vor, aber es gibt auch Welse, Barsche, Hechte und Weißfische.
In einem Seengeflecht, das durch zahllose Flußläufe miteinander verbunden ist, landen wir. Mulligan hat die Twin Otter in der Mitte eines Sees aufgesetzt, sucht nun nach einem günstigen Anlegeplatz. Wir finden eine felsige, moosbewachsene Landzunge. Sie ist knapp einen Hektar groß und bietet eine herrliche Aussicht.
Während wir Männer mit vollen Händen Räucherpulver gegen die Moskitos streuen, bauen die Frauen die Picknickgeräte auf. Schließlich stehen mehrere vollautomatische Haushalte auf der Landzunge. Stromkabel führen zu der Twin Otter, Quirl- und Mixgeräte summen, Shaker sind in Betrieb, aus Eisboxen wird tiefgekühltes Bier gereicht, Inez Halber macht eine Crème Cassis. So wird unberührte Natur erst schön.
Nach dem Essen gibt es jede Menge Daiquiries und dann siegt der Schlaf. Die Männer des Feuerschutzdienstes sind mindestens ebenso müde wie ich. Im Schneckentempo kriecht die Sonne um den Horizont. Die Gesellschaft hat sich auf Decken gelagert und läßt sich die Bäuche bescheinen. Halbschlafphilosophien werden zum Besten gegeben. Die Frauen reden über nicht anwesende Bekannte und die Männer fallen ein. Nicknames werden erklärt und mit einem Ohr fange ich auf, daß man mich hier »Beluga Cowboy« nennt. Dafür müssen Silece oder Doktor Schwarz gesorgt haben.
Halblautes Jäger- und Anglerlatein lullt gemächlich in den Schlaf und weil immer noch nicht alle weggedämmert sind, schlägt Ray Price das Geschichtenspiel vor. Es ist das Märchen von Ernie Ridells Frau. Jeder, der noch halbwegs wach ist, hat eine Episode aus dem bewegten Leben der Dame, die es in Wirklichkeit niemals gegeben hat, zu erfinden und in möglichst launigen Worten dem Auditorium vorzutragen. Weil mich dieses Spiel fatal an einen meiner Verleger erinnert – bei dem hieß Ernie Ridells Frau schlicht ›Tatzelwurm‹, was daran liegen

mag, daß er sich Tiroler Bergmenschen sehr zugetan fühlt –, schlafe ich auf der Stelle tief und traumlos ein. Dies nützt Inez Halbers Freundin zu tiefschürfenden Spekulationen über die Motive meiner Nordlandreise. Sie gipfeln in dem Satz »die Dekadenz der alten mitteleuropäischen Kulturen führt zwangsläufig zum einfachen Leben, it's so sophisticated and extremely sexy«. Ob ich jetzt Annemarie und Herbert als Gegenbeweis anführen soll? Das einfache Leben im Wohnmobil? Aber ich schlafe ja abgrundtief.
Stunden später, alles schläft noch, stehe ich auf, gehe zum See hinunter, mache Katzenwäsche. Auf dem Rückweg zur Landzunge treibt der Wind ein Knäuel Zeitungspapier vor mir her. Irgend ein Küchengerät war darin eingewickelt. Ich falte das Knäuel auseinander, glätte die Seiten. Sie zeigen ausschließlich Fotos, Winterbilder. Vereiste Äste im Gegenlicht. Der spärliche Text offenbart viel über die Mentalität der Menschen hier. Er lautet »Wenn ... die Sonne über bereiften Zweigen glitzert ... das Eis der Seen in Sprüngen knackt ... die Nasen der Kinder weniger laufen ... die Oma ohne Handschuhe geht ... die Milch wieder flüssig geliefert wird ... dann ist Frühling im Norden«. Unten rechts auf der Seite in halbfettem Druck: »Weatherforecast: Clear sky, 14 Degrees below«. Ein irrer Frühling.
Plötzlich ist da ein Hauch von Blue Hour. Ein Gespinst von Tag und Traum im urweltlichen Busch.
Die Zeit, die ich bisher im Norden verbracht habe und von der ich annahm, daß sie mir lang werden würde, ist in rasender Eile verflogen, war angefüllt mit Episoden, die ich weder erwartet, noch erhofft hatte. Wer ahnt schon etwas von der Mentalität dieser Menschen, bevor er sie kennengelernt hat?
Ich habe allen Grund, meinen Gastgebern in den Northwest Territories dankbar zu sein. Es sind einsame, starke Menschen. Auf den ersten Blick einfach gestrickt. Aber nur auf den ersten. Denn sie haben etwas Besonderes. Man kann es nicht erklären,

muß es erleben. Man muß ihnen zuhören, mit ihnen lachen. In ihren Erzählungen ihre Geschichten nacherleben. Und man muß sie nehmen wie sie sind. Skurril manchmal und höllisch eigensinnig.
Aber wahrscheinlich muß man so sein, wenn man hier lebt, hier überleben will. Und man muß sich etwas aus der fernen, alten Heimat bewahrt haben; als Erinnerung, die stark macht.
In Fort Smith z. B. hat sich ein gebürtiger Schweizer ein achteckiges Haus gebaut, »Uri-Ranch« steht über der Eingangstür mit dem Lötkolben in Holz gebrannt. Und auf der weiten Ebene hinter dem Haus hat er Lawinensperren angelegt. Vielleicht sollte man demnächst die Geschichte von Ernie Ridells Mann erzählen. Vorbilder gäbe es genug. Nicht nur Ray Price oder Paul Kwaterowsky, Eduard Kramer-Finkenstein oder Dr. Schwarz.
In vier Tagen geht meine Maschine nach New York. Dort werde ich im Park Lane Hotel wohnen. Mit Aussicht auf den Central Park. In Greenwich Village bin ich verabredet, in China town und zum Abschluß in Green Port auf Long Island. Lisa erwartet mich dort, eine Kölnerin. Sie kam vor zwölf Jahren nach Amerika, ging nach Canada, in den Norden, fror und fuhr nach Long Island. Dort ist sie noch heute.
»Crazy spread people« hat Ray Price die Menschen genannt, die in den Territories leben, die Achseln gezuckt und hinzugefügt, daß es sie überall gibt. Ray kennt Lisa. Er hatte wohl auch mal was mit ihr. Jetzt verehrt er sie.
Lisa hatte in Port Radium ihr Glück gefunden. Es hieß Mosche Lew, war damals 24 Jahre alt und ganz groß im Pelzgeschäft. Mosche und Lisa waren ein Traumpaar, eitel Glück und Sonnenschein. Sogar in der grimmen Tötlichkeit der Polarnacht. Lisa, die für deutschsprachige Kinderbuchverlage Übersetzungen fertigte, hatte nie Glück mit Männern gehabt. Mosche war eine Ausnahme. Er übersah Lisas Busen. Die beiden wollten in Port Radium seßhaft werden, ein Haus bauen, Kinder haben,

gemeinsam alt werden. Zivilisation brauchten sie nicht, weil sie sich selbst genug waren. Bis zum Oktober 1973.
Kaum hatten die Ägypter die israelischen Befestigungsanlagen am Suez überrannt, da saß Mosche bereits in einer El Al Boeing nach Tel Aviv. Er war einer der ersten Israelis, der beim Gegenstoß der Armee unter dem Davidsstern das Westufer des Suezkanals betrat. Dort warf ihn dann auch der Feuerstoß aus einer Kalaschnikow nieder. Lisa erfuhr davon, als sie gerade damit begonnen hatte, ein Haus für Mosche und sich einzurichten. Da wurde ihr die Weite des Great Bear Lake zu eng und der Norden zu kalt.

Langsam kommt wieder Leben in die Picknickgesellschaft und Ralf Mulligan stolziert steifbeinig zu der Twin Otter, um sie für den Rückflug klar zu machen. Als das Schelf später sanft unter den Tragflächen der Maschine schwingt und in der Kabine schläfrige Ruhe herrscht, frage ich mich, warum die Menschen hier so gut mit Fremden auskommen.
Auf die Antwort warte ich noch.

Das Tal, in dem eine Goldmine verschwand

Im Westen gleißen die Schneegipfel des Mackenziegebirges. Vom dahinschießenden Kanu aus sind sie nur für einen Moment zu sehen. Und auch dieser Moment ist nicht ungefährlich, denn jeder Augenblick der Unaufmerksamkeit kann das Boot zum Kentern bringen. Freunde in Fort Smith und Yellowknife haben mich gewarnt, den Nahanni River mit dem Kanu kennenlernen zu wollen, mir aber gleichzeitig versichert, daß dies die einzig wirkliche Möglichkeit wäre.

Der Nahanni River ist der wohl sagenumwobenste Fluß in den Territories. In den undurchdringlichen Wäldern längs seiner Ufer gibt es Schwarz-, Braun- und Grizzly-Bären, Elche leben dort und – Schneemenschen. Jene geheimnisvollen Wesen, die Expeditionen im Himalaya vergeblich gesucht haben. Indes, auch am Nahanni hat noch niemand Schneemenschen leibhaftig zu Gesicht bekommen. Aber Trapper schwören, daß sie immer wieder ihren Spuren begegnet sind und auch den Taten dieser Schneemenschen. So im Headless Valley, wo im August 1932 die Körper von fünf Trappern gefunden wurden, unversehrt, aber ohne Köpfe.

Die RCMP untersuchte damals monatelang den Fall – vergeblich. In den Annalen des zuständigen Bezirksgerichts in Edmonton, Alberta, ist nachzulesen, daß die Köpfe der Trapper mit einem sehr scharfen Gerät vom Rumpf getrennt worden sein müssen, und auf mehreren Seiten wird die vergebliche Suche nach den Köpfen beschrieben. Besonders merkwürdig:

die Polizisten fanden keinerlei Blutspuren. Bis heute ist ungeklärt, wie die Trapper, die als sehr erfahren galten und den Nahanni seit Jahren kannten, ums Leben kamen. Man fand ihre Leichen unmittelbar neben der Feuerstelle ihres Lagers auf einer großen Sandbank. Sie lagen nebeneinander aufgereiht. Von ihrer Ausrüstung fehlte nichts. Sogar ihre Gewehre waren noch geladen, ebenso die Revolver, die zwei von ihnen in Gürtelhalftern trugen.

Ein so nüchterner Mann wie Paul Kwaterowsky, ein 62 Jahre alter Riese, der zwölf Jahre lang als Superintendent of Game in den Territories gearbeitet hat und das Land wie kaum ein anderer kennt, berichtet von seltsamen Erlebnissen am Nahanni. Ihm ist es passiert, daß er eines Tages auf der Jagd nach einer Elchkuh plötzlich einfach nicht mehr weiter konnte. Nicht, daß er müde gewesen wäre oder der Wald unwegsam. Aber da war plötzlich eine unsichtbare Barriere, die zu überwinden Kwaterowsky nicht gelang.

Der deutschstämmige Kanadier, der aus Ostpreußen kommt und vor seiner Emigration etliche Jahre in Hamburg lebte, konnte sich nicht erklären, was ihn zurückhielt. Er sah die Elchkuh in einem Dickicht verschwinden und war außerstande, sein Gewehr zu heben. Kwaterowsky versuchte mit deutscher Gründlichkeit, das Geheimnis zu lüften. Er ging ein Stück zurück, bezog Posten und beobachtete durch sein Fernglas den Waldrand. Von Insekten gepeinigt, harrte er fast vier Stunden lang aus. Da, plötzlich bewegten sich Äste, ein Strauch wurde zur Seite gedrückt und Kwaterowsky wartete jeden Moment auf das Auftauchen irgendeines Lebewesens. Aber nichts geschah. Und obwohl sich Äste bewegten, war kein Laut zu hören. Der erfahrene Jäger, seit Jahren mit der Natur vertraut, fand keine Erklärung für das, was er sah. Wenn ein Tier die Bewegungen der Äste verursachte, dann mußte es doch auch zu hören sein, wenn schon nicht unbedingt zu sehen.

Also pirschte Kwaterowsky näher heran und die Äste beweg-

ten sich weiter, lautlos und ohne den Blick auf das, was sich hinter ihnen verbarg, freizugeben. Und dann war da wieder diese unsichtbare, aber unüberwindliche Barriere. Wütend auf das, was ihn narrte und ärgerlich auf sich selbst, weil es ihm nicht gelingen wollte, diese unsichtbare Barriere zu überwinden, griff Paul Kwaterowsky zum Gewehr.
Der ehemalige Superintendent of Game gilt auch heute noch als einer der besten Schützen im Norden und seine Waffe war eine Weatherby 300, ein Gewehr, das die wohl rasanteste Großwildmunition der Welt verschießt. Kwaterowsky zielte sorgfältig zwischen die sich bewegenden Äste, setzte dann jedoch wieder ab, weil es ihm zu gefährlich schien, einfach auf irgend etwas zu schießen. Er rief, da ja, wenn auch sehr unwahrscheinlich, die Möglichkeit bestand, daß in dem Dickicht ein anderer Trapper war. Seine Rufe blieben unbeantwortet, dennoch bewegten sich die Äste weiter. Und das war noch seltsamer, denn ein Tier hätte auf Kwaterowskys Rufe hin sicherlich sofort die Flucht ergriffen.
Und dann schoß der Superintendent doch. Vier Schüsse gab er ab, konnte jedoch bei keinem einzigen das Einschlagen der Kugel hören. Kwaterowsky lud nach, wartete. Nichts geschah, außer daß sich wiederum die Äste bewegten. Über eine Stunde wartete der Mann, dann hörte er hinter sich Zweige knacken und sah sich um. Von den Schüssen herbeigelockt war sein Begleiter, ein Indianer, den er bei seinem Kanu zurückgelassen hatte, herangekommen. Ihm erklärte Kwaterowsky, warum er geschossen hatte und deutete auf die Stelle, an der sich die Äste bewegten. Der Indianer erstarrte, sagte ein unverständliches Wort in seiner Sprache und bekreuzigte sich dann. Er wollte, zusammen mit dem Superintendenten, sofort diesen geheimnisvollen Ort verlassen. Kwaterowsky bestand jedoch darauf, noch zu bleiben. Es gelang ihm sogar, den Indianer dazu zu überreden, gemeinsam mit ihm noch einmal auf die Äste zu feuern.

Der Indianer schoß das sechsschüssige Magazin seiner Winchester ebenso leer, wie Kwaterowsky dies mit seiner Weatherby tat. Wieder waren keine Einschläge wahrzunehmen. Nachdem die Männer ihre Waffen nachgeladen hatten, gingen sie, sich durch laute Unterhaltung gegenseitig Mut machend, auf den Waldrand zu. Und plötzlich hörten die Äste auf, sich zu bewegen. Und auch die unsichtbare Barriere war verschwunden. Ungehindert erreichten die Männer den Waldrand.

Sie spähten in das Gewirr der Äste und Zweige, nichts. Schließlich drangen sie in das Dickicht ein. Fast einen halben Tag lang suchten sie nach den Spuren, die ihre Kugeln hinterlassen haben mußten. Sie fanden weder abgefetzte Blätter oder Rindenstücke, noch konnten sie in irgendeinem Stamm einen Einschlag finden. Und das war etwas, was nach menschlichem Ermessen unmöglich war.

Immer wieder rekonstruierten die Männer die Flugbahnen ihrer Geschosse und kamen zu dem Schluß, daß es ganz unmöglich war, daß die Projektile nicht in einzelnen Bäumen steckten. Nur – es waren nirgendwo Einschläge zu entdecken.

»Als wir die Suche endlich aufgaben, hatte ich Angst, wie noch nie zuvor in meinem Leben«, erzählte mir Paul Kwaterowsky. »Ich hatte etwas erlebt, was nach allen Gesetzen der Logik und der Ballistik unmöglich war.«

Tage später, als er in sein Office zurückgekehrt war, legte Kwaterowsky über den Vorfall eine Aktennotiz an. Bei der Royal Canadian Mounted Police gibt es Dutzende solcher Aktennotizen, die von sehr honorigen und als ausgesprochen nüchtern bekannten Menschen verfaßt wurden. Diese Notizen haben bis jetzt nur dazu beigetragen, die Legendenbildung um den Nahanni River zu vermehren. Aufgeklärt worden ist keiner der Vorfälle. Nicht einmal der Armee und einer Hundertschaft Polizei gelang die Lösung des größten Rätsels des South Nahanni River. Dort verschwand im Jahre 1941 eine Goldmi-

ne. Und auch die 38 Minenarbeiter, die dort schürften, sind bis heute unauffindbar.
Am 4. April 1941 meldeten sich die Minenarbeiter letztmals über Funk und berichteten, daß alles seinen gewohnten Gang gehe. Das Wetter war sonnig und windstill, die Arbeiten gingen gut voran, es gab keine besonderen Vorkommnisse. Einer der Arbeiter ließ anfragen, wie das Befinden seiner Frau sei, die im kommenden Monat ein Baby erwartete. Es wurde mitgeteilt, daß die Frau wohlauf sei und sicher, einem Sohn das Leben zu schenken. Am Ende des Funkverkehrs wurde vereinbart, sich nach einer Woche routinemäßig wieder zu melden.
Aber weder am 11. April noch später meldete sich die Mine, reagierte auch nicht auf Anrufe aus dem Äther. Und nach vier Wochen wurde ein Flugzeug losgeschickt, um die Mine zu überfliegen und nach dem Rechten zu sehen. Die Maschine war eine zweimotorige Bristol Hochdecker, die auch für Wasserungen eingerichtet war. Mehrmals durchflog die Bristol das Headless Valley, konnte die Mine aber nirgendwo entdecken. Unverrichteter Dinge kehrte sie zu ihrer Basis nach Fort Simpson zurück. Nun schickte die Minengesellschaft einen Erkundungstrupp mit Booten den Nahanni flußaufwärts. Dem Trupp gehörten Männer an, die selbst schon in der Mine gearbeitet hatten. Aber auch diesen gelang es nicht, ihre verschwundenen Kameraden zu finden, nicht einmal die Mine selbst. Das Militär wurde eingeschaltet und auch die Polizei. Vergeblich.
Noch heute suchen wagemutige Abenteurer nach der verschwundenen Mine. Einer von ihnen ist Raymond Price.
Price wurde in England geboren und wuchs in London auf. Er diente in der Armee und wurde danach Cricketprofessional. Schließlich machte er seinen Bachelor of Divinity Degree an der Londoner University und ging dann nach Kanada. Dort lebte er als Baptistenprediger in Flin Flon und später in Yellowknife. Mit einem Kanu fuhr er den Mackenzie hinunter bis ins Eismeer, bewirtschaftete eine Farm im nördlichen Peace

River Country und flog bei einer Landung in Pangnirtung Inlet eine Turbobeaver zu Bruch. Er war Assistent eines Mineninspektors, veranstaltete eine Lotterie für die Regierung der NWT und führte Forschungstrupps der Industrie durch die westliche Arktik. Nebenbei unterrichtet er gelegentlich an Eskimoschulen und ist ein begeisterter Amateurbäcker. Wenn jemand in der Lage ist, die verschwundene Goldmine zu finden, dann er, behauptet man in Yellowknife.

Also habe ich mich mit Ray Price angefreundet und ihn dazu überredet, mich den Nahanni hinauf zu begleiten. Seit drei Tagen sind wir unterwegs. Keine Schneemenschen, keine Mine, nichts. Nur Wölfe, Bären, hin und wieder ein Elch und Caribous. Und ein unberechenbarer Fluß, der nichts unversucht läßt, unser Kanu zum Kentern zu bringen. Da gibt es Stromschnellen, die erst im allerletzten Augenblick zu erkennen sind. Und dann ist man schon mitten drin. Das Wasser schäumt und gurgelt, wirbelt das Kanu herum. Es poltert gegen Steine, schlägt, stößt und rüttelt. Zwei Paddel habe ich bereits zerbrochen, Ray erst eines. Nun wird mir klar, warum er darauf bestand, daß wir insgesamt 10 Paddel mitgenommen haben. Bis zu unserer Rückkehr sollen wirklich nur zwei übrigbleiben. Unser Gepäck, in wasserdichten Gummisäcken verstaut, wird durcheinandergeworfen, droht immer wieder über Bord zu gehen. Wir haben die Säcke alle an Leinen gebunden, die an Eisenringen am Boot befestigt sind. Auch die beiden großen Blechtassen zum Schöpfen haben wir angebunden. Wir müssen ziemlich oft schöpfen.

Am vierten Tag erreichen wir das Headless Valley. Wir steuern ans Ufer und Ray macht das Kanu an einem Treibholzstamm fest. Bis auf Rays Gewehr, Ferngläser und Feuerzeug und Zigaretten nehmen wir nichts mit, als wir uns an den Aufstieg zum linken oberen Rand des Flußtales machen. Zwei Stunden benötigen wir, um uns durch das urwaldartige Dickicht am Ufer zu arbeiten, dann haben wir die Baumgrenze erreicht und

der Aufstieg geht leichter. Über uns kreisen Bussarde. Ringsum blühen Heidel- und Blaubeeren. Die Luft ist kühl und angenehm, Ray flucht über das Gewicht seines Gewehres und wir wechseln uns beim Tragen ab. Noch einmal zwei Stunden, und wir haben die Gipfel eines Vorgebirges erreicht. Ein wunderbarer Ausblick belohnt uns für die Mühe: im Westen die Schneegipfel der Mackenzie Mountains, im Osten der Beginn der Seenplatte und dahinter das Arktische Schelf, im Süden und Norden endloser Wald. Das Headless Valley sieht von oben so lieblich und idyllisch aus, daß es als Postkartenmotiv weltweite Verbreitung finden könnte.
Und in einem so schönen Tal wurden fünf Trapper geköpft und es verschwand eine Goldmine mit 38 Arbeitern.
Wir haben uns zwei Tage Zeit genommen, um – zugegeben sehr halbherzig – nach der Mine und den Schneemenschen zu suchen. Dann war unser Insectrepellent alle und wir machten uns schleunigst auf den Rückweg. Ray Price hat versprochen, in einem der nächsten Jahre seinen Urlaub zu opfern, um nach der Mine zu suchen. Vielleicht tut er es sogar.
Nach zwölf Tagen in der unberührten Wildnis erreichen wir endlich wieder Fort Simpson und mit enormem Geschick verkauft Ray unsere Ausrüstung. Dann erreichen wir gerade noch ein Flugzeug nach Yellowknife.
Im Hotel die erste vernünftige Rasur mit warmem Wasser, eine Dusche, ein Bett und abends ein freundlicher japanischer Ober, der lächelnd serviert. Keine Moskitos, kein geheimnisvolles Rascheln in den Büschen, kein Wolfsgeheul, kein gurgelnder Fluß. Vielleicht kann ich deshalb nicht einschlafen. Man gewöhnt sich so sehr an die Laute der Natur, daß man erschrickt und gespannt ist, wenn sie plötzlich ausbleiben.
Ray lacht. »Das ging mir anfangs genauso. Aber man lernt schnell zu unterscheiden. Noch einige solcher Ausflüge, und du wirst zu einem echten Nordländer.«
Auf der Stirn, am Hals, an Hand- und Fußgelenken jucken die

Moskitostiche. Arm- und Rückenmuskeln fühlen sich taub an, zu ungewohnt war der Umgang mit den Paddeln. Ich habe Schwielen an den Händen und eine Blutblase links am Daumen. Natürlich sieht man uns im Hotel an, daß wir von draußen, aus der Wildnis kommen. Die Angestellten sind besonders freundlich und bemüht, der Generalmanager stiftet eine Flasche kalifornischen Rotwein und läßt sich erzählen, wie es uns ergangen ist. Am Nebentisch bekommen zwei amerikanische Ladies, gutes Mittelalter und mit Schmetterlingsbrillen auf den Nasen, lange Ohren. Später, an der Bar, werden wir von ihnen zu Drinks eingeladen. Die beiden stammen aus San Francisco und sind nach Yellowknife gekommen, weil sie das echte wilde Leben kennenlernen wollten. Bis jetzt ist ihnen indes noch kein echter Trapper begegnet, und so nehmen sie einstweilen mit uns vorlieb. Ray rät den Damen, sich bei der Suche nach echten Trappern mehr auf ihre Nasen denn auf ihre Augen zu verlassen.

»Ein echter Trapper stinkt nach Petroleum«, sagt er und die Damen sind verdutzt. Da wir viel zu müde sind, um lange an der Bar zu bleiben, werden sich die Ladies nach Ersatz umsehen müssen. Indigniert lassen sie uns ziehen.

Die größte Arztpraxis der Welt

»Versuchen Sie, Dr. Schwarz zu treffen. Er ist ein sehr interessanter Mann, kennt den Norden gut und vor allem, er genießt das Vertrauen der Eskimos. Sie können sich bei ihm auf mich berufen.« Mit diesen Worten hat mich Max Halber, Regierungsangestellter und unter anderem zuständig für Waldbrandbekämpfung, auf dem Flugfeld von Yellowknife verabschiedet.

Nach seinen Worten ist Dr. Schwarz einer der wenigen Weißen, die seit Jahren mit Eskimos zusammenleben. Und, was wichtiger ist, er hat sich angeblich zum Fürsprecher ihrer Interessen gegenüber der Regierung gemacht.

Leider ist es mir während der vergangenen zwei Tage nicht möglich gewesen, Dr. Schwarz telefonisch zu erreichen. Er war mit dem Flugzeug unterwegs, irgendwo zwischen Baffin Island und Barren Grounds. Heute wird er zurückerwartet. Also habe ich in Inuvik gewartet und mir ein Ticket der Northward Airlines besorgt und hoffe nun, daß die Maschine auch tatsächlich fliegt.

Die Northward Air ist eine Bedarfsfluggesellschaft und verfügt über eine Twin Otter und eine Beachcraft. Von Inuvik aus fliegen die Maschinen nach Norden zu den großen Inseln. Allerdings nur, wenn genügend Ladung vorhanden ist oder sich hinreichend Passagiere anmelden. Der Fahrer einer Ölgesellschaft, der in die gleiche Richtung muß, hat mich aus der Stadt zum Flugplatz mitgenommen und dabei sachkundig mein

Gepäck gemustert: zwei Reisetaschen. Nachdem er erfahren hat, daß ich aus Deutschland komme, grinst er anerkennend:
»Sie reisen viel, eh?«
»Es geht, wieso?«
»Weil Sie kaum Gepäck haben. Man darf sich hier oben nicht mit vielen Dingen belasten. Gepäck stört nur. Außerdem kommt man mit zwei Hosen und zwei Hemden aus.«
Nun ja, ein bißchen mehr habe ich schon mit. Vor dem Flugplatzgebäude bremst der Mann den Stationswaggon scharf ab, und wir kommen in einer riesigen Staubwolke zum Stehen.
»Gehen Sie einfach quer über die Rollbahn. Da hinten links ist der Hangar der Northward«, sagt der Mann und deutet in Richtung Südwest. Dann wünscht er mir noch viel Spaß im Norden und fährt mit durchdrehenden Reifen an. Sand und Steine spritzen auf, überschütten meine Reisetaschen mit Straßendreck. Ich habe Glück, daß der Tankwagen hier noch nicht durchgekommen ist. Jeden Morgen werden nämlich die Straßen gesprengt, um den Staub zu binden.
Das Flughafengebäude ist bis auf einen Clerk, der lustlos am Gepäckschalter der Pacific Western herumlümmelt und mich keines Blickes würdigt, leer. Der Clerk ist mit einem Comicheftchen beschäftigt. Ich wage es, ihn zu stören, und ohne aufzusehen, rät er mir das gleiche wie mein Fahrer; einfach über die Rollbahn zu gehen.
Die Reisetaschen in der Hand, marschiere ich los, und tatsächlich scheint es niemanden zu kümmern, daß da einfach ein Mann über die Rollbahn läuft. Links und rechts stehen bunt bemalte Twin Otters herum, dazwischen mehrere DC 3 Veteranen. Aus dem Hangar, den der Fahrer mir gezeigt hat, es ist ein mittelgroßer Wellblechschuppen mit zahlreichen zerbeulten Öl- und Benzinfässern davor, dringt Hämmern. Ich stelle meine Taschen ab, klopfe an eine nur an einer Angel hängende Tür. Das Klopfen geht im Geräusch des Hämmerns unter, und so trete ich einfach ein. Es sieht aus wie in einer großen

Werkhalle, überall Motorenteile, Blechstücke, Werkzeuge, Werkbänke, Schraubstöcke. In der Mitte des Hangars steht eine hellblaue Twin Otter, von deren Rumpf die Farbe blättert. Irgendwo hinter der Maschine muß der Mechaniker sein, von dort dringt das Hämmern herüber. Durch ein Gewirr von Flugzeugteilen bahne ich mir den Weg.

Ein Mann von schwer schätzbarem Alter, er kann dreißig, aber ebenso gut 50 Jahre alt sein, hat ein Rotorblatt auf einer Art Amboß liegen und klopft mit einem schweren Hammer darauf herum. Als er mich sieht, schaut er kurz auf, hämmert dann weiter. Endlich legt er den Hammer beiseite und wirft das Rotorblatt achtlos zu Boden.

»Hier ist Rauchen verboten«, sagt er anstelle einer Begrüßung und greift in die linke Brusttasche seines großkarierten Hemdes, zündet sich selbst ein Stäbchen an.

»Ich bin Ihr Passagier nach Tuktoyaktuk«, sage ich und trete meine Kippe aus.

»Dachte ich mir.«

»Wieso?«

»Hab Sie noch nie gesehen. Sonst kenne ich meine Passagiere alle.« Er zieht ein Blatt Papier aus der anderen Brusttasche seines Hemdes, offenbar die Passagierliste. »Ihren Namen hab ich auch noch nicht gehört. Neu hier, was?«

»Ja.«

»Von der Regierung?«

»Nein, eigentlich mehr Tourist.«

Jetzt stutzt er, guckt mich groß an, grinst. »So, so, Tourist. Hm, was es alles gibt. Weshalb sind Sie denn eigentlich hergekommen?«

»Um mir das Land anzusehen.«

»Hat sich was, Scheißland hier. Alles voller Moskitos und Blackflies. Keine Gegend für Touristen, keine Bars, kein Komfort. Sie hätten mit dem Schiff kommen sollen, mit dem Champagnerdampfer, das ist angenehmer.«

»Ich finde es auch so ganz reizvoll.«
Er schüttelt den Kopf, wischt sich die Hände an seinen Hosen ab. »Wo ist Ihr Ticket?«
Ich gebe es ihm, und er reißt das oberste Blatt ab. »Für die Steuer«, sagt er dabei. Wieder mustert er mich ungläubig. »Ein Tourist, na so was. Wo ist Ihr Gepäck?«
»Vor dem Hangar, es sind nur zwei Taschen.«
»Okay, bringen Sie's her, ich verstau's schon mal.«
Während ich meine Taschen hole, frage ich mich, wo man wohl sicherer fliegt. Hier oben im Norden oder von unseren schwer bewachten Flugplätzen aus. Der Mechaniker, Pilot und Generalmanager der Northward, Tommy Dobson, nimmt mir meine Taschen aus der Hand und stapelt sie im Rumpf der Twin Otter, dabei kann ich einen Blick auf seine Ladung werfen. Sie besteht, soweit ich das sehen kann, aus drei Käfigen mit lebenden Hühnern, einem an allen vier Beinen und am Halse festgebundenen Huskie, mehreren Schaufeln und Hacken, einer Kiste, deren Aufschrift als Inhalt Schlagbohrmaschinen deklariert, und mehreren unbeschrifteten Kartons, also vermutlich Alkohol.
Tommy Dobson sieht auf seine Uhr. »Wir warten noch auf einen zweiten Passagier, ein Eskimomädchen«, sagt er. »Die können nie pünktlich sein. Na, macht nichts, bringen wir den Vogel erst mal raus. Kommen Sie, helfen Sie mir am Tor.«
Gemeinsam öffnen wir das Klapptor des Hangars, dann geht Dobson zu seiner Maschine, läßt die Motoren an und rollt ins Freie. Als er draußen ist, schließe ich das Tor wieder, und Dobson winkt mir aus dem Kanzelfenster, einzusteigen.
Der angebundene Huskie kläfft mich wütend an, die Hühner flattern aufgeregt in ihren Käfigen, und ich sehe mich vergeblich nach einem Sitzplatz um.
»Wenn Sie wollen, kommen Sie zu mir nach vorne«, überschreit Tommy Dobson den Motorenlärm.
Ich klettere über Schaufeln, Kartons und Hacken und zwän-

ge mich durch den schmalen Durchgang zur Pilotenkanzel, setze mich auf den rechten Sitz und greife nach den Anschnallgurten. »Schon mal so geflogen?« will Dobson wissen und ich nicke.
»Bin selbst Pilot.«
Verblüfft stößt er die Luft aus, greift wieder nach seinen Zigaretten und bietet mir eine an. Ich gebe ihm Feuer und wir rauchen schweigend. Schließlich, als wir die Kippen ausgedrückt haben, grinst Dobson und reicht mir ein zerfleddertes Stück Papier. Es ist die Checkliste der Twin Otter.
»Los, lesen Sie vor«, sagt er und wir gehen die einzelnen Positionen durch. Jeder Punkt ist okay, die Maschine startklar.
»Na prima«, freut sich Dobson. »Wissen Sie, ich hab das schon lange nicht mehr gemacht. Hier oben fliegt man nicht nach Checkliste, sondern mit dem Arsch. Alle Buschpiloten tun das. Es ist die sicherste Art, am Leben zu bleiben.«
Ich nicke sehr ernsthaft und zustimmend. In einer zweisitzigen Gö-vier, einem Segelflugzeug, hat mir das vor zwanzig Jahren mein damaliger Fluglehrer Rudolf Strößenreuther, Weltkriegssturzkampfflieger mit mehreren Abschüssen, mit ähnlichen Worten gesagt. Auf englisch hat es sich jetzt nur kürzer angehört.
Über Funk meldet sich Dobson beim Tower und bittet um Starterlaubnis. Sie wird umgehend erteilt, und langsam rollt die Twin Otter an.
»Ich denke, es kommt noch ein Passagier«, sage ich.
»Noch sind wir ja auch nicht in der Luft«, antwortet Dobson und gibt Gas. Während wir über Schottergrund auf die Rollbahn zurumpeln, kommt rechts vom Flugplatzgebäude eine junge Frau angerannt. Sie hat die Figur einer dunkelhaarigen Marilyn Monroe und ihre üppigen Formen in viel zu enge Jeans und eine noch engere Bluse gepreßt.
»Das ist sie«, sagt Dobson und bremst. »Sie heißt Mary und ist die Tochter eines Eskimohäuptlings, wenn man den Mann so

nennen will. Jedenfalls ist ihr Vater ziemlich reich, hat eine große Renherde und drei Walboote.«
Mary ist völlig außer Atem, als sie die Twin Otter erreicht. Sie reißt die Tür auf, stemmt sich in der Einstiegsluke hoch, verriegelt die Tür hinter sich und klappt einen Segeltuchsitz aus der Wand, auf welchem sie sich unaufgefordert festschnallt. »Danke, Tom, daß du gewartet hast«, sagt sie und keucht dabei.
»Okay, Baby. Können wir?« Die Frage galt mir, und ich nicke.
Dobson legt einen ziemlich rasanten Start hin, justiert dann die Trimmung und geht auf Kurs. Er tut das alles mit so ruhigen, gelassenen Bewegungen, daß ich zu seinem fliegerischen Können sofort volles Zutrauen habe. Dennoch fühlt er sich zu der Frage veranlaßt: »Ziemlich anders als in Europa, was?«
»Hm. Sagen Sie, hier oben scheint aber auch wirklich jeder jeden zu kennen?«, und ich deute mit dem Kopf nach hinten, wo die Eskimofrau sitzt.
»Kein Wunder, es gibt ja kaum Menschen hier«, antwortet Dobson. Die Motoren laufen gleichmäßig summend rund, und die Maschine steigt in einem flachen Winkel.
»Wissen Sie«, sagt Dobson nach einer Weile und bietet wieder Zigaretten an, »wir Piloten kennen zwangsläufig fast jeden. Es gibt ja außer dem Flugzeug keine Verkehrsmöglichkeit, und wenn man sein Geschäft seit Jahren betreibt . . .« Er spricht den Satz nicht zu Ende, zuckt mit den Schultern.
Ich frage Dobson nach Dr. Schwarz, und er bestätigt, was mir schon Max Halber gesagt hat. Außerdem beglückwünscht mich Dobson, daß ich bei dem Doktor wohnen werde. »Seine Lodge hat immerhin eine Dusche«, sagt er. »Und außerdem kann seine Haushälterin phantastisch kochen.« Wir reden noch ein wenig über das Wetter, das in diesem Jahr ganz besonders gut ist, und kommen dann ganz automatisch auf die Fliegerei. Dobson erzählt mir dabei eine Geschichte, die, wie er ausdrücklich betont, einem seiner Kollegen passiert ist, aber so, wie er sie erzählt, nehme ich an, daß er der Betroffene war.

Geschehen sein soll das Ganze im Jahr 1969 in Yellowknife. Die Schneeschmelze war gerade vorbei und die jetzige Hauptstadt der North West Territories noch nicht einmal zur Stadt erhoben. Wie in jedem Frühjahr kamen die Prospektoren und Trapper in den Ort. Die Prospektoren, um wieder hinaus in die Wildnis zu ziehen und sich Claims abzustecken, die Trapper, um ihre Felle zu verkaufen, sich mit frischen Vorräten einzudecken und während des Sommers ihre Hütten und Lager in Ordnung zu bringen.
Einer dieser Trapper war Alf McVernon, ein 65 Jahre alter Amerikaner aus Virginia. Obwohl er seit über 40 Jahren im Norden lebte, lehnte er die kanadische Staatsbürgerschaft immer noch ab und alle Welt nannte ihn den Virginian. Im Frühjahr 1969 brachte der Virginian besonders viele und sehr wertvolle Pelze von seiner Trapline mit. Daß er als Amerikaner überhaupt jagen durfte, verdankte er einer Sondergenehmigung des Governments.
Nach dem Verkauf der Felle tobte sich der Virginian eine Woche lang in den Bars von Yellowknife richtig aus. Dann begann er, frische Vorräte einzukaufen, alte und kaputte Geräte, wie Fallen, Äxte, Messer oder Kessel und Pfannen durch neue zu ersetzen. Es war eine ganz stattliche Ladung, die er sich zusammengekauft hatte, und nun suchte er nach einem Buschflieger, der ihn wieder hinaus zu seiner Hütte bringen sollte. McVernon war etwas spät dran, und die Buschflieger hatten andere Charteraufträge. Lediglich einer, Hank Doyle, der nach einer Bruchlandung seine Maschine repariert hatte, war noch frei.
Also ging der Virginian zu Hank Doyle und forderte ihn auf, ihn zu seiner Hütte zu fliegen. Er zeigte Doyle dabei auf einer Karte, um welche Lichtung in dem riesigen Waldgebiet in der Nähe des Großen Bärensees es sich dabei handelte. Doyle hörte dem Trapper zu, besah sich dabei die Karte, sah eine Maßstabseintragung und stutzte. Dann schüttelte er den Kopf.

»Sorry, Virginian«, sagte er. »Aber da kann ich dich leider nicht hinbringen. Deine Lichtung ist für Starts und Landungen viel zu klein.«
McVernon war für einen Moment ziemlich verdutzt, schüttelte den Kopf und begann anschließend das fliegerische Können Doyles mit kräftigen Worten herunterzumachen. »Na schön, du Pfeife«, sagte er am Ende seiner Tirade. »Dann wird es eben nichts aus den 200 Dollars Charter. Dann fliegt mich eben ein anderer. Letztes Jahr hat mich auch ein anderer hingebracht, einer, der mit seiner Maschine umgehen konnte, kein Nichtskönner wie du. Schieb dir dein Flugzeug irgendwohin und vergiß das Ganze.«
»He, halt mal.« Doyle hielt den Virginian, der aus der Tür stapfen wollte, am Ärmel zurück. Er war gerade knapp an Bargeld, und die 200 Dollar lockten ihn natürlich sehr. »Wer hat dich denn letztes Jahr zu deiner Lichtung geflogen?« erkundigte er sich.
»Das geht dich einen feuchten Staub an, obwohl du bei dem ruhig noch mal in die Lehre gehen könntest«, fauchte der Virginian und machte sich los.
»Nun sei doch nicht gleich so sauer, man kann ja noch mal in Ruhe über die ganze Sache reden. Komm, setz dich, hier ist auch noch ein Whisky«, versuchte Doyle zu beschwichtigen, und die Aussicht auf einen Whisky war ein Argument, dem sich der Trapper nur zu gerne beugte. Aber natürlich durfte er nicht sofort einlenken, das ließ sein Stolz nicht zu. Schweigend und mit mürrischem Gesicht trank er zunächst drei Gläser, dann fragte er abrupt:
»Was ist jetzt, fliegst du, oder fliegst du mich nicht?«
Doyle betrachtete sich noch einmal die Karte, kratzte sich am Kopf, kraulte seine Bartstoppeln und gab sich dann einen Ruck. »Okay, ich mach's. Aber du hast sehr viel Ausrüstung. Da brauch ich mehr Benzin. Sagen wir also, ich mach's für 250 Dollar.«

Der Trapper tat entrüstet und sie feilschten, bis die Whiskyflasche leer war, da hatten sie sich auf 240 Dollar geeinigt. Am nächsten Morgen, beide waren noch etwas verkatert, verluden sie die Ausrüstung McVernons in die Maschine, und Doyle zeigte dem Virginian stolz, wo er seinen Vogel nach der Bruchlandung überall repariert hatte. Er hatte wirklich eine handwerkliche Meisterleistung vollbracht.

Gegen 9 Uhr dreißig starteten sie und nahmen Kurs nach Norden. Die Turbobeaver (das wohl verbreitetste Flugzeug in den Territories) lag ruhig in der Luft, und der Virginian genoß den Flug. Nach etwa drei Stunden Flugzeit erreichten sie die Lichtung des Trappers, und nun kamen Doyle doch ganz erhebliche Bedenken.

»Ich hab's ja gewußt«, sagte er. »Deine Lichtung ist zu klein, ich kann da nicht landen, schon gar nicht mit dieser schweren Ladung an Bord.«

»Letztes Jahr war die Ladung noch schwerer, und der andere hat mich auch runtergebracht«, entgegnete McVernon. »Er ist eben diagonal gelandet, so quer rüber, du verstehst schon.« Und er deutete dem Piloten mit der Hand an, was er meinte.

»Auch dann ist es immer noch zu kurz«, sagte dieser.

»Und ich hab gewußt, daß du ein miserabler Flieger bist«, fauchte der Trapper. »Ein Nichtskönner. Wie lange bist du eigentlich schon im Norden, he? Was glaubst du eigentlich, was hier Sache ist? Willst du überall eine Rollbahn haben? Soll ich extra für dich meinen Wald abholzen? Der andere Pilot, der vom letzten Jahr, das war ein Flieger! Der konnte mit seiner Maschine wenigstens umgehen! Aber du, ach was, von mir aus flieg mich wieder zurück. Aber du kriegst keinen Dollar, merk dir das.«

Doyle befand sich in einer schrecklichen Zwickmühle. Einerseits benötigte er dringend das Geld, andererseits war seine berufliche Reputation in Gefahr. Indes, die Lichtung war wirklich arg klein. Aber vielleicht . . . nachdem der andere . . . der

vom vergangenen Jahr . . ., hm, hm, 240 Dollar waren eine Menge Geld.
»Sag mal, von wo aus ist denn der andere eingeflogen?« erkundigte er sich.
»Na, so von der Ecke da drüben und dann genau auf die Hütte zu«, sagte der Virginian.
»Gut, dann halt dich fest und bete. Von wegen ich kann nicht fliegen. Das wirst du ja gleich sehen.« Dicht über den Baumwipfeln schwebte Hank Doyle ein, setzte hart auf und bremste dann die Turbobeaver mit aller Kraft ab.
Leider war die Lichtung wirklich ein Stück zu kurz. Die Maschine bäumte auf, rüttelte und sprang über den unebenen Boden, aber sie kam nicht zum Stehen, rollte vielmehr immer weiter auf das Ende der Lichtung zu. Die Bäume kamen näher und näher, und verzweifelt trat Doyle weiter auf die Bremse. Vergeblich. Es gelang dem Piloten nur noch, die Schnauze der Turbobeaver zwischen zwei Bäume zu steuern, dann war da ein ungeheures Kreischen und Reißen und Bersten und das Flugzeug kam zum Stillstand, allerdings ohne die beiden Tragflächen. Die waren von den Stämmen regelrecht abrasiert worden. In der unnatürlichen, plötzlichen Stille, der Motor hatte aufgehört zu laufen, nahm Doyle die Arme vor dem Gesicht herunter und sah sich um. Totenbleich mußte er feststellen, daß seine Turbobeaver nun wohl doch nicht mehr zu reparieren sein würde.
Plötzlich schmetterte ihm der Trapper seine mächtige Pranke auf die Schulter. »Prima, Hank, ganz hervorragend. Genauso hat es der andere im vergangenen Jahr auch gemacht!«

»Das da unten ist Tuk«, sagt Tommy Dobson und deutet nach rechts.
In einem Gewirr von Inselchen und Lagunen erkenne ich zwei, drei Hütten, dann, weiter draußen, fast direkt am Strand des Eismeeres, noch einige Dächer. Fünf große Buckel, die aus der

Luft wie Maulwurfshügel aussehen, bilden eine Art Halbkreis um die ziemlich verstreut daliegende Ansiedlung. Ich frage Dobson, was das für Buckel sind.

»Pingos«, antwortet er. »Die gibt's nur hier. Lassen Sie es sich vom Doktor erklären.«

Er fliegt eine weite Schleife über das Meer, und ich kann in einiger Entfernung eine gigantische Radaranlage sehen.

»Eine DEW-Line-Station«, erklärt Dobson. »Die gehört zum amerikanischen Frühwarngürtel, aber vermutlich wird sie in einigen Jahren aufgelassen werden, weil sie überflüssig geworden ist. Die Aufklärung besorgen jetzt Satelliten, schneller und genauer.«

»Kann man sich die Station mal ansehen?«

»Die Mannschaftsunterkünfte sicherlich, aber sonst sind die Amis ziemlich streng, tun schrecklich geheimnisvoll. Früher waren hier mal über hundert Leute stationiert, jetzt sind es kaum noch zwanzig. Man bekommt sie selten zu Gesicht. Die Mannschaften werden jedes halbe Jahr ausgetauscht und vermutlich zur Erholung nach Hawaii geflogen. Die werden sie dann auch nötig haben, nach der kalten Einsamkeit hier.« Er grinst und drückt die Maschine nach unten. Dicht am Rand einer Lagune kann ich eine Schotterrollbahn erkennen.

Wir setzen glatt auf, rollen aus und aus einer Baracke kommen vermummte Gestalten auf die Maschine zugerannt. Der Himmel ist diesig und einige Haufenwolken ziehen vorüber. Tommy stellt die Motoren ab und die junge Eskimofrau hat die Kabinentür entriegelt und die kurze Einstiegsleiter über Bord gehängt. Sie klettert nach draußen, wirft Dobson noch eine Kußhand zu und läuft in Richtung Baracke. Die vermummten Gestalten haben inzwischen die Twin Otter erreicht, und ich höre sie in einer unverständlichen Sprache reden. Es sind Eskimos. Ganz selbstverständlich beginnen sie damit, die Maschine zu entladen. Der Huskie wird losgebunden, die Käfige mit den Hühnern herausgenommen.

»Viel Spaß hier oben, Sie Tourist», verabschiedet mich Tommy Dobson und reicht mir meine beiden Taschen. Ich stehe ziemlich verlassen auf der Rollbahn und sehe mich um. Außer der Flugbaracke ist kein anderes Gebäude zu sehen. Sie sind hinter flachen Erdwällen verborgen. In welche Richtung muß ich gehen, um das Haus des Doktors zu finden?
Die Eskimos haben inzwischen alles ausgeladen und tragen die Sachen hinüber zur Flugbaracke. Ich folge ihnen etwas ratlos. Hinter der Baracke stehen zwei Pritschenwagen. Auf einer der Ladeflächen sitzt Mary, die junge Eskimofrau, die den Flug mitgemacht hat. Ich frage sie nach der Lodge des Doktors.
»Steigen Sie auf, mein Bruder bringt Sie vorbei«, antwortet sie und zeigt dabei ein herrliches Gebiß. Sie nimmt mir die Taschen ab und ich klettere zu ihr auf die Ladefläche. Zwischen Schaufeln, Seilrollen und Ölfässern suche ich mir einen Platz. Hinter der Baracke kommt ein überraschend großer und sehr breitschultriger Eskimo hervor, und Mary sagt etwas in ihrer Sprache zu ihm. Er nickt mir zu, grinst, und im Gegensatz zu seiner Schwester hat er lauter schwarze Stummeln im Mund. Wie ich später vom Doktor erfahre, haben die meisten Eskimos schlechte Zähne. Das kommt vom ständigen Lederkauen. Viele der Eingeborenen suchen möglichst frühzeitig in ihrem Leben einen Zahnarzt auf und lassen sich dann alle Zähne ziehen. Auf diese Art ersparen sie sich viel Ärger und Schmerzen.
Über einen Weg, der aus einer Aneinanderreihung gigantischer Schlaglöcher besteht, fährt Marys Bruder wie ein israelischer Panzerfahrer auf den Golans: Er nimmt die Schlaglöcher nicht zur Kenntnis. Der Wagen springt, schlingert und kreischt gequält in den Achsen, und ich versuche, gleichzeitig meine Taschen und mich festzuhalten. Es geht nicht ohne Prellungen und blaue Flecken ab. Mary mustert mich dabei interessiert lächelnd, bringt trotz der wilden Hüpferei ihr enormes Dekolleté zur Geltung. Endlich wird der Weg etwas besser, wir haben

die Ortschaft erreicht. Am Nordrand eines großen freien Platzes steht eine von außen schmucklose Kirche, daneben, von Stangen in der Schwebe gehalten, ein alter Kutter mit einem hohen Mast und einem Auslugkorb an der Spitze. Mit verblassenden Ölbuchstaben ist der Name auf den Bug gepinselt: »Our good Lady of Lourdes«.
Hinter der Kirche, auf der linken Seite des Weges steht eine Wellblechbaracke mit zwei kurzen Fahnenmasten davor, die RCMP-Station. Die Baracke hat einen Sendemast auf dem Dach und eine Fernsehantenne. Und dann taucht hinter einem kleinen Hügel ein schnuckliges, rechtwinklig gebautes Blockhaus auf, die Tuktoyaktuk Lodge. Der Pritschenwagen wird scharf abgebremst, ich springe von der Ladefläche und Mary reicht mir meine Taschen, gewährt mir dabei wieder einen tiefen Einblick. Kaum bin ich etwas vom Wagen zurückgetreten, fährt Marys Bruder wieder an, wendet und jagt die Strecke zurück, die wir gekommen sind.
Wenige Meter neben dem Eingang zum Blockhaus, der windgeschützt angelegt ist, steht ein altes, ziemlich verrottetes Plankenboot gegen einen Grashügel gelehnt. Etwas weiter rechts, halb den Strand hinunter, liegen zwei leicht verbeulte Eisenblechspiegel, ehemalige Radarreflektoren. Vor ihnen steht ein weißgetünchtes, niedriges Haus mit rotem Schieferdach. Der Boden zwischen Blockhütte und Haus ist mit dunklem Kies bedeckt.
Gerade will ich zu dem weißen Haus hinübergehen, als sich die Tür der Lodge öffnet. Ein untersetzter Mann mit faltigem, wettergegerbtem Gesicht und einem ledernen Schlapphut auf dem langen, sich im Genick lockenden Grauhaar tritt heraus. Der Mann hat eine kurze Shagpfeife im Mund und trägt einen verwaschenen Jeansanzug.
»Hallo«, sagt er, »mein Name ist Schwarz.« Und ich stelle mich ihm vor. Er lädt mich in die Lodge ein und zeigt mir die Zimmer, die er für gelegentlich vorbeikommende Fremde be-

reithält. Nachdem ich mich für das Zimmer neben der Duschkabine entschieden und meine Taschen abgestellt habe, setzen wir uns in den Wohnraum. Der Doktor holt eine Wodkaflasche und zwei Gläser hervor, und wir trinken uns zu, nachdem ich ihm gesagt habe, wer mich an ihn empfohlen hat.
In den Territories ist es wichtig, von jemandem empfohlen worden zu sein. Wer das Land und die Menschen dort oben kennenlernen will, tut gut daran, gebotene Gastfreundschaft anzunehmen und sich dann weiterreichen zu lassen. Natürlich wird man zunächst mit Mißtrauen und als unerwünschter Fremdling behandelt, aber wenn es einem erst einmal gelungen ist, das Vertrauen eines Mannes zu erwerben, kann man sicher sein, bei den meisten Familien freundliche Aufnahme zu finden. In einem Gebiet, das fast so groß ist wie die Vereinigten Staaten, in dem aber nach jüngsten Zählungen nur 41 000 Menschen leben, die zudem aufeinander angewiesen sind, um am Leben zu bleiben, kennen sich fast alle persönlich und sind mehr oder weniger befreundet.
Der Doktor schlägt einen Rundgang durch den Ort vor. »Viel zu sehen gibt es nicht, aber immerhin wissen Sie dann wenigstens, wie es bei uns zugeht.«
Es ist warm draußen, die Wolken haben sich verzogen, und von einem strahlenden Himmel brennt die Mittsommersonne. Dr. Schwarz rät mir, meine Kamera einstweilen in der Lodge zu lassen.
»Es ist besser, die Eskimos nicht gleich zu erschrecken«, sagt er. »Sie mögen es nicht, wenn man sie fotografiert. Ihr Gesicht auf einem Foto zu sehen, heißt für sie, ein Stück ihrer Seele verloren zu haben. Wenn Sie eine Kamera tragen und einem Eskimo begegnen, wird er sich sofort wegdrehen.«
Also lasse ich die Kamera einstweilen im Gepäck, und wir machen uns auf den Weg. Zwischen den Häusern ist niemand zu sehen, nur Hundegebell ertönt ringsum. Neben der Wellblechbaracke der Polizeistation liegt ein Stück umzäuntes

Land. Innerhalb des Zaunes stecken in unregelmäßigen Abständen Pflöcke im Boden und um die Pflöcke herum weiße Papierblumen. »Es ist der Eskimofriedhof der Siedlung«, erklärt Dr. Schwarz, und wir gehen weiter zur Kirche.

Wie alle Gebäude nördlich des 60. Breitengrades, steht sie auf Pfählen, die in den Permafrostboden gerammt sind. Durch diese Art der Bauweise ist es leichter, den Boden der Gebäude gegen Kälte zu isolieren. Die Wände der Kirche sind mit einfachen Eskimomalereien verziert. Links und rechts des Ganges stehen je vier schmucklose, blank gescheuerte Holzbänke; vorne, rechts neben dem Altar ein riesiger Kanonenofen. Der Altar selbst ist mit einer kostbaren Decke aus Seehundfell belegt. Die Decke ist mit einem Fellbord verziert, in das mit andersfarbigem Fell christliche Legendengeschichten in symbolischen Figuren eingearbeitet sind. Zwölf Eskimofrauen haben vier Jahre lang an dieser Decke gearbeitet, erfahre ich: Über dem Altar hängt ein einfaches Holzkreuz an einem Draht von der Decke. Dahinter führt ein Seil zu dem niedrigen Glokkenturm, in dem eine grünspanige Glocke hängt. Es ist angenehm warm in der Kirche, und die Luft ist trocken und riecht nach Fell.

Nach dem Rundgang durch das Dorf, bei dem ich weiter nichts zu sehen bekomme als ein knappes Dutzend auf Pfählen stehender Holzbaracken, einen Lkw-Friedhof und zahlreiche angepflockte Huskies, begleitet mich Dr. Schwarz zurück zu seiner Lodge.

»Bei diesem Wetter sind fast alle Männer des Dorfes mit ihren Kanus auf See, um Wale zu jagen«, erklärt er. »Und die Frauen und Kinder bleiben in den Häusern, wenn sie ein fremdes Gesicht sehen. Es dauert eine Weile, bis sie sich zeigen, aber Sie bleiben ja noch einige Tage bei uns.« Wieder holt er die Wodkaflasche hervor und gießt die Gläser voll. »Leider kann ich Ihnen im Moment nichts zu essen anbieten, meine Haushälterin kommt erst heute abend mit dem Flugzeug. Sie ist in

Inuvik und kauft ein. Wenn sie zurückkommt, werden Sie auch die ersten Eskimos kennenlernen. Die Männer sind ziemlich neugierig und gespannt auf jeden Fremden. Ich hoffe, mein Freund Halber hat Ihnen gesagt, was Sie brauchen, um hier oben Freundschaften zu schließen.«
Max Halber hat. In meinen Reisetaschen habe ich sechs Flaschen Wodka und zwei Flaschen Whisky, außerdem einige Stangen Zigaretten. Der Doktor fragt, ob ich nicht müde bin und gähnt dabei. Ich habe längst gelernt, daß Schlafensperioden im Norden nicht von der Uhr, sondern vom Wetter abhängen. Während des Sommers, wenn die Sonne nicht untergeht, bleibt man eben wach, so lange man Lust hat, oder so lange man auf der Jagd ist, und schläft, wenn es regnet oder man es vor Müdigkeit einfach nicht mehr aushält. Es ist jetzt kurz nach elf Uhr vormittags, der Doktor ist müde, also beschließe auch ich, schlafen zu gehen.
Gegen 17 Uhr weckt mich Stimmengewirr und das Getrappel vieler Schritte, die auf dem Gang vor meinem Zimmer hin und her eilen. Linda, die Haushälterin des Doktors, ist gekommen und mit ihr zwei Eskimomädchen, die ihr den Abwasch besorgen und nun gerade dabei sind, die Vorräte, die Linda in Inuvik eingekauft hat, zu verstauen. Wir machen uns miteinander bekannt und dann eilt Linda schnell nach draußen, um ein Schild umzudrehen. Schilder dieser Art habe ich schon in Inuvik an den Häusern gesehen. Auf der einen Seite steht »water please«, auf der anderen Seite »no water today«. Weil ich jetzt als Gast in der Lodge bin, möchte Linda, daß der Tankwagen ihr frisches Wasser bringt. Und weil die Besatzung des Tankwagens weiß, daß dieses Schild fast immer die Ankunft eines Fremden signalisiert, kommen die beiden Männer später am Abend in die Lodge, um ein Schwätzchen zu halten.
Mit ihnen kommt ein riesiger Eskimo. Er ist, eine Seltenheit bei Eskimos, fast so groß wie ich und sehr breit in den Schultern, außerdem verfügt er über einen enormen Bauch. Sein

Hemd spannt um die Oberarme und wenn er sich bewegt, wartet man darauf, daß irgendeine Naht den Fleischmassen des Körpers nicht mehr gewachsen ist. Die Hemden da oben müssen genäht sein wie Jeans, nichts platzt, obwohl Silece, so heißt der Eskimo, sich immerzu bewegt und außerdem ständig Kaugummi kaut. Später soll ich Silece noch näher kennenlernen.
Nach dreistündigem Geplauder machen sich die Tankwagenfahrer erbötig, mich zu der DEW-Line-Station mitzunehmen und sogar wieder zurückzufahren.
Die Frühwarnstation ist ein gigantisches, technisches Wunderwerk, das leise summend am Rand der zivilisierten Welt relativ nutzlos herumsteht. Fast alle Türen, die in die langgestreckten Baracken führen, sind verriegelt und verrammelt und zusätzlich noch mit Ketten und Vorhängeschlössern gesichert. Nach langem Klopfen nähern sich hinter einer Tür ohne Kettensicherung schlurfende Schritte, und ein Mann in Khakihosen und Unterhemd starrt mich unter einer verstrubbelten Frisur reichlich verschlafen an. Es dauert eine Weile, bis ich ihm auseinandergesetzt habe, wer ich bin und daß ich, wenn möglich, die Station einmal besichtigen möchte.
»Ich werd mal fragen gehn«, sagt der Mann in breitestem Südstaatenamerikanisch, knallt mir die Tür vor der Nase zu und ich höre seine schlurfenden Schritte verschwinden. Nach zehn Minuten öffnet sich die Tür wieder und diesmal erscheint ein korrekt gekleideter Offizier, der sich als Philip Ellwood vorstellt und bedauert, daß Zivilisten leider keinen Zutritt haben. Jedoch ist er gerne bereit, mir die Anlage der Station von außen zu erklären. Ellwood ist, wie er später mehr aus Versehen zugibt, der kommandierende Offizier der Station. Bis auf das Versehen, das ihm bezüglich seiner Funktion unterlief, ist er perfekt in Geheimhaltung geschult. Über die Bedeutung der Station sagt er nichts, was ich nicht schon gewußt hätte, und was in allen möglichen Zeitungen und Fachblättern nachzulesen ist.

Dafür ergeht sich Ellwood in erregenden Schilderungen über das Verhältnis der Besatzung zu Murmeltieren. Riesige Kolonien dieser Nager muß es in unmittelbarer Nachbarschaft der Radaranlage geben. Vielleicht wirken sich die Strahlen der Geräte besonders befruchtend auf die Tiere aus. Ich mache wohl ein reichlich ungläubiges Gesicht, denn Ellwood nimmt mich am Arm und führt mich zu einem kleinen Hügel, der über und über mit faustgroßen Löchern bedeckt ist. Und tatsächlich, schon nach kurzer Zeit lugen kleine Fellköpfe aus den Löchern und dann kommen die Murmeltiere ganz heraus, putzen sich, räkeln sich in der Sonne und betreiben Fellpflege. Sie bleiben sitzen, bis wir auf vielleicht zwei Meter heran sind. Jetzt erst ertönen die Warnpfiffe und blitzschnell ist der Hügel leer.

Ellwood bedauert noch einmal, mir nicht mehr über die Station sagen zu dürfen und verabschiedet sich. Der Tankwagen bringt mich zurück zur Lodge. Dort ist der Doktor inzwischen wieder auf den Beinen und sitzt vor einem dampfenden Steak.

»Frisch vom Ren«, sagt er und deutet auf seinen Teller. »Wollen Sie auch eines?«

Linda wartet meine Antwort gar nicht erst ab. »Es gibt hier oben sowieso kein anderes Fleisch, also gewöhnen Sie sich am besten gleich daran.« Schon nach kurzer Zeit steht ein Teller vor mir, hoch beladen mit Bohnengemüse aus der Büchse, einigen wenigen Kartoffeln und einem Steak, fast noch größer als jenes, an dem der Doktor herumschneidet. Das Fleisch schmeckt gut und ist überraschend zart.

Nach dem Essen gibt es Tee und eingedenk der Worte des Doktors hole ich dazu eine Flasche Whisky aus meinem Gepäck. Es wird, in übertragenem Sinn, eine lange Nacht, denn vor den Fenstern scheint eine strahlende Sonne, und nach dem dritten Whisky gehen wir nach draußen und machen es uns auf einer aus Treibholzstangen gefertigten Bank bequem. Linda, die den Eskimomädchen den Abwasch überlassen hat, gesellt sich zu uns und bringt noch eine Kanne Tee mit.

»Eskimos trinken gerne Tee«, sagt Dr. Schwarz und stopft sich seine Shagpfeife. »Fast so gern wie Alkohol. Das hat hier vor vielen Jahren mal zu einem regelrechten Teekrieg geführt, als es nämlich darum ging, Kirchen zu bauen.« Linda lacht, sie kennt die Geschichte bereits, und ich ermuntere den Doktor mit einem weiteren Whisky, in seiner Erzählung fortzufahren.
Im Jahre 1929 kamen vier Missionare an Bord der »Nascopie« in den Norden bis nach Pond Inlet, einer kleinen Eskimosiedlung, in der sich die Eingeborenen hauptsächlich von der Jagd auf Seehund, Wal, Walroß und vom Fischfang ernährten. Zwei der Missionare, die Patres Girard und Bazini, gehörten der römisch-katholischen Kirche an, John Turner und Edward Duncan der Anglikanischen.
Schon bald nachdem sie an Land gegangen waren, gründeten die Patres Girard und Bazini die »Sacred Heart« Mission und wollten damit beginnen, eine Kirche zu bauen. Turner und Duncan sahen voll Neid, wie die Pläne ihrer beiden Rivalen langsam Gestalt annahmen und wie immer mehr Pfähle in den Boden gerammt wurden, auf denen ein römisch-katholisches Gotteshaus entstehen sollte. Zwar hatte die »Nascopie« auch Baumaterial für eine anglikanische Kirche an Bord gehabt, indes, die Eskimos, sonst im nördlichen Kanada eigentlich mehr Anhänger der anglikanischen Kirche, waren einfach nicht gewillt, beim Bau zu helfen.
John Turner, einer der eifrigsten Arktikreisenden, der einmal sogar bis fast zum Pol vordrang, fluchte ziemlich unchristlich über die Unlust der Eskimos. Hier konnte etwas nicht mit rechten Dingen zugehen, fand er und legte sich auf die Lauer. Nach zwei Tagen eifrigen Beobachtens fiel ihm auf, daß die Eskimos, die beim Bau der römisch-katholischen Kirche halfen, jeweils vor und nach Arbeitsbeginn im Zelt der beiden Patres verschwanden. Sie kamen nach relativ kurzer Zeit mit sehr zufriedenen Gesichtern wieder heraus. Turner rätselte lange, was die Patres in ihrem Zelt wohl mit den Eskimos

anstellten, bis ihm seine Nase das Geheimnis verriet: Die Herren Girard und Bazini kochten Tee.
Schon einen Tag später besuchte Turner zusammen mit Duncan mehrere Iglus und bot nun seinerseits Tee als Entlohnung für kräftige Hilfe beim Bau. Die Eskimos beratschlagten eine Weile, teilten sich dann in zwei gleich große Gruppen und neben der römisch-katholischen wuchs alsbald auch die anglikanische Kirche. Die Patres sahen dies mit sehr gemischten Gefühlen, beratschlagten ihrerseits und danach blieben die Eskimos der anglikanischen Baustelle wieder fern. Girard und Bazini hatten ihnen höhere Teerationen versprochen. Also mußten auch Turner und Duncan erhöhen.
Fast täglich überprüften die Anglikaner ihre Teevorräte und kamen zu dem Schluß, daß bei einer derartigen Preistreiberei ihr Tee etwa in der Hälfte des Winters aufgebraucht sein würde. Nachschub war vor dem Frühjahr nicht zu erwarten. Sie kalkulierten noch einmal und stellten fest, daß zu diesem Zeitpunkt ihre Kirche noch nicht einmal ein Dach haben würde. Zerknirscht und ärgerlich beschlossen sie, den Eskimos künftig keinen Tee mehr anzubieten und statt dessen selbst kräftig zu bauen.
Bazini und Girard triumphierten, erhöhten noch einmal die Teerationen und freuten sich am schnellen Fortschreiten ihres Baues. Bis zum Dach waren die Wände aufgerichtet und bald würde man Richtfest feiern können. Da ging ihnen leider der Tee aus und kein noch so frommer Bibelspruch konnte die Eskimos dazu bewegen, weiterzuarbeiten. Auch das Androhen von Höllenqualen half nichts.
Nun schlug die Stunde der Anglikaner. Jedoch, gewitzt durch ihre bisherigen Erfahrungen, beschränkten sich Turner und Duncan darauf, den Eskimos ihre noch vorhandenen Teevorräte zu zeigen und ihnen zu versprechen, eine gewaltige Teeparty zu geben – nach Ende der Bauarbeiten. Und tatsächlich, im Frühjahr war es geschafft, die Anglikanische Kirche von

Pond Inlet stand, während die römisch-katholische in der beginnenden Schneeschmelze verrottete, zumal die Frühjahrsregen durch das nicht vorhandene Dach prasselten.
Girard und Bazini wußten, daß sie vor den Eskimos ihr Gesicht verloren hatten und nun natürlich nicht mehr mit Zustrom rechnen konnten. Sie verließen Pond Inlet. Sie taten es, ohne die Einladung ihrer geistlichen Kollegen zu der großen Teeparty angenommen zu haben. Allerdings wunderte sich der Kapitän der »Nascopie«, daß die beiden frommen Männer bei ihrer nächsten Reise in den Norden viermal soviel Tee als üblich mitnahmen und tatsächlich entstand im Jahre 1931 in Sanikiluaq auf Belcher Island in der Rekordzeit von nur zweieinhalb Monaten eine römisch-katholische Kirche.

»Wie sind Sie eigentlich dazu gekommen, sich als Arzt hier im Norden niederzulassen?« frage ich Dr. Schwarz und staune, welche Mengen Whisky er verträgt. Seit einer halben Stunde, ich hatte die Flasche zwischen uns gestellt, bedient er sich in kurzen Abständen und auch Linda hält wacker mit. Wenn das so weiter geht, werde ich auch die zweite Flasche Whisky anbrechen müssen.
»Das hat einen ganz einfachen Grund, ich wollte einmal der Arzt mit der größten Praxis der Welt sein. Als Student war ich unerhört ehrgeizig und habe mir alles Mögliche ausgedacht, um später erfolgreich zu sein. Na ja, dann kam der Krieg, das heißt, den gab es schon, als ich noch mein Praktikum machte, und 1942 wurde ich eingezogen. Zur Marine. Ich habe während meiner Dienstzeit so viele schlimme Dinge gesehen, daß ich eigentlich die Nase voll hatte und einen anderen Beruf ergreifen wollte. Ich ging also erst einmal nach Kanada. Aber die großen Städte gefielen mir nicht mehr, und so zog ich immer weiter in den Norden und bin schließlich hier gelandet. Es gibt hier im Umkreis von 500 Meilen keinen Arzt, und so habe ich wieder zu praktizieren begonnen. Zumal während

meiner Anfangszeit hier auch die Amerikaner meine Dienste annahmen und gut honorierten. Wenn irgendwo ein Arzt gebraucht wurde, rief man mich über Funk und schickte dann ein Flugzeug, um mich abzuholen. Manchmal war ich mehrere Wochen unterwegs. Auf diese Art habe ich dann doch noch die größte Praxis der Welt bekommen. Zwar nicht gerade an Patienten, aber räumlich ganz bestimmt.«
Es ist etwas Merkwürdiges um die Menschen in den Territories. Sie benötigen eine Weile, bevor sie sich anderen Menschen aufschließen. Dann aber kommen sie aus dem Erzählen nicht heraus. Und sie können erzählen! Geschichten, die unglaublich klingen, die man aber überall bestätigt bekommt. Mag sein, daß es daran liegt, daß diese Geschichten Allgemeingut geworden sind, daß sie an langen Abenden wieder und wieder erzählt werden, weil doch immer mal jemand dazu kommt, der sie noch nicht gehört hat.
Mag auch sein, daß es bis vor kurzem für die Nordländer keine andere Unterhaltung gab als eben das Geschichtenerzählen. Inzwischen steht in jeder zweiten Baracke ein Fernsehgerät und selbst oben auf den großen Inseln flimmert 20 Stunden am Tag »Kojak« vom Bildschirm. »Die Straßen von San Francisco« sind zu sehen und japanische Schulfilme, in denen gezeigt wird, wie man aus Sojabohnen Schuhsohlen herstellt. Und spätetens alle zwölf Minuten ist eine brillante Zahnpastareklame zu sehen, eine Waschmittelwerbung oder ein rankes Fotomodell führt die neuesten Kreationen des Hauses Dior vor. Für zahnlose Eskimofrauen, die ihre Wäsche am Eismeerstrand waschen und die, wie ich an Mary und den beiden Abwaschhilfen gesehen habe, figürlich geradezu prädestiniert sind, Dior zu tragen, muß das alles sehr anregend sein.
Vor Jahren hat man sich bemüht, die Schneiderkunst der Eskimos wirtschaftlich zu nutzen. Vor allem auf ihre Fellstiefel hatte das Eskimo Department der Regierung ein besonderes Augenmerk. Man versprach sich von ihnen in den großen

Wintersportgebieten einen durchschlagenden Erfolg. Leider hat man jedoch Gummistiefel in den Norden mitgebracht und seither trägt kein Eskimo mehr die handgearbeiteten Fellstiefel, sondern lieber die wesentlich leichter zu pflegenden Gummibotten, wenngleich man sich darin die Füße viel leichter erfriert. Mit den Parkas und Anoraks ist es nicht anders. Lediglich was Pelzparkas anbelangt, so werden diese von vielen Eskimofrauen noch gefertigt, in einmaliger handwerklicher Qualität. Allerdings muß der Käufer einer Wolfsparka auch 900 Dollar für das gute Stück bezahlen.

Im Kanu auf Waljagd

Natürlich habe ich Melville gelesen, seinen Moby Dick, die Geschichte des weißen Mörderwals. Als kleiner Junge in der Adventszeit machte ich bei Bratäpfeln erstmals Bekanntschaft mit Moby Dick. Das war, als meine Großmutter mir das Buch vorlas. Und irgendwie erschien mir die Geschichte als ein Märchen vom bösen Wolf auf See.

Auch später, als ich Melville mit anderen Augen gelesen habe, wurde der weiße Wal sein Märchenimage nicht los. Und heute soll ich ihn selber jagen. Von einem Kanu aus, einem knapp vier Meter langen Boot mit einem 40 PS starken Evinrude Außenbordmotor. Das Boot hat eine Plastikhülle, innen verstärkt durch Holzrippen und einen Lattenrost auf dem Boden. Die Holzrippen sind mehrmals ausgebessert, der Lattenrost macht einen reichlich morschen Eindruck.

Immerhin weiß ich, daß der Beluga, der weiße Wal der Eskimos, nur selten länger wird als fünf Meter. Dafür aber gut drei Tonnen schwer. Und daß er in der Schwanzflosse jede Kraft hat, um das Kanu mit einem einzigen Schlag zu zerschmettern, was er jedoch – wie beruhigend – noch nie getan haben soll.

In dem Kanu sind verstaut: vier Harpunenstangen, vier Seilrollen zu fünfzig Meter Länge und vier leere 50-Liter Ölfässer, leuchtend rot gestrichen. Außerdem ein Rucksack mit Proviant, ein Spirituskocher, ein Kanister mit Trinkwasser, zwei lange Walmesser, ein alter Webbleykarabiner, cal. 30 – 06, und ein modernes Steyr-Mannlicher Gewehr mit Ganzschaft, cal.

270 Winchester, jeweils mit den dazugehörigen Patronentaschen. Außerdem liegen noch vier Eschenholzpaddel auf dem Lattenrost.
Es ist drei Uhr morgens und die Sonne steht bereits hoch am Himmel. Von Osten her, von den Mackenzie Mountains, die nichts anderes sind als die Ausläufer der Rocky Mountains, bläst ein starker, ziemlich kalter Wind. Er fegt über die Landzunge, die etwa einen halben Kilometer weit ins Eismeer hinein reicht, scheucht an ihrer Ostseite Wellen über den Kiesstrand und zaust an den Dachschiefern des einzigen festen Wohnhauses hier oben. Das Haus gehört Dr. Herbert Schwarz, einem deutschstämmigen polnischen Juden aus Schottland, der seit 25 Jahren auf dieser Landzunge wohnt. Er hat mir die Waljagd vermittelt und mir dafür auch sein Gewehr, den Mannlicher Stutzen, geliehen. Bei der Munition haben wir einen Dollar pro Schuß vereinbart, und da ich noch nie auf kabbeliger See von einem schwankenden Kanu aus geschossen habe, wird mich die Jagd ein Vermögen kosten.
Der Doktor steht oben vor seinem Haus, trägt eine weite Eskimoparka und grinst mir ermunternd zu. Neben dem Boot steht Silece, ein etwa 40jähriger Eskimo. Auch er grinst. Für die Fahrt verlangt er 20 Dollar. Silece mag etwa 178 Zentimeter groß und 90 Kilogramm schwer sein, und obwohl er in seiner weiten Kleidung ziemlich unförmig aussieht, ist er unerhört flink und gelenkig. Und stark wie ein Bär. Am Tag zuvor habe ich ihn eine Rentierkuh auf den Schultern tragen sehen, fast drei Kilometer weit. Er tat es, ohne einmal anzuhalten oder abzusetzen. Zu diesem Mann als Outfitter kann man Zutrauen haben. Außerdem scheint er sehr humorig, er hat mir erklärt, daß er erst Kaugummi kaut, seit er keinen einzigen Zahn mehr im Mund hat, seit über zehn Jahren also. Das ständige Bearbeiten des Kaugummis und seine Zahnlosigkeit tragen sehr zu einer deutlich akzentuierten Aussprache bei. Sein Englisch ist so, daß ich beschließe, Deutsch mit ihm zu reden,

dann werden wenigstens keine Mißverständnisse zwischen uns aufkommen.
Ein weiterer Eskimo kommt heran, groß und mächtig wie Silece und vielleicht Mitte zwanzig. Er riecht etwas streng, stellt sich als Frank vor, sagt, daß er der Assistent von Silece ist und beginnt, das Kanu über den Schotter und die groben Kiesel ins Wasser zu schieben. Wieder lacht Silece, seine Kiefer mahlen wie besessen auf dem Gummi herum. Er gibt mir einen Stoß, deutet ins Boot. Ich taste in den Taschen meiner Parka nach Zigaretten, jawohl, es sind genügend Päckchen für eine lange Jagd da, auch Streichhölzer. Also versuche ich, elegant ins Boot zu springen. Der Sprung mißlingt. Irgendwo bleibt meine Parka hängen, und dann breche ich mit dem linken Fuß durch den Lattenrost. Ich schlage mir das rechte Knie an einer Harpunenstange auf, verheddere mich in einer Seilrolle, bin aber immerhin an Bord. Es kreischt fürchterlich, als die beiden Eskimos das Kanu weiter über die Kiesel schleifen. Dann plätschern Wellen um den Bug und sogleich schwankt das Kanu gefährlich: Silece und Frank kommen an Bord. Von ihren Stiefeln trieft Wasser. Ich räume mich in die Mitte des Bootes, um nicht im Wege zu sein, und Frank zieht die Reißleine des Motors. Knatternd springt der Evinrude an, die Schraube wird ins Wasser gekippt, wir nehmen Fahrt auf.
Obwohl außer Dr. Herbert Schwarz niemand am Strand zu sehen ist, bin ich überzeugt, von Dutzenden dunkler Augenpaare beobachtet zu werden. Vor ihnen habe ich mich mit meinem verunglückten Sprung hinlänglich blamiert. »Good luck!« ruft der Doktor und winkt. Ich winke zurück und Frank gibt Gas. Der Bug des Kanus hebt sich ein Stück aus dem Wasser, wir umrunden die Landzunge und steuern hinein in die Kabbelwellen. Gischt spritzt, fliegt in schaumigen Flocken um das Boot. Es tanzt wie ein Derwisch über die Wellen, im Heck spuckt und knattert der Motor, geht allmählich in einen gleichmäßig runden Lauf über und plötzlich glätten sich die Wellen.

Der Wind muß nachgelassen haben. Ruhig zieht das Kanu seine Bahn. Silece, der im Bug sitzt, grinst mich an. Alsdann: Moby – ich komme!
Über vier Stunden dauert die Fahrt, bis wir die Jagdgründe der Eskimos erreicht haben. Die Küste ist zu einer strichschmalen, kaum mehr erkennbaren Linie geworden. Ich versuche, mich zu orientieren, aber es ist ziemlich hoffnungslos, da es nirgendwo einen markanten Punkt gibt, an dem das Auge sich festhalten kann.
Frank, der im Heck sitzt, hat sich den Steuergriff unter die linke Achsel geklemmt. Wie Silece ist er dabei, die Harpunenleinen nachzusehen. Ihr eines Ende wird jeweils an die sich von der Wurfstange lösende Spitze gespleißt und säuberlich aufgeschossen. Sehr straff wird es dann etwa einen Meter weit die Stange hinaufgeführt und mit Schnur festgebunden. Die hinteren Leinenenden werden mehrmals um die leeren Öltonnen gewunden, mit komplizierten Knoten gesichert. Schließlich lehnen je zwei Harpunen links und rechts in Bug, die Spitzen schräg nach vorne gerichtet. Von den Schäften führen die Leinen zu den Seilrollen, von dort zu den unmittelbar vor mir stehenden Öltonnen. Jetzt greift Silece nach seinem Karabiner. Er entriegelt das Schloß, schiebt eine Patrone in die Kammer, verriegelt und sichert das Gewehr. Vier weitere Patronen schiebt er sich unter den Riemen seiner Armbanduhr. Offenbar trägt er sie als Patronenhalter, denn sie hat weder ein Deckelglas noch Zeiger.
Auch ich soll mein Gewehr schußbereit machen, bedeutet mir Silece, und so drücke ich denn vier Patronen ins Magazin und eine in die Kammer: Die ersten fünf Dollar. Ich sichere die Waffe, und weil Silece auf den Knien zu mir gerutscht kommt, behalte ich sie in der Armbeuge.
Silece kniet zwischen den Öltonnen. Es muß ziemlich unbequem und eng sein. Dennoch sucht er umständlich in den Taschen seiner Parka nach Zigaretten. Ich komme ihm zuvor,

biete ihm eine an. Er greift zu, und ich reiche die Schachtel nach hinten zu Frank. Auch er bedient sich.

»Hör zu«, übertönt Silece das Motorgeknatter. »Wenn der Wal auftaucht, um zu atmen, werden wir schießen. Aber nicht auf den Kopf. Sonst ist er sofort tot und sinkt auf den Grund. Dann ist er für uns verloren. Wir schießen in den Rücken. So oft, bis er müde und wund ist. Dann fahren wir heran und harpunieren. Ich werde es vormachen.«

Er schnippt die Zigarettenkippe über Bord, kriecht in den Bug zurück. Frank drosselt den Motor. Ich sehe mich um, nehme das Fernglas an die Augen. In ziemlicher Entfernung kracht von achteraus ein Schuß. Ich blicke durchs Glas, erkenne nach langem Suchen auf der im Sonnenlicht gleißenden Wasseroberfläche ein anderes Kanu. Ein Mann steht darin, hat ein Gewehr an der Schulter. Ein zweiter Mann sitzt im Heck, bedient den Motor. Wieder kracht ein Schuß. Ich sehe, wie die Waffe im Rückstoß ruckt. Dann hebt sich der Bug des Kanus, das Boot nimmt Fahrt auf, wird schneller, dreht ab.

In unserem Boot haben sich Silece und Frank hingekniet, spähen scharf über das Wasser. Sie suchen nach einer Walfährte, und obwohl ich keine Ahnung habe, wie eine solche Fährte aussieht, suche ich mit. Ziemlich unwahrscheinlich, daß man gerade in dem Augenblick, in dem ein Wal auftaucht um zu atmen, in die richtige Richtung sieht. Das Boot treibt jetzt ruhig dahin und weil praktisch kein Fahrtwind mehr herrscht, fallen Moskitos über uns her. Kaum zu fassen, daß es diese widerlichen Quälgeister sogar so weit draußen auf See gibt. In einer meiner Taschen habe ich eine große Spraydose Insectrepellent. Wir sprühen uns ein, und die Angriffe der Moskitos lassen nach.

Während Silece die Wasseroberfläche beobachtet, blickt Frank zum Himmel, hält nach Möven Ausschau. Aus ihrem Flug kann man schließen, wo Wale zu finden sind. Plötzlich deutet Silece schräg voraus nach Steuerbord. »Eine Spur!« ruft

er. Frank gibt Gas, der Bug des Kanus wendet nach rechts. »Ja, wir haben ihn!« ruft Silece erneut. Ich starre angestrengt, kann aber nichts erkennen.
Und dann sehe ich plötzlich einen grauweißen Buckel aus dem Wasser tauchen, für Sekunden nur. Fast ohne Wellen zu hinterlassen, taucht der Buckel elegant weg. Silece greift nach seiner Webbley, entsichert, kniet sich mit gespreizten Beinen hin und geht halb in den Anschlag.
»Da ist die Spur!« Frank hat sich ganz aufgerichtet, steht im Boot, hält sich an der Steuerpinne des Motors fest. Er deutet nach links, das Boot schwenkt wieder herum, schaukelt ein wenig. Jetzt erkenne auch ich die Spur. Sie sieht genauso aus, als wenn Karpfen in deutschen Teichen dicht unter der Wasseroberfläche schwimmen. Nur größer, viel größer.
Wieder taucht der grauweiße Rücken aus dem Wasser, vielleicht dreißig Meter weit weg. Silece schießt, und neben dem Buckel peitscht eine Fontäne aus dem Wasser: Daneben. Scheppernd fällt die abgeschossene Patronenhülse auf den Lattenrost, als Silece das Schloß aufreißt und nachlädt. Das Kanu hat die Stelle erreicht, an welcher der Wal aufgetaucht ist, Frank nimmt das Gas zurück. Wir spähen angestrengt nach der Spur. Glatt und spiegelnd ist die Oberfläche des Meeres. Der Wal muß sehr tief getaucht sein. Wir suchen, Frank steuert das Boot im Kreis. Nichts. Die Wirkung des Insectrepellents läßt nach, und die Moskitos kommen wieder.
Immer noch kreist das Boot mit gedrosseltem Motor. Ich starre und starre, und die Augen tun mir weh von dem grellen Licht. Die Moskitos fliegen wütende Attacken und ich greife zum Spray. Auch Silece und Frank sprühen sich erneut ein, beobachten dabei die Wasserfläche.
Verdammt, wie lange kann so ein Wal denn tauchen, ohne Luft zu holen?
Oder hat er seine Lungen längst wieder mit Sauerstoff gefüllt und wir haben es nur nicht bemerkt? Weil er tief hinabgetaucht

ist und sich längst außer Schußweite gebracht hat? Weil er hinter dem Boot auftauchte, als wir nach vorne sahen?
Da, kaum fünf Meter neben dem Kanu, auf der linken Seite, kommt der Buckel hoch. Silece blickt gerade nach rechts. Er fährt herum, reißt das Gewehr hoch, schießt. Und diesmal spritzt keine Wasserfontäne hoch: getroffen. Silece grinst triumphierend und läßt sich Zeit mit dem Nachladen. Er weiß, ein getroffener Wal taucht länger. Frank bringt den Motor auf Touren. Das Boot schwankt bedenklich, als er es in eine scharfe Kurve zwingt. Und dann können wir die Spur ausmachen. Schnurgerade läuft sie vor uns her. Wir holen auf, und Frank nimmt das Gas zurück. Den Wal nicht überfahren, darauf gefaßt sein, daß er plötzlich nach links oder rechts ausbricht.
Er tut es nicht. Er taucht auf, fast in Wurfweite der Harpunen. Wieder schießt Silece und trifft. Er ist ein sehr guter Schütze und straft alle Berichte, die ich bisher über die Schießkünste der Eskimos gelesen haben, Lügen.
Diesmal bleibt der Wal sehr lange unter Wasser. Nirgendwo verraten sanft kräuselnde Kreise auf der glatten Oberfläche des Eismeeres seine Spur. Frank steuert Zickzack-Kurs mit gedrosselter Motorleistung. Ich sehe auf die Uhr. Fünf Minuten, zehn Minuten. Das gibt es doch nicht. Der Beluga muß doch endlich wieder auftauchen.
Er tut es, ganz weit rechts vom Boot. Wir sehen ihn so spät, daß für einen Schuß keine Zeit bleibt. Der Motor brüllt auf, als Frank Vollgas gibt und wir auf die Stelle zujagen, an der der Wal tauchte. Gas weg, Kurve nach links. Das Boot schaukelt, bäumt sich, gehorcht. Und dann ist wieder Stille. In sattem Braungrün liegt das Meer. Es ist hier draußen relativ warm, 12 Grad Celsius, und auch nicht sehr salzig. Etwa zehn Meilen vor der Mündung des Mackenzie herrschen ideale Lebensbedingungen für Belugawale. Die Abermillionen Tonnen »warmen« Süßwassers, die sich täglich aus dem gewaltigen Delta des

Mackenzie ins Eismeer ergießen, sorgen für ungeheure Planktonmengen.
Der Wal taucht so dicht neben dem Kanu aus dem Wasser, daß Silece – der Mann hat eine Reaktion wie ein Hundert-Meter-Läufer – das Gewehr fast aufsetzen kann. Es muß ein Kernschuß gewesen sein. Wütend peitscht die Schwanzfinne des Belugas das Wasser. Es schäumt und gischtet und wir nehmen eine Welle über.
Silece hält mir sein Gewehr hin, greift nach einer Harpune. Wie Frank ist auch er jetzt aufgestanden. Den linken Wurfarm erhoben, steht er im Bug. Die Spur des Wales ist leicht zu verfolgen. Er schwimmt ganz dicht unter der Oberfläche. Hin und wieder ist die Schwanzfinne zu sehen. Da, wo er schwimmt, schimmert das Wasser rötlich.
Vorsichtig manövriert Frank das Kanu näher heran. Noch zehn Meter, noch sechs, noch vier. Der Wal taucht auf, und Silece schleudert die Harpune. Es sieht nicht sehr kraftvoll aus, eher spielerisch. Aber der Speer bohrt sich knapp eine Armlänge hinter dem Atemloch des Wales in den Rücken des Tieres. Sofort beginnt die Seilrolle abzulaufen. Rasend schnell gleiten die Schlingen über die Bordwand. Silece springt in die Mitte des Bootes, ergreift die am Ende des Taus befestigte Öltonne, wirft sie ins Wasser. Und dann sehen wir, wie die Tonne nach unten gezogen wird, wieder auftaucht und ziemlich schnell vom Boot wegstrebt, langsamer wird, stoppt, wieder gezogen wird.
In aller Ruhe steuert Frank das Kanu hinterher. Silece macht es sich im Bug bequem. Ich nicke ihm anerkennend zu, und er grinst breit. Wir zünden uns Zigaretten an und kommen der Tonne langsam näher.
»Wenn er auftaucht, kannst du ihn totschießen. So zur Übung«, sagt Silece und deutet auf das Gewehr in meiner Armbeuge. Mein erster Schuß auf einen Wal ein Fangschuß – na ja. Ich nehme den Stutzen hoch.
Die Tonne, grell rot blinkend, liegt ruhig auf dem Wasser. Ich

sehe nirgends eine Spur. Ob der Beluga nicht längst tot und abgesunken ist, nur noch gehalten von dem fünfzig Meter langen Seil, das die Tonne mit der Harpunenspitze verbindet?
Ganz in der Nähe beginnt sich die Wasseroberfläche zu kräuseln. Ich gehe in den Anschlag, folge mit dem Lauf der Spur, warte auf den grauweißen Rücken, merke, wie meine Hände schweißfeucht werden, blinzle. Und stelle fest, daß ich die Waffe noch nicht entsichert habe. Schnell lege ich den Hebel um, und Frank lacht meckernd.
Und dann taucht ganz langsam, wie in Zeitlupe, ein schneeweißer, mächtiger Buckel aus den Fluten. Über den Lauf visierend, kann ich das Atemloch erkennen, warte noch einen Moment, halte die Luft an, wie ich es gelernt habe, und lasse fliegen. Der Kolben des Mannlicher stößt hart gegen meine Schulter, das Brüllen des Abschusses dröhnt mir in den Ohren, Silece schreit etwas in einer unverständlichen Sprache, und Frank bringt das Kanu mit einem derart brutalen Manöver auf Kurs, daß ich glaube, über Bord zu gehen. Erschrocken starre ich von einem zum anderen.
»Das war ein neuer Wal, ein großer«, ruft Silece. »Kein Baby, wie der erste.«
Ich verstehe nicht, schüttle den Kopf.
»Belugababies sind noch nicht ganz weiß. Sie sind grau oder bläulich. Erst die erwachsenen Tiere werden ganz weiß«, erklärt mir Silece, während er sich im Bug aufrichtet und Ausschau hält. Auch Frank steht jetzt wieder, späht, reguliert die Motorleistung. Zu gerne würde auch ich aufstehen, aber ich habe kein rechtes Zutrauen zu meiner Balance, jedenfalls nicht, wenn Frank unvorhersehbare Manöver steuert. Silece hat sein Gewehr auf dem Bootsboden liegen lassen. Offenbar hat er nach dem ersten Schuß Vertrauen zu meinen Schießkünsten. Hat sich was, da lag das Boot still, und ich konnte in Ruhe zielen.
Der Stutzen ist durchrepetiert, und ich bin schußfertig. Aber

weit und breit kein Wal. Frank steuert Spiralen. Im Knien aus einem engen Kanu heraus zu schießen, besonders wenn Seilrollen und Ölfässer die Bewegungsfreiheit noch weiter einschränken, ist ziemlich unbequem. Besonders wenn der Wal rechts auftauchen sollte. Natürlich tut er es prompt und ist bereits wieder weggetaucht, als ich abdrücke. An der aufspritzenden Wasserfontäne sehe ich, daß ich gut fünf Meter daneben lag. Ob Silece jetzt wieder . . . Nein, er läßt sein Gewehr, wo es ist.

Die beiden Eskimos unterhalten sich leise in ihrer Sprache. Vermutlich beratschlagen sie, wo der Wal das nächste Mal auftauchen wird. Aber der denkt gar nicht daran, der bleibt unten. Ich wische meine schweißnassen Hände an der Parka ab, hänge das Glas vom Hals und lege es auf den Lattenrost. Meine Augen schmerzen vom angestrengten Starren.

Komm doch, du dummer, alter Wal. Los, mach schon, tauch endlich auf. Und möglichst an einer Stelle, wo ich mir beim Schießen nicht die Schultern verrenken muß. Jagdfieber hat mich gepackt, mehr noch als vorhin. Nur mühsam gelingt es mir, wenigstens äußerlich ruhig zu bleiben. Haben mir eben noch die Beine vom langen Knien wehgetan, jetzt merke ich nicht mehr den peinigenden Druck des Lattenrostes gegen die Schienbeine. Los, Moby, tauch auf, zeig dich.

Er tut mir den Gefallen, gut dreißig Meter weit weg und zum Glück auf der linken Seite. Der Schuß gerät eine Idee zu kurz. Jedenfalls spritzt das Wasser auf und Moby taucht.

»Fine, you got him«, sagt Silece, aber ich bin mir nicht ganz sicher.

In spitzem Winkel steuert Frank auf die Stelle zu, an der der Wal tauchte, kurvt nach rechts. Er hat gemerkt, daß ich mir bei einem Schuß nach Steuerbord schwer tue, will versuchen, den Beluga backbords zu halten. Selbst wenn es ihm nicht gelingen sollte, werde ich ihm für den guten Willen eine Flasche Wodka stiften.

Es gelingt ihm. Zehn Meter neben dem Boot buckelt Moby aus dem Wasser und fängt die Kugel voll. Mit einem gewaltigen Spritzer seiner Schwanzflosse ist er wieder weg. Wenn Silece vorhin recht hatte, dann ist Moby jetzt von drei Kugeln getroffen. Das Kaliber 270 Winchester ist ein sehr schnelles Teilmantelgeschoß, mit einer Rasanz von über 800 ge. Die Projektile müssen fürchterliche Verletzungen im Körper des Wales angerichtet haben. Dennoch hat es den Anschein, als würden die Treffer dem Tier nichts ausmachen. Moby ist weggetaucht und bleibt ziemlich lange unten. Als wir seine Spur endlich wieder sehen, führt sie in zwanzig Metern Entfernung steuerbords schräg vom Kanu weg. Frank wendet, gibt Gas. Wir holen auf, und ich komme, wenn der Wal seine Richtung beibehält, in gute Schußposition. Die Spur biegt nach links und Moby kommt zum Atmen hoch, genau vor dem Bug. Dort steht Silece und ich kann nicht schießen. Und wieder ist Moby weg.
»Großer Wal«, sagt Silece, und zündet sich eine neue Zigarette an, klemmt sie sich in den Mundwinkel und da bleibt sie tatsächlich hängen, obwohl Silece weiterhin heftig seinen Kaugummi bearbeitet. Ich habe beobachtet, daß seine Kiefer immer nur dann aufhören zu mahlen, wenn er schießt.
Moby bleibt verschwunden, obwohl Frank seit gut einer Viertelstunde in immer größeren Kreisen die Stelle umfährt, an welcher der Wal zum letzten Male aufgetaucht ist. Ich will gerade resignieren und das Gewehr absetzen, als kaum 15 Meter vom Boot entfernt das Wasser sich zu kräuseln beginnt. Die Spur kommt genau auf uns zu. Wird der Wal unter dem Kanu hindurchtauchen? Oder wird er es auf seinen Rücken nehmen? Melville fällt mir ein und unwillkürlich kralle ich mich mit der linken Hand an der Bordwand fest. Der Beluga untertaucht das Boot, kommt wenige Meter weit ab steuerbords hoch. Und diesmal bin ich vorbereitet. Er bekommt die Kugel unmittelbar hinter das Atemloch, und rosa Schaum sprüht auf.

Während ich nachlade, reißt Frank das Boot herum, gibt Vollgas. Wir schießen etliche Längen dahin, dann wird das Gas weggenommen, das Kanu gleitet nur noch. Da, links achteraus ist die Spur. Jetzt einfach liegenbleiben und warten. Die Spur kommt näher, wird stärker. Moby schwimmt ganz dicht an der Oberfläche. Und dann bläst er wieder. Wieder rosa Schaum. Und wieder trifft ihn die Kugel. Jetzt hat er fünf, müßte längst reif sein zum Harpunieren.

Er ist es nicht. Er taucht fast zehn Minuten lang, und als er wieder hoch kommt, ist er für einen Schuß zu weit weg. Frank und Silece schütteln die Köpfe, versuchen zu erahnen, welche Richtung Moby jetzt nehmen wird. Wieder steuert Frank Zickzackkurs. Rechts vorne taucht blinkend die rote Öltonne auf. An ihr hängt das Belugababy. Ob es schon tot ist? Für einen Moment wird mir die Grausamkeit dieser Jagd bewußt. Aber der Gedanke daran verschwindet sofort wieder. Was bleibt, ist die Gier des Jägers auf die Beute, die prickelnde Nervenanspannung, die immer neuen Adrenalinstöße, die Konzentration auf den Schuß. Meine Hände sind jetzt trocken und ruhig, der Mannlicher-Stutzen fühlt sich gut an, führig und sicher. Das Schloß riecht scharf und ist vorne an der Verriegelung etwas geschwärzt. Und da ist Moby wieder. Links vorne neben dem Bug. Silece, der nach rechts blickt, sieht ihn nicht. Ich rufe, deute in die Richtung, in der Moby rosa Schaum bläst. Zu schießen wage ich nicht, denn sollte Silece sich bewegen, hätte er die Kugel im Rücken.

»Warum hast du nicht geschossen?« fragt er mich überrascht, und ich erkläre es ihm. Er zeigt keinerlei Verständnis. »Ich hätte geschossen«, sagt er. Zum Glück hat Frank im Heck kein Gewehr.

Unser Kanu liegt wie ein sprungbereites Tier auf dem Wasser. Drei Augenpaare spähen in die Runde. Fast gewaltsam halte ich meinen Atem ruhig und flach, das Gewehr locker und etwas vom Körper ab. Ich will vermeiden, daß die Gummikappe der

Rückstoßbremse am Kolben irgendwo hängen bleibt, wenn ich die Waffe hochreiße.
Moby bläst und ich schieße. Die Kugel muß irgend einen Nerv getroffen haben. Der Wal taucht nicht wie gewöhnlich, er bleibt an der Oberfläche, seine gewaltige Schwanzflosse peitscht das Wasser, und ich repetiere durch, schieße, repetiere und schieße noch einmal. In dem aufspritzenden Gischt ist nicht zu erkennen, ob die Kugeln sitzen. Wieder lade ich durch, und Moby verschwindet unter Wasser. Als wir die Stelle erreichen, wo er tauchte, sehen wir, daß das Wasser ziemlich rot ist.
Silece bedeutet mir, das Gewehr wegzulegen. Er greift nach einer Harpune, und Frank steuert das Kanu nach der roten Spur. Der Wal scheint jetzt schwer verwundet, denn er schwimmt langsam, kommt jedoch nicht an die Oberfläche. Als er es endlich tut, ist es zu weit für einen Wurf, weil Moby plötzlich nach rechts abgebogen ist. Er muß die Schallwellen des Motors hören und vor ihnen fliehen, etwas, das er bis jetzt nicht getan hat.
Auch sein nächstes Auftauchen ist nicht günstig für einen Wurf. Der Eskimo zuckt mit den Schultern, dreht sich zu mir um und grinst. »Wir kriegen ihn schon«, sagt er und reicht Frank eine Harpune nach hinten. Ich führe das Seil so an den leeren Öltonnen vorbei, daß es sich beim Ablaufen nicht verhaken kann.
Der Wal muß nun direkt unter dem Kanu sein. Mal ist die Spur links, mal rechts neben dem Boot, niemals weiter als höchstens zwei Meter entfernt. Wir Menschen schweigen, starren, sind gespannt. Ob Moby weiß, daß wir ihm nichts anhaben können, solange er unter dem Boot bleibt? Die Minuten vergehen, dehnen sich endlos. Moby müßte längst wieder aufgetaucht sein. Das gibt's doch nicht, so lange bleibt kein Wal unter Wasser. Aber Moby bleibt. Der Motor tuckert im Leerlauf, stinkt nach Sprit.
»Iiiiijaaaaaiii!« Frank und Silece schreien es gleichzeitig. Ihre

Harpunenarme fahren herunter, schleudern fast synchron die zwei Meter langen Schäfte mit den blinkenden Spitzen daran. Aber obwohl Moby nur drei Meter entfernt rechts neben dem Boot aufgetaucht ist, verfehlen sie ihr Ziel. Ein Schlag von Mobys Schwanzfinne, und die Harpunen wirbeln im aufspritzenden Wasser davon. Das Boot schaukelt. Frank und Silece holen die Leinen Hand über Hand ein, rollen sie auf, machen sich neuerlich wurfbereit. Der Wal kreuzt immer noch unter dem Boot.

Und dann erfüllt sich sein Schicksal. Tiefroter Schaum stiebt aus seinem Atemloch, als er wieder auftaucht und sich die Harpunenspitzen in seinen Rücken bohren. Moby macht einen Buckel, stößt mit dem Kopf in die Tiefe, langsam, irgendwie müde, fächelt seine Schwanzflosse und ruhig laufen die Seilrollen ab. Silece wirft ihnen die beiden Ölfässer hinterher. Sie tanzen einen Augenblick auf den Wellen, liegen dann still. Sie liegen sehr lange still.

»Okay, that was it«, sagt Frank und steuert auf die Fässer zu. Nach wenigen Augenblicken haben wir sie erreicht, wollen sie an Bord nehmen und die Leinen einholen. Doch da erwacht Moby zu neuem Leben. Blitzartig spannen sich die Seile. Frank wird das seine aus der Hand gerissen, fetzt die Haut mit. Um ein Haar geht der Eskimo über Bord.

Silece, der die eine Tonne bereits wieder auf dem Lattenrost abgestellt hatte, will sie hoch nehmen, sie schlägt ihm aus den Händen, dreht sich in der Luft und prallt gegen seine rechte Schulter. Silece stürzt gegen den Bugwulst des Kanus, schreit auf und bleibt keuchend liegen. Frank flucht und versucht, mit seiner verletzten Hand den Motor anzuwerfen, der plötzlich abgestorben ist. Beim dritten Ziehen der Reißleine gelingt es ihm, und schimpfend steuert er hinter den verschwindenden Tonnen her.

Im Bug rappelt sich Silece wieder auf. Seine Kiefer haben aufgehört zu kauen. Er fährt sich mit beiden Händen über die Brust, sein Atem geht stoßweise. Dann kehrt das Grinsen in sein breitflächiges Gesicht zurück und die Kiefer beginnen sich wieder zu bewegen. »Ein guter Wal«, sagt er anerkennend, »sehr stark«.

Als wir uns diesmal den Ölfässern nähern, hat Silece seinen Webbley Karabiner in der Hand. Frank, der sich ein Taschentuch um die verletzte Hand gebunden hat, holt die eine Leine ein, ich die andere. Ich beobachte Frank genau, und wie er achte ich darauf, daß die Öltonne an meinem Seilende dem Boot nicht zu nahe kommt.

Die Leinen einzuholen, geht überraschend leicht. Schlinge um Schlinge ringeln wir auf dem Lattenrost auf. Und dann taucht etwa sieben Meter vom Boot entfernt ein riesiges weißes Etwas im Wasser auf: Moby. Sein Rücken durchstößt die Oberfläche und ich kann die langen Scharten sehen, die die einschlagenden Projektile in seiner Haut hinterlassen haben. Dünn und hellrot sickert Blut heraus. Die gewaltige Schwanzflosse fächelt das Wasser.

Silece schießt, und ein Zucken geht durch den Walkörper. Frank und ich lassen wie auf Kommando die Seile los. Zum Glück, denn Moby jagt davon. Es ist wie ein allerletztes Aufbäumen, denn bevor alle Schlingen abgelaufen sind, hält er an. Der flache Winkel, den die Seile zur Wasseroberfläche eingenommen haben, wird steiler.

Silece legt sein Gewehr hin, und auch Frank setzt sich. Während wir rauchen, fällt die Spannung von mir ab. Und plötzlich beginnt mein Puls zu rasen und mir wird heiß unter der Parka und der Schweiß bricht mir aus. Und nun merke ich auch die Moskitos wieder. Sie müssen schon vor etlicher Zeit zurückgekommen sein, denn mein Gesicht und meine Hände sind völlig zerstochen. Es juckt höllisch, und als ich zu kratzen beginne, brennt es. Der Insectrepellent schafft etwas Linderung, hält die Angreifer fern und kühlt die Stiche, wenngleich er das Jucken nicht ganz unterbindet.

Am Ende ihrer Zigaretten holen die Eskimos den Wal längs-

seits. Es ist ein sehr großes altes Tier, länger als das Kanu. Silece macht eine große Seilschlinge, streift sie über die Schwanzflosse des Belugas und vertäut das freie Ende an einem dicken Eisenring im Bug des Bootes. Mit den Harpunenleinen wird der Wal seitlich am Kanu festgebunden. Dabei kommt eine Menge Wasser innenbords und Frank reicht mir aus seinem Proviantbeutel eine Blechtasse. Ich soll schöpfen.
Als Moby sicher festgemacht ist, greift Silece nach meinem Fernglas, stellt sich im Boot aufrecht und sieht in die Runde. Er sucht nach der Tonne, an welcher der Baby-Beluga hängt, kann sie jedoch offenbar nicht finden, denn er reicht Frank das Glas. Auch dieser kann die Tonne zunächst nicht entdecken, und so nehmen wir einfach Fahrt auf und Frank steuert einen riesigen Kreis. Dann deutet Silece nach rechts und das Boot schwenkt herum. Nach etwa zehn Minuten haben wir die Tonne erreicht. Der Baby-Beluga wird auf der anderen Seite des Kanus festgemacht.
Die beiden Eskimos beugen sich über ihre Vorratsbeutel und auch ich merke, daß ich seit einiger Zeit ziemlich Hunger habe. Ein Blick auf die Uhr, wir sind seit neun Stunden auf See. Immer noch brennt die Sonne heiß herunter, der Himmel ist klar und wolkenlos und kein Lüftchen regt sich. Im Norden tanzen winzige weiße Spitzen über der flirrenden Kimm. Durchs Glas kann ich erkennen, daß es Eisberge sind. Ich packe meine Proviantbrote aus. Rentierschinken liegt zwischen den Scheiben. Dr. Schwarz hat ihn mir gegeben. Er wird enttäuscht sein, ich habe nur neun Schuß verbraucht.
»Wohin fahren wir jetzt?« fragte ich Silece. Auch er kaut mit vollen Backen. Ich habe nicht gesehen, ob er vorher seinen Kaugummi ausgespuckt hat.
»Zurück nach Tuk«, antwortet er. »Der Große ist genug.«
Normalerweise bleiben die Eskimos aus Tuktoyaktuk länger auf See, wenn sie auf Waljagd gehen. Sie harpunieren die Tiere und schleppen sie dann zu einer unbewohnten kleinen Insel,

die auf der Karte unter dem Namen »Eskimo-Island« verzeichnet ist. Dort zerlegen sie die Tiere. Nur die handspannendicke Fettschicht wird in gut zu verstauende Quadrate geschnitten, an Bord genommen. Die entspeckten Kadaver der Wale, die ein tief dunkelrotes, fast schwarzes Fleisch haben, werden am Strand zurückgelassen und von Möwen gefressen. Dann geht es wieder auf die Jagd, so lange, bis die Kanus fast überladen sind. Nur selten nehmen die Eskimos die vollständige Beute mit zu ihrem Dorf. Es geschieht in der Regel dann, wenn sie frisches Fleisch für ihre Huskies benötigen.
Während der Sommermonate kommt es nicht selten vor, daß mehrere Eskimofamilien ihre Hunde einfach auf einer einsamen Insel absetzen und dort nur wöchentlich einmal vorbeifahren, um Fleisch für die Tiere zu bringen, in der Regel Walkadaver.
Ich rechne es Silece hoch an, daß er es mir ersparen will, zwischen blutigem Walspeck zu sitzen. Später erfahre ich, daß dies nur ein Grund war. Der andere: Der alte Beluga, den wir erlegt haben, mein Moby, ist seit Jahren der größte Wal, der von den Eingeborenen Tuktoyaktuks gefangen wurde. Und den wollte Silece natürlich den Zurückgebliebenen vorführen.
Die Rückfahrt dauert über sechs Stunden, mit den Walen links und rechts im Schlepp geht es nur langsam voran. Endlich tauchen rechts vorne die Maulwurfsbuckel der Pingos auf, und dann sind auch die ersten Häuser zu erkennen, schließlich die Antennenreflektoren der amerikanischen DEW-Line-Station. Dann kommt die Landzunge in Sicht. Wir umrunden sie, steuern zu dem Steg, den Dr. Schwarz vor seinem Haus gebaut hat, legen an, und Frank springt aus dem Boot, um es festzumachen. Zuerst jedoch wird das Belugababy vom Kanu gelöst und auf den Steg gezogen. Schließlich ist das Boot vertäut, und ich helfe mit, Moby ans Ufer zu ziehen. Es geht nicht. Selbst als Dr. Schwarz und drei Eskimos herbeieilen, um uns zu helfen. Moby

ist zu schwer für uns. Mit einer alten Winde gelingt es schließlich doch.
Fünfeinhalb Meter Wal liegen vor uns. Seine Haut ist schneeweiß und tief gerunzelt. Über seinen Rücken ziehen sich die schartigen Einschußlöcher. Es sind acht und eines stammt von Silece. Also habe ich zweimal daneben geschossen.
Plötzlich werden wir von zahlreichen Eskimos umringt. Ich habe keine Ahnung, wo sie so plötzlich herkommen. Kinder sind darunter und alte Frauen. Die Kinder hüpfen und springen herum, tanzen und nähern sich dann ehrfurchtsvoll dem alten Wal. Sie betasten seine Haut, fahren mit den Fingern über sein Atemloch, über die geschlossenen Augen. Silece greift Moby ins Maul, zieht es auseinander. Fünfmarkstückgroße, abgeschliffene Zähne sind zu sehen. Eine alte Frau, das Gesicht von unzähligen kleinen Fältchen bedeckt und in einen langen, dunkelbraunen Kaftan mit Kapuze gekleidet, zieht aus einem Ärmel plötzlich eine Pocketkamera, fotografiert Moby. Sie tut es aus allen möglichen Blickrichtungen, steckt dann die Kamera weg und geht.
Frank holt die beiden Walmesser aus dem Boot, reicht Silece eines. Mit wenigen gekonnten Schnitten trennen sie Moby den Kopf vom Rumpf, stellen ihn ein Stück entfernt auf die Schnittfläche, und Silece geht, drei Hände voll Wasser zu schöpfen, um sie in das Maul des getöteten Tieres zu schütten.
Nun beginnt das blutige Geschäft des Zerlegens. Zunächst wird der Wal längs der Rückenlinie aufgeschlitzt. Seine Speckschicht ist fast fünfzehn Zentimeter dick. Mit Haken, die den Schauereisen unserer Hafenarbeiter nicht unähnlich sind, wird die Speckschicht auseinandergezogen und zu Quadraten von der Größe einer mittleren Tischplatte quer eingeschnitten. Danach erfolgen die Längsschnitte an der Seitenlinie des Wales. Fein säuberlich wird so das Tier der Länge nach entspeckt, zuerst links, dann rechts. Die Männer stapeln die Quadrate auf einer Bahn aus fester Plastikfolie. Zwischen den

Planken des Steges versickert inzwischen das dicke, schwarze Blut.
Immer mehr Frauen kommen jetzt heran. Sie halten halbmondförmige, rasierklingenscharfe sogenannte Frauenmesser in den Händen. Mit diesen schneiden sie das Fett in handflächenbreite Bahnen. Diese werden später im Smokehouse über Ästen in den Rauch gehängt, wo sie zu Maktak fermentieren.
Es dauert lange, bis Moby zerlegt ist. Als letztes wird die mächtige Schwanzflosse vom Rumpf getrennt und auf die Plastikbahn gestellt. Silece und Frank waten mit ihren Gummistiefeln ins Wasser, waschen sich die blutbesudelten Hände und Unterarme. Als die beiden zurückkommen, grinst mich Silece an. »Wenn du willst, kannst du wieder mitkommen«, sagt er und bearbeitet seinen Kaugummi. »Ich geh nur schnell was trinken.« Er steigt den Hang der Landzunge hinauf, kommt noch einmal zurück, holt sein Gewehr. »Zu viele Menschen hier«, sagt er erklärend.
Als ich auf die Uhr sehe, ist es Mitternacht. Einundzwanzig Stunden war ich mit den beiden Eskimos unterwegs. Ich bin hundemüde. Und Silece will gleich wieder in See.
»Wir müssen das Wetter ausnützen«, Frank deutet nach Norden. »Keine Wolken, kein Nebel. Gutes Walwetter.«
Dr. Schwarz nimmt mir das Gewehr ab, das ich ihm reiche. So schön die Jagd war, so neu, prickelnd und erregend, für heute habe ich genug. Ich nehme Glas und Rucksack aus dem Boot und gehe in die Lodge. In meinem Magen rumort Hunger, ich habe Durst, und die Moskitostiche brennen und jucken.
Unten auf dem Steg liegt noch das Belugababy. Die Eskimos haben es nicht zerlegt. Frank meinte, das hätte Zeit, bis sie von der nächsten Fahrt wieder zurückkämen.
Dr. Schwarz brüht mir einen Kaffee, so schwarz und stark, daß er kaum zu trinken ist. »Hat es Ihnen gefallen?» fragt er, und dann »Wieviele Dollar haben Sie mir geschossen?«
Ich sage es ihm und er meint, daß wir darauf dringend einen

trinken müssen. In der Lodge wohnt noch ein weiterer Gast, ein Transportarbeiter aus New York, gebürtiger Pole. Er ist mit seiner Frau und zwei Töchtern, elf und sechzehn Jahre alt, in den Norden gekommen. Um Abenteuerferien zu machen, wie er sich erhofft hat. Daraus wurde nichts, weil seine Familie die Moskitos und Blackflies nicht erträgt. Heute mittag will er zurück. »Verdammter Norden und Scheißleute hier«, hat er gestern geflucht, nachdem Dr. Schwarz ihm gesagt hatte, daß kein Eskimo bereit war, ihn und seine Familie mit auf Waljagd zu nehmen.

Der Lärm von vorhin muß den Polen geweckt haben. In Hemd und Hose, aber barfuß kommt er in den Wohnraum der Lodge getappt, mustert mich mit einem grimmigen Blick. Dr. Schwarz bietet ihm Wodka an und der wirkt Wunder. Der Pole wird nett und freundlich, und läßt sich von mir die Jagd erzählen. Dann geht er aus der Tür, läuft barfuß hinunter zum Steg und kommt nach wenigen Minuten ganz aufgeregt zurück, weckt seine Familie.

»A blue whale!« ruft er. »They got a blue whale!« Er meint das Belugababy. Es ist kaum halb so groß wie die Brustfinne eines Blauwales.

Indes, der Enthusiasmus des Polen verpufft rasch. Seine Frau hat keine Lust aufzustehen und die beiden Mädchen wollen, wie sie sagen, keinen toten Fisch sehen. Dr. Schwarz und ich trinken noch ein Glas auf die erfolgreiche Jagd, dann hole ich mir meinen Schlafsack und mache es mir vor der Lodge auf dem Boden eines alten Walbootes bequem. Das Boot wurde angeblich im Jahre 1927 in San Franzisko gebaut. Wie es ins Eismeer hinauf kam und ausgerechnet an den Strand von Tuktoyaktuk, weiß niemand. In wenigen Minuten bin ich eingeschlafen.

Stunden später weckt mich die Chartergesellschaft eines Champagnerdampfers.

Fünftausend Ren und ein Gewehr

Seit etwa fünf Jahren bemüht sich die kanadische Regierung, den Norden des Landes touristisch zu erschließen. Bis jetzt mit geringem Erfolg und das, obwohl es kaum eine Siedlung in den North West Territories gibt, in welcher nicht ein Government Tourist Manager zu finden ist. Indes, diese Männer haben fast durchweg einen Fehler: Sie kennen den Norden nicht, mögen ihn auch nicht. Was sie verkaufen wollen, sind Dinge, die es nicht gibt. Carvings zum Beispiel, Schnitzereien, die sie von den Eskimos am liebsten im Fließbandverfahren herstellen lassen würden. Aber kein Eskimo wird jemals dazu zu bewegen sein, immer gleiche Schnitzereien zu fertigen. Mit anderen handwerklichen Dingen verhält es sich ebenso.

Als Ersatz hat sich das Tourist Bureau etwas ganz Besonderes einfallen lassen: Die Champagnerfahrten. Sie werden in Fort Simpson gestartet und führen den Mackenzie abwärts über Inuvik bis nach Tuktoyaktuk. Wer Laune und Geld hat, mindestens 3000 Dollar, kann drei Wochen lang an Bord eines Dampfers verbringen und dabei sicher sein, kaum etwas von den Territories zu sehen. In der Regel werden diese Fahrten im amerikanischen Altenparadies, Fort Lauderdale in Florida, gebucht. In modernen Düsenclippern geht es nach Fort Simpson. Dort wird dann die »Delta Queen« bestiegen und zu Beginn der Reise erhalten alle Teilnehmer zwei Flaschen kalifornischen Champagner als Geschenk. Täglich werden drei Bordfeste veranstaltet, wiederum mit Champagner.

Pierre McMurray, der Kapitän der »Delta Queen« hat mir erzählt, daß er seine Passagiere in der Regel während der ganzen Fahrt nur an zwei Tagen nüchtern erlebt: Wenn sie an Bord kommen und wenn sie das Schiff in Inuvik wieder verlassen.

Eine Horde dieser reizenden Passagiere, champagnerselig und im unternehmungslustigen Durchschnittsalter von 60 Jahren, weckt mich in dem Walboot. Eine Lady aus Illinois, die ihre jugendfrischen Beinchen in pralle Bermudas gezwängt hat, will unbedingt mit mir zusammen fotografiert werden. Unrasiert, unausgeschlafen und mit verstrubbelten Haaren, scheine ich auf sie den Eindruck eines echten Nordländers zu machen. Und so einen will sie fürs Familienalbum. Dr. Schwarz, er bessert sein Einkommen als Arzt durch einen schwunghaften Pelzhandel mit eben diesen Champagnerreisenden auf, schafft es schließlich, die Aufmerksamkeit der Dame von meiner Person ab und auf das Fell eines Eisbären zu lenken. Es soll 2000 Dollar kosten. Nachdem ich, die Lady im Arm und das Fell um unsere Schultern geschlungen, noch einmal abgelichtet bin, gedeiht der Handel.

Kapitän McMurray drängt alsbald zum Aufbruch, und da wiederum keine Eskimos greifbar sind – bei Ankunft des Champagnerbootes scheinen sie jedesmal spurlos zu verschwinden –, wird noch ein letztes Gruppenbild mit zwei Herren (dem Doktor und mir) geschossen. Dann heult das Signalhorn der »Delta Queen« und plötzlich sind die Eskimos wieder da. Sie winken herzlich Abschied.

Zum Mittagessen hat Linda, die Haushälterin des Doktors, eine Suppe aus Rentierfleisch und einen Rentierbraten bereitet. Beides schmeckt ausgezeichnet. Da ich nirgendwo in der Gegend Rentiere gesehen habe, frage ich Linda, von wo sie das Fleisch bezieht.

»Von Silece«, antwortet sie. »Er besitzt eine fünftausendköpfige Renherde auf irgendeiner Insel weiter im Norden. Wenn ich

Fleisch brauche, gebe ich ihm Bescheid. Er fliegt dann mit Peter Hürlibrot los und bringt mir ein Tier. Ich nehme, was ich benötige, den Rest frieren wir in einem Pingo ein.«
Zwei Stunden später zeigt mir Dr. Schwarz die Tiefkühltruhe der Eskimos von Tuktoyaktuk. Dieser Pingo steht fast genau in der Mitte der Ansiedlung. Er ist etwa 70 Jahre alt und deshalb seit 20 Jahren im Abnehmen begriffen.
Pingos gibt es nur in der Gegend um Tuktoyaktuk. Man kann sie als Frostbeulen der Erde bezeichnen. Eines Tages beginnen sie plötzlich aufzubuckeln und dann wachsen sie 50 Jahre lang in die Höhe, etwa einen halben Meter pro Jahr. Danach schrumpfen sie wieder. Pingos haben eine durchschnittliche Lebensdauer von 100 Jahren.
Jener Pingo, den ich als Tiefkühltruhe der Eskimos bezeichnen möchte, war von den Eingeborenen ausgehöhlt worden. Ein knapp meterhoher Stollen führt exakt fünf Meter tief in den Pingo hinein, verbreitert sich dort zu einer Höhle, die doppeltmannshoch und etwa sechs Meter im Durchmesser ist. Mehrere gefrorene Rentierkadaver liegen darin und Unmengen von Seehunden. Die Tiere sind zum Teil noch nicht einmal ausgenommen. Auch Fische frieren die Eskimos im Pingo ein.
Während außerhalb des Pingos unter der 24 Stunden währenden Sonneneinstrahlung Temperaturen von bis zu 32 Grad Celsius herrschen, beträgt die Temperatur im Inneren des Pingos minus 26 Grad Celsius. Dieser plötzliche Unterschied von 58 Grad brachte im Jahre 1974 den Kreislauf des britischen Thronfolgers, Prinz Charles, heftig durcheinander. Dr. Schwarz und die uns begleitenden Eskimos versichern, daß Königin Elizabeth dagegen den Temperaturunterschied prima überstanden hat. Die Queen pflückte nach ihrem Besuch im Inneren des Pingo einige wilde Rosen, die auf dessen Außenhaut wachsen.
Dafür soll sich Prinz Charles kulinarischen Genüssen gegenüber aufgeschlossener gezeigt haben, als seine Mutter. Ohne

eine Miene zu verziehen, kostete und aß er, so wird mir versichert, ein Stück frischer Walleber, das ihm Mary, die Tochter von Silece, auf einer Messerspitze reichte.
Als ich nach dem Besuch des Pingos zur Lodge zurückkehre, sehe ich Silece und Frank mit ihrem Kanu einlaufen. Wieder sind an beiden Seiten des Bootes Wale festgemacht. Nach lautstarker Begrüßung, bei der ich Silece zu seinem enormen Jagderfolg beglückwünsche, frage ich den Eskimo, ob er mir nicht einmal seine Rentierherde zeigen will.
»Wenn ich geschlafen habe«, sagt Silece. Er hat fast 38 Stunden auf den Beinen verbracht und man sieht seinem Gesicht die Müdigkeit an. Während Frank sich um das Abspecken der Tiere kümmert, geht Silece, seinen Webbley Karabiner unter dem Arm, steifbeinig zu seiner Hütte. Mir bleibt nur übrig, zu warten.
Ganze 24 Stunden später klopft Silece an die Tür der Lodge. Ich sitze gerade mit Dr. Schwarz zusammen und er erzählt mir von seiner Praxis. Wir trinken Wodka und Silece mustert die Flasche, die zwischen uns auf dem Tisch steht, mit einem begehrlichen Blick. Also bieten wir ihm auch einen Schluck an. Er schüttet ihn hinunter wie Wasser, macht dann ein völlig verdutztes Gesicht, schüttelt den Kopf.
»Was ist los, Silece, stimmt was nicht mit dem Wodka?« fragt Dr. Schwarz.
»Der Wodka ist schon in Ordnung«, jetzt grinst Silece. »Ich hab nur meinen Kaugummi verschluckt.«
Sozusagen als Medizin bekommt er noch ein zweites Glas. Wieder trinkt er es auf einen Zug, räuspert sich dann, sieht mich an. »Der Flug kostet 50 Dollar«, sagt er.
»Welcher Flug?«
»Du wolltest doch meine Herde sehen. Wir müssen zu der Insel fliegen. Peter hat gerade Zeit und Mary braucht frisches Fleisch.«
»Wie lange werden wir unterwegs sein?« will ich wissen.

»Ein paar Stunden vielleicht, oder auch einen Tag oder zwei, kommt darauf an.«

Der Doktor rät mir, außer meinem Schlafsack und Zigaretten nichts mitzunehmen. Zu essen würde es auf der Rentierinsel genug geben. Fünf Minuten später bin ich fertig. Zusammen mit Silece gehe ich hinunter zum Strand. Am Steg des Doktors liegt eine einmotorige Turbobeaver. Sie gehört Peter Hürlibrot, einem Mann, der sich als Eskimo aus der Schweiz bezeichnet und der erste Millionär der NWT ist. Hürlibrot begrüßt mich mit einem kräftigen Händedruck und einem breiten »Grüezi mitanand«. Dann gehen wir an Bord.

Der Eskimomillionär aus der Schweiz hat vor 42 Jahren im Kanton Aargau auf einem Fieseler Storch fliegen gelernt. 1935 verließ er, knapp zwanzigjährig, seine Heimat und ging nach Kanada. Er lebte zunächst in Ontario, dann in Alberta, schließlich im Yukon Territory. 1939, unmittelbar bevor in Europa der Zweite Weltkrieg ausbrach, ging er in die North West Territories und versuchte sein Glück als Prospektor. Er schürfte am Großen Sklavensee ebenso wie am Großen Bärensee. Sogar im legendären Headless Valley des South Nahanni war er. Schließlich gab er die Goldsucherei auf und zog weiter nach Norden, den Mackenzie abwärts. Damals besaß er ein Kanu, ein Zelt, seine Goldgräberausrüstung, ein Winchestergewehr, mehrere Schachteln Munition und ein Viertelpfund in Nuggets. Den Beutel mit den Goldkörnern hatte er sich um den Hals gebunden und trug ihn auf der bloßen Brust.

In Inuvik, das in der Eskimosprache »Menschenplatz« heißt und das im Jahre 1940 lediglich aus zwei Blockhütten, einigen Zelten und sogenannten schwarzen Iglus, also Erdhütten, bestand, freundete er sich mit einer Eskimofamilie an. Er blieb bei dieser Familie und zog mit ihr weiter in den Norden. Unterwegs verliebte er sich in Nakoti, ein Eskimomädchen. Es dauerte fast drei Jahre, bis er die Erlaubnis erhielt, Nakoti zu heiraten, ihre Familie machte unerhörte Schwierigkeiten.

»Mit uns war es fast wie mit Romeo und Julia«, lacht Peter Hürlibrot, während er die Turbobeaver startklar macht.
Er überwand in echter Schweizer Sturheit alle Hemmnisse, fuhr dann mit seiner Braut nach Fort Smith, um sich dort trauen zu lassen. Die Hochzeitsnacht verbrachte das junge Paar im »Explorer Inn« in Fort Smith. Jene Nacht sollte Peters Reichtum begründen.
Nachdem er sich mit seiner Frau aufs Zimmer zurückgezogen hatte, wo die beiden endlich allein sein wollten, kam ein nicht enden wollender Strom von Gratulanten. Es waren in der Hauptsache Prospektoren, Leute, die nach Gold suchten. Aber auch bereits nach Öl. Auch ein paar Trapper kamen, um dem Paar zu gratulieren. Einer von ihnen, Tom Doornbos, er sollte später in Yellowknife eine Buschfliegergesellschaft gründen, schenkte Peter und seiner Frau den herrlichen Pelz eines Polarfuchses. Peter revanchierte sich, indem er den Trapper zu einem Drink einlud. Doornbos sagte nicht nein.
Die Männer tranken, unterhielten sich und Nakoti saß still auf dem Bett und hörte zu, obwohl sie kaum ein Wort Englisch verstand. Nach mehreren Drinks begann Tom Doornbos auf die Regierung zu fluchen. Ihre Maßnahmen würden den Norden zerstören, die alten Ordnungen umstoßen. Tom schimpfte auf das Gesindel, das auf der Suche nach Gold und Öl aus dem Süden heraufkam. »Die kümmern sich einen Dreck um die Jagdgesetze, die schießen, was ihnen vor die Flinte kommt. Na klar, sie müssen was zu essen haben. Aber wo soll das enden? Bald kann man nur noch am Pol trappen. Und auch dort werden diese Leute bald ihre Häuser bauen, mit Klimaanlagen und allem möglichen unnötigen Quatsch. Und natürlich werden sie Straßen bauen, die Wälder abholzen und Seen trocken legen. Ach was, es macht keinen Spaß mehr, hier zu leben.« So sprach Tom Doornbos, setzte die Flasche Whisky, die auf dem Tisch stand, an die Lippen und trank sie aus. Die Flasche war fast voll gewesen und die Wirkung des Alkohols setzte umge-

hend ein. Der Trapper kam taumelnd von seinem Stuhl hoch, schwankte durchs Zimmer, erreichte das Bett, fiel hinein und war augenblicklich eingeschlafen.
Vergeblich mühten sich Nakoti und Peter den gewaltigen Körper des Trappers aus dem Bett zu hieven. Doornbos war zu schwer. In seiner dicken Pelzkleidung lag er unverrückbar wie ein Gebirge quer über dem Bett. Dem jungen Paar blieb nichts anderes übrig, als für sich Kissen und Decken auf den Boden zu breiten und dort die Nacht zu verbringen.
»Außerdem hat dieses Ungeheuer von Mensch wie ein Berserker geschnarcht. Es war für uns unmöglich, zur Ruhe zu kommen.« Peter lacht, als er das sagt und dreht die Turbobeaver in den Wind.
Da Hürlibrot ohnehin nicht schlafen konnte, dachte er über die Worte des Trappers nach. Was der gesagt hatte, stimmte zum großen Teil. Immer mehr Menschen würden in den Norden kommen, immer weiter hinauf ins ewige Eis. Und diese Menschen wollten versorgt werden. Sie würden heiraten, Familien gründen, Schulen würden gebaut werden und Krankenhäuser. Und man würde die wenigen Sommermonate ausnützen müssen, um die Versorgungsgüter für das ganze Jahr herbeizuschaffen, denn während des Winters blieben die Schiffe im Packeis liegen, erstarb alles Leben unter meterdicken Schollen. Und so wie das Meer und die Flüsse, überzog der Eispanzer auch das Land. Die Millionen Seen froren zu. Außer Hundegespannen bewegte sich nichts durch die eisige Polarnacht.
Nichts? Wirklich nichts? Was, wenn . . .? Die Idee war so ungeheuer, daß Peter Hürlibrot zunächst vor ihr zurückschrak. Nein, das konnte nicht sein. Das hatte es bisher nicht gegeben, das würde sich auch künftig nicht verwirklichen lassen, nicht, bevor es Straßen gab. Und wenn die erst einmal gebaut waren, würden die großen Gesellschaften das Geschäft in ihre Hände nehmen. Es sei denn, man kam ihnen zuvor.
Am Morgen des nächsten Tages, Tom Doornbos schlief immer

noch im Bett des jungen Paares seinen Rausch aus, brachte Peter Hürlibrot seine Frau auf ein nach Norden laufendes Schiff. Es war die »Radium Queen«, die heute in Fort Smith an Land liegt. Mit der »Radium Queen« schickte Peter seine Frau zu ihren Eltern zurück. Er selbst machte sich auf nach Süden. Er wollte nach Amerika, genauer, nach Detroit.
Detroit liegt fast unmittelbar hinter der Grenze, und Hürlibrot hatte vor, dort ein ernstes Wort mit einem der Manager eines großen Automobilwerkes zu reden. Das tat er. Für die Hälfte seines Nuggetvorrates erstand er einen gebrauchten, riesigen Lastzug, ließ sich als Draufgabe ein halbes Hundert leerer Benzinfässer geben, zwei zusätzliche Batterien für den Motor. Schließlich erstand er noch einen Kreiselkompaß und ließ ihn sich in das Führerhaus des Lastzuges einbauen.
Die Mechaniker in Detroit schüttelten den Kopf über diesen verrückten Kanadier, der beinahe jeden Tag mit neuen Sonderwünschen kam. Mal wollte er die Achsen verstärkt haben, dann wieder zusätzliche Scheinwerfer. Er bestand auf einer separaten Heizung für das Führerhaus des Lastzuges, ließ ein Funkgerät einbauen, eine zusätzliche Anhängerkupplung und noch etliche Dinge mehr. Und außerdem bezahlte dieser Irre mit Goldnuggets. Nun ja, der Kerl hatte lange im Norden, im Eis gelebt, da wurde man vermutlich so verrückt.
Fast vier Monate vergingen, bis der Lastzug endlich den Wünschen Peter Hürlibrots entsprach. Danach war Peter ziemlich pleite. Lediglich 200 Dollar für Benzin waren ihm noch geblieben, als er endlich nach Hause aufbrach.
Er benötigte einen ganzen Monat, bis er endlich Fort Smith erreichte. Unterwegs hatte er in Winnipeg, Manitoba, Station gemacht und versucht, mit der Hudson Bay Company ins Geschäft zu kommen. Aber den Verantwortlichen dort schien seine Idee zu riskant. Bislang hatte es noch niemand gewagt, mit einem tonnenschweren Lastzug einfach quer über das Eis nach Norden zu fahren. Was, wenn der Lkw in einen der

zahllosen Seen einbrach? Was, wenn er irgendwo steckenblieb? Alle Waren, die der Lastzug geladen hätte, wären verloren. Und es hätte nicht einmal Sinn, auf den Sommer zu warten, denn dann ist das Land erst recht unpassierbar.
Aber Peter Hürlibrot war von seiner Idee überzeugt. Eis, das schwer motorisierte Schiffe festhalten konnte, mußte auch stark genug sein, seinen Lastzug zu tragen. Es gelang ihm, in Fort Smith eine Ladung für seinen Lkw zu bekommen. Zwar mußte er sich verpflichten, im Falle eines Scheiterns für den Schaden aufzukommen, aber er war bereit, auch dieses Risiko auf sich zu nehmen.
Am Morgen des 9. Dezember 1943 brach Peter Hürlibrot von Fort Smith aus auf nach Inuvik. Rund 1000 Kilometer Luftlinie hatte er vor sich. Er schaffte sie in genau 12 Tagen. Ohne einmal steckenzubleiben, ohne irgendwo ins Eis zu brechen.
»Nachdem die Ladung gelöscht war, habe ich mir sofort eine neue Charter besorgt, dann bin ich nach Tuk gefahren, um endlich meine Familie zu sehen, meine Frau. Und natürlich, um die Hochzeitsnacht nachzuholen. Bis zum nächsten Sommer war es die einzige Nacht, die ich mit meiner Frau zusammen war, denn ich mußte ja gleich wieder los. Ich habe zwei meiner Schwäger mitgenommen, damit ich etwas Hilfe hatte. Wir sind bis April gefahren und dabei kaum aus unseren Sachen gekommen. Während die Brüder meiner Frau dann den Lastzug nach Tuk brachten, sie hatten inzwischen gelernt, wie man mit ihm umgehen mußte, bin ich wieder nach Detroit gefahren.«
In Detroit hatte man zu jener Zeit andere Sorgen, als Sonderanfertigungen für einen verrückten Kanadier zu bauen. In Europa tobte der Krieg und die Armee verlangte Nachschub. Lkws wurden gebraucht, Jeeps, Panzer. In der größten Fahrzeugschmiede der Welt schuftete man wie besessen, um den Bedarf der Armee zu decken. Man konnte kaum so schnell bauen, wie der ferne Gegner die Fahrzeuge zusammenschoß und vernichtete.

Aber Peter Hürlibrot bewies erneut seine Hartnäckigkeit. Er hatte vor 10 Monaten, als er sich seinen ersten »Nordlandlaster« zusammenbauen ließ, eine Option auf zehn weitere Fahrzeuge dieser Art erworben. Nun bestand er auf der Erfüllung dieses Vertrages. Und die Gewaltigen in Detroit gaben schließlich nach, zumal Peter bereit war, ihnen bis Ende September Zeit zu lassen, vorher benötigte er die Lastzüge ohnehin nicht, da er sie nicht hätte einsetzen können.
Mit einer DC 3 der Pacific Western flog Peter zurück in den Norden. Bei jeder Niederlassung bemühte er sich um Charteraufträge und erhielt sie auch. Nachdem seine Transporte einen halben Winter lang reibungslos funktioniert hatten, genoß er Vertrauenskredit. Im August endlich kehrte er nach Tuktoyaktuk zurück und begann, alle männlichen Mitglieder der Familie seiner Frau, so sie älter als 16 Jahre waren, zu Lkw-Fahrern auszubilden. Ende September standen ihm neun Crews zu je zwei Fahrern zur Verfügung.
»Als die Leute endlich fit waren, haben wir eine riesige Feier veranstaltet. Es war an jenem Abend, als mein erster Sohn geboren wurde. Über Funk kam da auch noch die Meldung herein, daß die Lastzüge lieferfertig wären. Daraufhin haben wir meinen Sohn Peter-Ford genannt.«
Das Transportunternehmen des Peter Hürlibrot arbeitet nun seit über 20 Jahren. Es hat den Eskimo aus der Schweiz zum Millionär gemacht, besonders, seit im Norden Öl entdeckt wurde und die Mineralölkonzerne ständige Stationen im Eis, vor der Küste und auf einsamen Inseln errichtet haben. Zwar ist Hürlibrot nicht mehr der einzige, der Lkw-Transporte über das Eis durchführt, aber seine Gesellschaft gilt immer noch als die zuverlässigste. Und nach wie vor rekrutiert er seine Fahrer ausschließlich aus männlichen Familienmitgliedern.
Wer mit einem Propellerflugzeug von Yellowknife aus nach Norden fliegt, mag sich wundern, das Land von schnurgeraden Rollbahnen durchzogen zu sehen, die geradewegs in Seen hin-

einführen und am anderen Ufer wieder herauskommen. Es sind die Spuren der »Winterstraßen«, gezogen von Hürlibrots Nordlandlastern.
Natürlich sind inzwischen doch etliche Lastzüge durch das Eis gebrochen und in Seen gestürzt, aber die Gesellschaften, die diese Transporte betreiben, müssen nicht mehr selbst für den Schaden haften. Es gibt mittlerweile Versicherungen, die dafür aufkommen. Und manchmal gelingt es sogar, einen derart verunglückten Lastzug wieder zu bergen.
Ruhiger als auf einer Rollbahn jagt die Turbobeaver über den Wasserspiegel des Eismeeres, langsam zieht Peter das Steuerhorn zurück und geht in einer Linkskurve in den Steigflug. Wir kreisen einmal über Tuktoyaktuk, sehen hinunter auf die Schotterpiste des Flugplatzes, auf die Buckel der Pingos, dann nehmen wir Kurs Nordnordwest. Nach zwanzig Minuten kommen erste Eisberge in Sicht, bleiben zurück. Überall stehen Inselchen in der Weite des Meeres, größere, kleinere, aber keine, auf der 5000 Rentiere leben könnten. Peter scheint meine Gedanken zu erraten.
»Es dauert noch eine Weile«, sagt er und deutet nach unten. »Da liegt Sachs Harbour. Ein guter Platz, um zu jagen oder zu fischen. Es kommen jetzt manchmal auch schon Fremde her. Aber den meisten ist es nicht komfortabel genug. Letztes Jahr habe ich einen New Yorker getroffen. Der war böse, weil sein Zimmer in der Lodge keine Klimaanlage hatte und es ihm zu warm war. Der sollte mal im November kommen, der Spinner.«
Schweigend fliegen wir weiter, und Peter Hürlibrot überläßt mir für kurze Zeit das Steuer. Er geht währenddessen nach hinten zu Silece, der seine Webbley putzt. Ich höre, wie sich die beiden unterhalten, kann aber nicht verstehen, was sie sagen. Peter kommt zurück, setzt sich wieder auf den Pilotensitz, übernimmt. »Ich habe Silece gebeten, nachher anständig zu schießen«, sagt er.

»Wieso, als ich mit ihm auf Waljagd war, hat er ganz vorzüglich geschossen.«
»Mag sein, aber ein Wal ist kein Ren. Die Leute hier halten nichts von einem soliden Blattschuß. Die knallen einfach drauf, bis das Tier fällt. Und dann geben sie einen Gnadenschuß. Man darf hier keine europäischen Maßstäbe anlegen. Hier wird nicht gejagt, um der Jagd willen, sondern ausschließlich zur Nahrungsbeschaffung. Und dabei ist es ziemlich egal, wohin das Tier getroffen wird, Hauptsache, es fällt.«

Und dann haben wir die Rentierinsel erreicht, kreisen über ihr. Sie ist riesig. »Fast so groß wie der Bodensee«, sagt Peter und drückt die Nase der Turbobeaver nach unten.
Er legt eine glatte Landung hin, steuert die Maschine ans Ufer und Silece öffnet die Kabinentür. Er klettert hinaus auf einen der Schwimmer, wartet, bis dieser auf Grund läuft, und springt dann an Land. Vorne an beiden Schwimmern sind Ringe verschraubt, an denen das Flugzeug mit Seilen festgemacht wird. Silece schlägt mit einer Handaxt zwei lange Eisenhäringe in den Boden, vertäut die Maschine. Jetzt gehen auch Peter und ich an Land. Silece klettert noch einmal in die Maschine zurück, reicht uns sein Gewehr und Proviant heraus, sowie eine Zeltrolle, die Schlafsäcke, eine gußeiserne Pfanne und einen Grillrost. Dann machen wir uns auf den Weg.
Aus der Luft haben wir gesehen, daß die Herde versprengt ist. Ganz in unserer Nähe muß, wenn der Propellerlärm es nicht vertrieben hat, ein Rudel Tiere sein. Silce marschiert gegen den Wind los. In seinem Rucksack hat er die schwere Pfanne, die Axt und ein Walmesser verstaut, sein Gewehr hält er lässig in der linken Hand. Peter und ich nehmen die übrigen Sachen und folgen ihm. Nach etwa einer Stunde, wir haben mehrere kleine Hügel überklettert und ich bin trotz der kühlen Temperatur von kaum 10 Grad ganz schön ins Schwitzen gekommen, sehen wir die ersten Tiere. Da wir weit jenseits der Baumgrenze sind,

gibt es außer Erd- und Grashügeln nichts, wohinter wir Dekkung suchen können. Aber die Tiere scheinen keine Angst zu haben, sie bleiben einfach stehen, äugen zu uns herüber.
Silece geht jetzt langsamer. Mit der rechten Hand greift er in eine Seitentasche seiner Parka, holt eine Patrone heraus, lädt die 30-06.
Immer noch bewegen sich die Tiere kaum. Sie stehen einfach da, äsen, wittern zu uns herüber. Hin und wieder schüttelt eines den Kopf mit dem Stangengeweih. Als wir bis auf etwa 40 Meter herangekommen sind, werden die Tiere doch unruhig. Sie werfen die Köpfe zurück, schnauben, stampfen auf, jagen in hohen Fluchten kurze Strecken davon, bleiben dann wieder stehen. Silece nimmt das Gewehr hoch und auch wir halten inne.
Der Eskimo zielt ziemlich lange, bis er endlich schießt. Es gelingt ihm ein perfekter Treffer ins Blatt des vordersten Rens. Wie vom Blitz getroffen bricht es zusammen.
Ich hatte erwartet, daß die anderen Tiere kopflos davonstürmen würden. Das ist nicht der Fall. Eines von ihnen nähert sich dem getroffenen Tier, stößt es mit der Schnauze an, beschnuppert es. Silece lädt nach, zielt und schießt erneut. Auch das zweite Tier bleibt im Feuer. Jetzt endlich flüchten die anderen.
Peter und Silece machen sich an die blutige Arbeit des Aufbrechens, während ich auf Peters Geheiß Steine zusammensuche und sie zu einer Feuerstelle auslege. Dann überlege ich, womit wir hier ein Feuer entfachen sollen. Holz gibt es ja keines.
Silece, er hat längst wieder einen frischen Kaugummi im Mund, grinst mich an, deutet auf Rentierdung und trockene Grasbüschel. Ich beschränke mich darauf, die Grasbüschel zu sammeln.
Hinter einem nahen Hügel gibt es ein Bächlein, Peter und Silece gehen sich waschen. Als sie zurückkommen, trägt Silece in einer großen Plastiktüte jede Menge Rentierdung. Zusammen mit etwas Gras verteilt er ihn in der Feuerstelle, zündet das Gras an. Es brennt fast rauchlos. Peter legt den Grillrost

über die Steine, stellt die Gußeisenpfanne darüber. Aus seinem Rucksack bringt Silece ein Stück Fett zum Vorschein, wirft es in die Pfanne, wo es zischend schmilzt. Dann legt Silece die frischen Nieren der beiden erlegten Tiere in die Pfanne. Es riecht nach Urin. Aber da der Eskimo den Rentierdung wahrscheinlich auch noch gesammelt hat, nachdem er sich die Hände gewaschen hatte, macht das auch nichts mehr aus.
Schon nach kurzer Zeit sind die Nieren gar. Sie werden in der Pfanne gesalzen und gepfeffert und Peter reicht mir ein Boramesser. Wir schneiden uns mundgerechte Stücke, spießen sie auf und essen. Ich habe selten etwas Köstlicheres gegessen als frische Rentiernieren.
Nach dem Essen machen wir uns daran, die Kadaver zum Flugzeug zu schaffen. Während Silece die Läufe des einen Ren zusammenbindet und es sich dann auf die Schultern wuchtet – seine Parka wird dabei reichlich mit Blut verschmiert –, überlegen Peter und ich, wie wir wohl das andere Ren transportieren. Peter ist einen Kopf kleiner als Silece und relativ schmächtig. Grinsend sieht er mich an.
»Na, was ist, hast du keine Lust, es Silece nachzumachen?«
Ich habe nicht. Und das nicht nur, weil ich mir meine Kleider nicht beschmutzen will. »Vermutlich breche ich nach zehn Metern zusammen«, sage ich.
»Dann müssen wir Silece mindestens zwei Flaschen Wodka stiften, damit er uns hilft«, antwortet Peter.
Wir gehen dem Eskimo nach, holen ihn noch vor dem Anlegeplatz des Flugzeuges ein. Er handelt uns auf vier Flaschen Wodka hoch. Während er zurückgeht, verstauen Peter und ich den Kadaver des ersten Tieres im Flugzeug. Den Wodka hätte ich mir sparen können. Ich sehe hinterher aus wie frisch aus dem Schlachthof. Das Tier hat einen eigenartig strengen Geruch und als das Blut auf meiner Parka getrocknet ist, riecht es süßlich und nach Aas.
Im Norden kommen Wolken auf, und Peter drängt zur Eile.

»Bei schlechtem Wetter müssen wir hierbleiben«, sagt er, »und ich habe keine Lust, auf dieser ungeschützten Insel Regen und Sturm mitzumachen.«
Als Silece endlich zurück und auch das zweite Tier verladen ist, macht Peter die Maschine startklar, dreht sie in den Wind und gibt Gas. Er absolviert einen gewohnt gekonnten Start und trotz der herannahenden Wolken ist er bereit, noch eine Abschiedsrunde über der Insel zu drehen, um mir die Herde noch einmal aus der Luft zu zeigen. Es ist faszinierend, größere Tierverbände von oben zu beobachten, das Heer der über tausend Rücken, der zahllosen Geweihenden.
»Ich hab die Herde mal zusammen gesehen, alle 5000 Stück auf einem Haufen. Du glaubst nicht, wie das aussieht«, sagt Peter und geht auf Heimatkurs. Ich drehe mich um, blicke in die Kabine. Silece hockt auf einem heruntergeklappten Segeltuchsitz, zermalmt seinen Kaugummi und putzt sein Gewehr. Er muß meinen Blick gespürt haben, denn plötzlich sieht er auf, spreizt vier Finger und hält sie hoch. »Wodka«, schreit er mir durch den Motorenlärm zu, und dann will er sich ausschütten vor Lachen.
Die Wetterfront hinter uns bleibt zurück. Eine Stunde später landen wir in Tuktoyaktuk.

Smokehouse Stories

Laut Kalender bin ich jetzt zwei Monate im Norden. Kalender sind unbestechlich, also stimmt es. Dennoch erscheint mir die Zeitspanne, die ich im Schein einer nicht untergehenden Sonne verbracht habe, wesentlich länger. Es mag daran liegen, daß ich mich angepaßt habe, wenngleich, integriert bin ich noch lange nicht. Das wäre auch nach zwei Jahren nicht der Fall. Nicht bei Eskimos. Die akzeptieren vielleicht. Integrieren tun sie den Weißen nie. Immerhin, nach zwei Monaten steht mir heute eine Nacht bevor, wie sie nur wenige Weiße erleben, das hat mir Silece versprochen. Er will mich ins Smokehouse mitnehmen.
Es hat zahllose Zigaretten gekostet und endlose Palaver, Wodka in Mengen, wieder Palaver, Whisky, frische Zigaretten, noch mehr Wodkaflaschen. Und natürlich Zeit. Zeit, die hier jeder hat und die doch so knapp ist. Weil der Wind plötzlich umschlagen kann, und der Wal bläst. Weil schwefelgelber Nebel mit einem Mal aus den Tiefen des Eismeeres steigen, alles einhüllen und die Menschen zu Untätigkeit und Hunger verdammen kann. Weil die Natur Überraschungen bereit hält, denen die Winzigkeit Mensch sich unterzuordnen hat.
Jede Nacht sitzen die Alten im Smokehouse, rauchen, trinken, erzählen. Das Smokehouse entspricht der europäischen Dorflinde. Im Gegensatz zu mitteleuropäischen Verhältnissen funktioniert diese Einrichtung auf 67 Grad nördlicher Breite noch. Die Menschen dort können miteinander reden, sich Geschichten erzählen, trotz Fernsehgerät in fast jeder Hütte.

Silece ist mein Dolmetscher. Er spricht ein schauerliches Englisch, durchsetzt mit herrlich akzentuierten Brocken von Schwyzerdütsch, das er in langen Nächten von seinem Nachbarn gelernt hat. Silece ist stolz auf seine Dolmetscherfunktion. Außerdem ist sie einträglich, denn ich habe ihm eine Flasche Whisky dafür versprochen. (Das ist übrigens etwas außerhalb der Legalität, denn die Regierung hat ein Gesetz erlassen, das Eskimos den Genuß von Alkohol verbietet. Es hält sich nur niemand daran.) Außerdem würde Silece jeden Dollar Honorar sofort in Alkohol umsetzen. Da ist es ihm lieber, wenn ich gleich mit Hochprozentigem bezahle, spart er so doch die Provision, die er unweigerlich zu bezahlen hätte, wenn er einen weißen Einheimischen darum bitten müßte, ihm aus dem staatlich lizenzierten Spirituosenladen Alkohol zu besorgen.
Ich habe mich mit Silece vor seinem Haus verabredet. Es ist 20 Uhr und die Sonne hängt wie ein lohender Ball drei Fuß über dem Horizont. In einer Stunde wird sie untergehen. Nicht tief genug, um es wirklich dunkel werden zu lassen. Aber doch so weit, daß man die Farbschleier des einen oder anderen Nordlichtes sehen kann.
Schotter von der Eismeerküste knirscht unter den Profilsohlen meiner Bergschuhe, als ich über die Dorfstraße gehe, vorbei an dem Eskimofriedhof, auf dem Papierblumen die Gräber schmücken. Silece wohnt gleich links hinter der auf Land gesetzten Schaluppe »Our good Lady of Lourdes«, mit der vor knapp 110 Jahren der erste Priester nach Tuktoyjaktuk kam. Silences Haus steht, wie die 25 anderen, die es hier gibt, auf Pfählen.
Als ich um die Ecke biege, sehe ich Silece auf der kurzen Holztreppe vor der Eingangstür sitzen. Er fummelt sich seine Wollsocken zurecht, stülpt Gummistiefel über. Sein breites, braunes Gesicht mit den unergründlichen schwarzen Augen verzieht sich zu einem Lächeln, als er mich sieht. Ich weiß nicht genau, ob das Lächeln meiner Person gilt oder der schweren

Jagdtasche, die ich umgehängt habe und in welcher sich eine Flasche Whisky und zwei Flaschen Wodka sowie mehrere Schachteln Zigaretten befinden. Silece rückt ein Stückchen zur Seite und lädt mich mit einer Handbewegung ein, neben ihm Platz zu nehmen. In seinem linken Mundwinkel hängt eine Zigarettenkippe. Sie ist knapp daumennagellang und erloschen. Ich setze mich und das Glas der Flaschen klirrt aneinander. Silece deutet auf die Tasche, macht die Bewegung des Trinkens. Er will einen Vorschuß. Vermutlich wird er beleidigt sein, wenn ich ablehne. Andererseits fürchte ich um die Artikulationsfähigkeit seiner Zunge, wenn ich nachgebe. Einen Taschenflakon müßte man haben, irgend ein kleines Fläschen, das er gefahrlos ex trinken kann. Er scheint meine Gedanken zu erraten.
»Nur ein Schluck, Gerry«, sagt er, aber die Spanne, die er dabei mit Daumen und Zeigefinger andeutet, ist gut ein Seidel groß. Offenbar mache ich ein ziemlich skeptisches Gesicht, denn plötzlich lacht Silece auf, wuchtet seinen massigen Körper hoch und verschwindet im Haus, nicht, ohne sich vorher die Gummistiefel ausgezogen zu haben. Als er nach zwei Minuten wiederkommt, begleitet von seiner Tochter Mary, hält er in jeder Hand zwei Aluminiumtassen. Die Tassen sind alt, zerbeult und angeschlagen, aber sauber. Silece läßt sich schwer auf die oberste Treppenstufe fallen, stellt die Tassen zwischen uns.
Seine Tochter nimmt auf der untersten Stufe der Treppe Platz, beobachtet mich gespannt. Sie hat ein großflächiges pausbäckiges Jungmädchengesicht, pechschwarze, ölige Haare, die ihr weit über den Rücken reichen. Sie trägt eine weiße, bestickte Bluse, die so eng ist, daß sie mehr von Marys üppigem Körper preisgibt, als sie verbirgt. Im Blusenausschnitt ist der Ansatz eines lachsfarbenen Büstenhalters zu sehen, dessen Schalen überquellen. Wie es Mary gelungen ist, in ihre Jeans zu kommen, wird ihr Geheimnis bleiben.
Silece lächelt mich aufmunternd an. Und wieder ist dieses

Lächeln nicht zu deuten. Gilt es seinem Vorschlag oder ist es als Aufforderung gemeint, mit seiner Tochter zu flirten. Irritiert verschanze ich mich hinter dem Whisky und gieße brav alle vier Becher halbvoll. Mary greift grinsend nach einer der Aluminiumtassen, ich nach der zweiten, Silece trinkt beidhändig.

»An guede«, sagte er, wie er das von seinem Schweizer Nachbarn gelernt hat. Wir trinken und der Kings Scotch, Hausmarke der Hudson Bay Company, rinnt mir brennend die Speiseröhre hinunter. Die Sonne hat mit ihrem unteren Rand den Horizont erreicht und die vier Pingos vor dem Dorf sehen wie nachtmahrhafte, riesige Maulwurfshügel aus.

Aus dem Norden bläst gleichmäßig ein kühler Wind, hält die Moskitos fern. Silece trinkt den zweiten Becher leer, schmatzt dabei, wischt sich die Lippen und blickt begehrlich auf meine Jagdtasche. Ich schüttle den Kopf, und Mary lacht. Ihr ganzer Körper hüpft dabei und unter dem dünnen Stoff der Bluse bebt ihr gewaltiger Busen.

»Okay«, sagt Silece, schlürft die letzten Tropfen aus seinen beiden Tassen, steht auf. »Gehen wir.«

»Bye, bye«, sagt Mary und tritt über die Treppe ins Haus zurück, während wir Männer uns Zigaretten anzünden und Silece dabei den Himmel betrachtet.

»Morgen wird es schön«, verkündet er und deutet nach Norden. »Gutes Walwetter.«

Huskies veranstalten ein ungeheures Gekläff, als wir um das Haus herum in Richtung Strand gehen. Es sind fast zwei Dutzend Hunde, an kurzen Stricken soweit voneinander angepflockt, daß sie nicht übereinander herfallen können. Silece würdigt sie keines Blickes, nur als einer der Hunde ihm zu nahe kommt, scheucht er ihn mit einem kräftigen Fußtritt. Aufjaulend jagt der Huskie davon, wird von dem Strick zurückgerissen, überschlägt sich und Silece lacht. Immer wieder habe ich mich im Norden darüber gewundert, wie roh und

brutal (in unseren Augen) die Eskimos ihre Schlittenhunde behandeln.
Wir erreichen den Strand und wandern ihn entlang. Silece schreitet kräftig aus. Er will möglichst schnell ins Smokehouse, denn dort kreisen Whisky- und Wodkaflaschen, und er will etwas trinken.
Die Sonne ist inzwischen untergegangen. Unwirkliches Licht herrscht. Wie zwei gigantische, dunkel-drohende Rechtecke erheben sich die vier, perspektivisch gegeneinander verschobenen Antennenspiegel der amerikanischen DEW-Line-Station über den Horizont. Grauschimmernd dazwischen die gewaltige Kugel aus Plastikteilen, unter der Elektronik für mehrere Millionen Dollar verborgen ist. Die drei langgestreckten Baracken daneben werden im Halbjahresturnus von den jeweiligen Besatzungen der DEW-Line-Station bewohnt. Kommandierender Offizier ist derzeit ein Philipp Elwood. Seinen Rang wollte er mir nicht verraten, weil alles, was mit dem Frühwarnradargürtel zusammenhängt, streng geheim ist. Ich bin nicht einmal sicher, ob sein Name stimmt.
Silece bleibt plötzlich stehen und sucht in den Taschen seiner Hose nach Zigaretten. Er findet eine völlig zerknautschte Schachtel und bietet mir ein Stäbchen an. Die Zigaretten sind so zerdrückt, daß der Tabak an beiden Enden herausrieselt. Ich gebe Feuer und warte darauf, daß Silece weitergeht, aber er hat anscheinend keine Lust. Er setzt sich vielmehr auf einen Stamm Treibholz, den die Fluten des Mackenzie ins Eismeer gespült haben, und der hier gelandet ist, und raucht in Ruhe auf. Es wird dunkler. Der Himmel nimmt eine mattschwarze Tönung an und die leicht gekräuselte Meeresoberfläche ist ölig dunkel. Leise plätschern Wellen über die Kiesel.
»Der Winter wird in diesem Jahr früh kommen«, sagt Silece. »Und dann schlägt das Eis große Erdbrocken aus dem Ufer. Letztes Jahr haben wir zehn Meter Land verloren.« Er schnippt seine Kippe ins Meer, steht auf und läuft weiter.

Und dann kann ich das Smokehouse riechen. Der Rauch aus Treibholz und Gras legt sich eigenartig ätzend auf die Schleimhäute, nimmt mir den Atem. Gegen den hellgrauen Horizont erkenne ich das Stangengeviert und die Streifen von Walfell, die über den Querstöcken hängen. Im Rauch und der trockenen, fast keimfreien Luft des Nordens werden die Streifen zu Maktak fermentieren. Dann sehen sie aus wie reifer Gorgonzola und so ähnlich schmecken sie auch. Dr. Schwarz hat mir gesagt, daß die Haut des Walfisches alle Vitamine enthält, die ein Mensch zum Leben braucht. Solange die Eskimos hier ihr Maktak haben, leiden sie keine Not.

Wir erreichen das Smokehouse und Silece schiebt mich in den Kreis schweigender Männer, die einfach nur da sitzen und mich unter hängenden Lidern hervor mustern. Sie tun es auf eine unauffällige, aber gründliche Art und obwohl sicherlich jeder von ihnen den fremden Weißen, der in ihr Dorf gekommen ist, schon mehrmals gesehen hat, habe ich den Eindruck, als wären ihre Blicke jetzt besonders prüfend. Aus der Jagdtasche nehme ich Zigaretten, biete sie an. Die Schachtel wandert den Kreis der Männer entlang, kommt dann, leer bis auf drei Stäbchen, zu mir zurück. Alte, amerikanische Armeefeuerzeuge flammen auf und ich wende mich zu Silece, um mir einen Platz zuweisen zu lassen. Mein Dolmetscher deutet auf einen dicken Klotz Treibholz und ich lasse mich auf den harten Sitz fallen. Ein Blick in die Runde: Die Gesichter um mich her sind bleich, ausdruckslos und flächig wie die Totenmaske Agamemnons. Noch schweigen die Männer, rauchen, starren. Die Ankunft von Silece und mir hat ihre Gespräche unterbrochen. Aber bald werden sie den Faden wieder aufnehmen. Silece hat sich an meine Seite gesetzt, dahin, wo die Jagdtasche mit den Schnapsflaschen liegt.

Ein Eskimohalbblut von schwer schätzbarem Alter steht auf, tritt zu einem Haufen heller Äste, die wie ein bleicher Knochenstapel da liegen, bricht ein paar von ihnen klein und wirft

Oben: In solchen Häusern – sie werden während der Wintermonate mit Trucks aus dem Süden über das Eis gefahren – leben die Techniker auf den Stockpiles.

Unten: Während der Sommermonate transportieren Hubschrauber die Arbeitsmaterialien zwischen Basis-Stockpile und Außenstellen, an denen Versuchsbohrungen niedergebracht werden.

Nächste Seite: Seit 410 Tagen wurde auf den Farewell Stockpile bereits ohne Arbeitsunfall gearbeitet. Die Männer feierten diese Zahl als Rekord.

OKANAGAN

FAREWELL
410 DAYS
WITHOUT A
LOST TIME ACCIDENT
SHELL CANADA LIMITED
FAREWELL STOCKPILE
ELEV. 51.46′
LAT. 69°12′30″N
LONG. 135°06′04″W

Vorhergehende Seite oben: Ein indianischer Outfitter schlägt einen erlegten Schwarzbären aus der Decke.

Vorhergehende Seite unten: Wer über die Gravelroad des Mackenziehighways nach Norden fährt, stößt immer wieder auf grandiose Naturschauspiele. Hier stürzen die Wasser des Mackenzie die Alberta-Falls hinunter.

Oben: Der Strand einer Eskimosiedlung auf Baffin-Island. Obwohl mitten im Hochsommer, bedeckt Treibeis die Oberfläche des Arktischen Ozeans.

Unten: Eine Eskimosippe vor ihrem Haus auf Barren-Grounds.
Im Hintergrund links das Gebäude der Royal Canadian Mounted Police Station.

sie in das Feuer. Dann streut er etwas Gras darüber. Einige kleine gelbe Flammen huschen schnellzüngelnd auf, lecken über das Gras und dicker Rauch quillt auf, wird vom Wind spiralenförmig nach oben gedreht und fächert sich etwa einen Meter über dem Boden zu einer breiten Schwade.
Etwa zwei Meter von mir entfernt sitzt ein steinalter Eskimo gegen den Wurzelstock eines Baumes gelehnt. Seine Parka ist von undefinierbarer Farbe, die Kapuze mit Wolfpelz eingefaßt. Unzählige Runzeln durchziehen das Gesicht des Mannes. Er ist der einzige, der offen eine Flasche Wodka neben sich stehen hat. Von Zeit zu Zeit nimmt er einen langen Schluck.
Die Nacht, die so recht noch keine ist und an deren samtener Robe ein grün fluoreszierendes Nordlicht flackert, ist still. Nur von rechts plätschern sanfte Wellen über den Schotterstrand. Irgendwo zwischen den abgelegenen Hütten einsames Huskiegeheul. Nach und nach setzen die Stimmen der Eskimos um mich her wieder ein, werden lauter. Es ist ein merkwürdiger Singsang. Ich lausche fasziniert und versuche, mich von den Stimmen einfangen zu lassen. Es gelingt überraschend schnell.
Das Nordlicht leuchtet jetzt stärker, haucht einen grünlichen Schimmer auf die Gesichter der Eskimos. Unter breiten, platten Nasen sind fast ausschließlich zahnlose Münder zu sehen, Lippen, die unverständliche Worte formen, sich spitzen, um an Zigaretten zu ziehen oder sich um Flaschenhälse legen.
Jemand stößt mich von links an, ich schrecke auf, nehme eine Flasche entgegen, trinke, und der scharfe Fusel treibt mir Tränen in die Augen. Nach Luft ringend, reiche ich die Flasche an Silece weiter. Er gurgelt mit dem Schnaps, grinst, stößt mich an und deutet auf meine Jagdtasche. Ich nicke, drehe den Schraubverschluß einer Literflasche Stolytschnaja auf, nehme einen Schluck und schicke die Flasche auf die Reise. Sie schafft nicht einmal die halbe Runde. Also lasse ich die zweite Flasche entgegengesetzt beginnen. Und dann opfere ich auch noch

Sileces Dolmetscherhonorar und eine weitere Schachtel Zigaretten.
Der Alte, der gegen den Wurzelstock gelehnt sitzt, hat aus seiner Parka eine zweite Flasche Wodka geholt, sie fast ausgetrunken. Sein Kopf ist nach hinten gegen den Stamm gesunken, sein Mund halb geöffnet. Aus seinen blicklosen schwarzen Augen rinnen Tränen, hinterlassen hellglänzende Bahnen auf seinen Jochbeinen, tropfen von den Kiefern in den Pelzbesatz der Parka. Es sind viele Tränen und der Alte weint sie lautlos. Ich stoße Silece an, will ihn fragen, aber er bedeutet mir, zu schweigen.
Die Nacht eilt durch das Smokehouse. An den Stangen über dem Feuer schrumpelt Walfleisch zu Maktak, Flaschen machen die Runde und meine Zigaretten werden immer weniger. Dann verblaßt das Zackenband des Nordlichts. Grünbläulich wird der Himmel hell und hinter den Radarreflektoren der DEW-Line-Station windet sich die Sonne lichtsprühend aus ihrem Bett.
Plötzlich springen alle auf, laufen durcheinander. Auch der Alte vom Wurzelstock erhebt sich. Ihm ist nicht anzumerken, daß er mindestens zwei Liter Wodka in sich hineingeschüttet hat. Der Wind, der jetzt frisch und kräftig vom Meer her bläst, trocknet seine Tränen zu hellen Salzbahnen. Der Alte schließt seine Parka über der Brust, schiebt die Hände in die Ärmel, geht steifbeinig davon. Ich sehe ihm nach, wie er breit in den scheunentorgroßen Sonnenball hineinschreitet.
Silece hat nicht ein Wort übersetzt. Und ich habe es nicht einmal bemerkt.
»Komm zu mir, ich erzähl dir, was gesprochen wurde«, sagt er und rappelt sich auf. »Aber erst nach der Jagd«, fügt er hinzu, dann trabt er neben mir zurück ins Dorf.
Ich bin hundemüde und vom langen Sitzen tut mir der Rücken weh, die Gelenke sind kalt, schmerzen beim Gehen. Neben dem Friedhof verabschiedet sich Silece, er will jetzt auf See,

den Beluga jagen, den weißen Wal der Eskimos. Ob ich Lust habe, mitzukommen, erkundigt er sich. O ja, ich hätte schon, aber ich bin einfach zu müde.
Von rechts, wo hinter einer niedrigen Landzunge die Kanus der Eskimos halbwegs windgeschützt vertäut liegen, beginnen die ersten Außenbordmotoren zu knattern. Ich stapfe weiter zu der klein, aber trotzig daliegenden Blockhauslodge des Dr. Herbert Schwarz. Dort wartet jetzt ein Frühstück auf mich. Linda, die Mittdreißigerin aus Arkansas und Mutter einer unehelichen Tochter, die dem Doktor den Haushalt führt, hat bereits Kaffee gekocht. Er duftet bis zu mir herüber. Auch der köstliche Duft des frischen Breakfastcakes dringt durch die geöffnete Tür.
Als ich mich noch einmal umdrehe und zu den auslaufenden Booten hinuntersehe, kommt Silece den Strand entlang. In der linken Hand trägt er ein altes Gewehr, in der rechten zwei Harpunenstangen. Er winkt mir zu, wirft die Harpunenstangen ins Kanu. Ein weiterer Eskimo, der neben dem Boot gewartet hat, schiebt das Kanu den Strand hinunter ins Wasser und Silece steigt ein.
»Waidmannsheil«, rufe ich, und die beiden winken noch einmal zu mir herauf, dann zieht der zweite Eskimo die Reißleine des Außenbordmotors und, in eine blaue Abgaswolke gehüllt, beginnt der Evinrude zu knattern. Mit aufschäumender Bugwelle nimmt das Kanu Kurs hinaus in die Endlosigkeit des Eismeeres, dahin, wo die Wale sind.
Tage später hat Silece sein Versprechen wahr gemacht und mir die Geschichten erzählt, die im Smokehouse die Runde machten. Geschichten, die einer der Eskimos zu erzählen begann, plötzlich abbrach und die von seinem Nebenmann aufgenommen und weiter erzählt wurden. So lange, bis auch dieser abbrach und ein anderer mit Erzählen fortfuhr. Es waren schöne Geschichten, wilde, grausame, traurige, einsame. Und wahre. Denn die Eskimos kennen die Lüge nicht. Noch nicht.

Bald wird eine Pipeline durch ihr Land gebaut werden, und die Glücksritter aus dem Süden, die für schnelles Geld sich abzuquälen bereit sind, werden sie die Lüge lehren. Vielleicht wird es dann die wundersamen Geschichten des Smokehouses nicht mehr geben. Oder vielleicht doch, und Silece wird sie anderen Weißen erzählen. Für mehr, als nur eine Flasche Whisky. Aber ganz sicher wird er sie nicht mehr so lang, so genau, so ehrlich erzählen. Und wer weiß, ob die Glücksritter aus dem Süden ihm überhaupt zuhören werden, wenn sie nach ihren Achtstundenschichten am Rohrwurm der Pipeline ins Dorf kommen.

Der Alte, der seinen Stammplatz auf dem Wurzelstock im Smokehouse hat, müßte nach menschlichem Ermessen längst tot sein. Seit zwei Jahren sitzt er da und säuft jede Nacht mindestens zwei Liter Hochprozentiges. Er sitzt und säuft und raucht und schweigt. Und nach Mitternacht, nach der ersten Flasche, werden seine stumpfen Kohlenaugen plötzlich feucht und glänzend, beginnen zu tränen. Dann weint er lautlos und ohne zu schluchzen. Die salznassen Bahnen, die sich über sein Gesicht ziehen, sind der einzige sichtbare Beweis seiner Trauer und seiner Verzweiflung. Denn der Alte hat seine Seele verloren. Sie ist irgendwo unter meterdickem Eis verschollen, in der endlosen Polarnacht verweht, auf der Jagd geblieben.
Dabei hatte alles so gut begonnen. So, wie es immer beginnt, wenn ein Großvater seinen Enkel erzieht. Bei den Eskimos der kanadischen North West Territories erziehen die Großväter die Kinder ihrer Söhne. Weil die Söhne keine Zeit haben, den Familienunterhalt bestreiten müssen. Und weil die Großväter viel mehr Erfahrung haben als die Väter. Weil sie weiser und geduldiger sind, sich bei der Erziehung noch einmal nützlich machen können.
Mehrere Jahre lang hatte der Alte seinem Enkel alles beigebracht, was ein Eskimo wissen muß, um in der eisigen, uner-

bittlichen Weite des Nordens zu überleben. Der Enkel wußte, wie man einen Iglu baut, wie man sich zurechtfindet im Gewirr der Eisblöcke, wie man ein Huskiegespann lenkt und wie man jagt. Großvater hatte ihm Respekt beigebracht vor dem fürchterlichen weißen Riesen, dem Polarbären. Und Ehrfurcht vor dem Vater im Wasser, dem Belugawal. Für den Enkel war es eine Selbstverständlichkeit, dem abgetrennten Kopf des harpunierten Belugas drei Hände voll Wasser ins Maul zu schütten, denn dann wuchs für den erlegten ein neuer Wal heran.

Und natürlich hatte der Alte seinen Enkel den Umgang mit der Harpune gelehrt und den mit dem Walmesser. Der Enkel war ein Meister mit der Harpune geworden. Fast ohne Ansatz schleuderte er sie mit dem linken Arm und an Land hatte er sein Ziel während der letzten hundert Würfe nie verfehlt. Das Ziel war – zehn Meter entfernt – eine zerbeulte Coladose gewesen.

Nun war es Zeit, den Enkel mit auf die Jagd zu nehmen. Er sollte zum Mann werden. Sorgfältig hatte der Alte die Harpunen nachgesehen, das Seilwerk geprüft, ebenso wie Spitze und Schneide der Walmesser. Alles war in Ordnung, und so war denn für den Enkel die Zeit gekommen, zum Mann zu werden.

An irgendeinem Tag im Februar machten sich Großvater und Enkel auf den Weg über das Eis. Die nur wenige Stunden währende grauschwadige Dämmerung, die zu dieser Jahreszeit den Tag markiert, reichte den Eskimos, um ihre Spur zu finden. Mit einem Skidoo fuhren sie durch das Gewirr der Eisblöcke. Festes Land lag weit hinter ihnen, als die Schollen so dicht, so zackig und wirr standen, daß es für den Skidoo kein Hindurch mehr gab. Also ließen die beiden ihr Gefährt zurück, nahmen ihre Ausrüstung auf und kämpften sich gegen einen schneidenden, böigen Wind über Schründe und Eisgebirge. Dann hatten sie jene Stelle erreicht, an welcher der Großvater Tage zuvor sorgfältig ein Loch ins Eis gehackt hatte. Natürlich war das

Loch längst wieder zugefroren, aber die Eisschicht war noch nicht wieder so dick wie ringsum.
Gemeinsam hackten sie das Loch frei, und der Enkel suchte sich einen guten, windgeschützten Platz, an dem er sich hinsetzen und warten konnte. Warten auf Beute für seine Harpune. Noch einmal überzeugte sich der Alte, daß alles in Ordnung, das Seil mit der Harpunenspitze und mit dem linken Oberarm des Enkels verbunden war. Dann ließ er den Enkel allein. Ein Eskimo muß allein sein, wenn er sein erstes Wild jagt, wenn er zum Mann wird.
Etwa hundert Meter weit kletterte der Alte über das Eis, bis er sein eigenes Fangloch erreicht hatte. Er hackte es frei, prüfte den Wind, suchte sich einen standfesten Platz und verharrte dann in Bewegungslosigkeit. Unter seiner Parka war es angenehm warm und eine gleichmäßige Ruhe überkam ihn.
Auch der Enkel stand ruhig, fast teilnahmslos neben seinem Eisloch, wartete. Aber natürlich war er innerlich erregt, gespannt, hoffte auf die Blasenspur eines atmenden Wesens im Wasser. Dunkelgrünschwarz schwappte der Spiegel des Eismeeres in dem Loch vor ihm, schmolz die winzigen Eiskristalle, die der schneidende Wind aufstieben ließ. Die Minuten begannen sich zu dehnen und Zeit wurde unwirklich für den Enkel. Bis plötzlich winzige Bläschen an die Oberfläche perlten und zersprangen.
Der Harpunenarm des Enkels hob sich und er streckte die rechte Hand aus, um die zusammengerollten Seilschlingen besser ablaufen zu lassen. Und dann durchstieß ein mächtiger Schädel prustend die Wasseroberfläche und die Harpune flog und traf ihr Ziel. Fauchend, schnaubend und spritzend tauchte der Schädel und mit ihm verschwand der Harpunenstock und rasend rollte sich das Seil auf, spannte sich mit einem gewaltigen Ruck, riß dem Enkel beinahe den Fäustling von der rechten Hand.
Der Junge wurde nach vorne gerissen, und die Riemenschlinge

am Ende des Harpunenseiles schnitt schmerzhaft in seinen Oberarm. Was da in die Tiefe zu entkommen trachtete, war kein Seal, dem die Kräfte des Enkels ohne weiteres gewachsen gewesen wären. Hier kämpfte ein Walroß um sein Leben. Wild stemmte der Junge seine Fellstiefel ins Eis, versuchte, seinen Körper so zu verkeilen, daß es für das Walroß kein Entrinnen mehr gab. Aber der gewaltige Fleischkoloß unter dem Eis ließ dem Jungen nicht die Zeit, sich einzustemmen. Er riß mit Urgewalt an der Leine, wollte tiefer und tiefer, den brennenden peinigenden Haken im Fleisch loswerden. Und so kämpfte er.

Mit einem trockenen Knall brach der Eiszacken, hinter dem der rechte Fuß des Enkels Halt gesucht hatte. Der Junge verlor das Gleichgewicht, kippte nach vorn. Ein fauchender Windstoß riß ihm den Schrei von den Lippen, und dann umfaßte ihn die eisige Klammer des Wassers bis zum Hals. Vergeblich versuchten seine Fausthandschuhe den Rand des Eislochs zu halten. Noch einmal schwappte Wasser über. Luftblasen zerplatzten. Dann wurde die Wasseroberfläche ruhig. Der Wind häufte Schneekristalle über die nassen Stellen, und schon bald unterschieden sie sich durch nichts mehr von ihrer Umgebung.

In die behagliche Wärme seiner Parka gehüllt, ließ der Alte den grimmigen Wind an sich abprallen. Unter halbgesenkten Lidern hervor sah er auf die düsteren Fluten, die am Rand seines Fangloches gurgelten, kleine Luftblasen heranspülten. Der Alte griff die Harpune fester, winkelte den Arm. Und dann erkannte er an der Tönung des Wassers den Tierkörper. Gedankenschnell stieß sein Arm herab und die scharfe Stahlspitze rammte sich tief ins Fleisch der Beute.

Der Alte war ein erfahrener Jäger. Er hatte seiner Beute keine Zeit gelassen aufzutauchen und nach Luft zu schnappen. Das würde sein Opfer Kraft kosten. Eisern hielten seine Hände das Harpunenseil, ließen es sich nur mühsam, Zentimeter um Zentimeter durch die Handschuhe winden, holten es sofort wieder

ein, als die Beute zum Eisloch zurückkam, um lebensrettende Luft zu schnappen. Und da wartete der Alte mit dem gezückten Walmesser. Schnell und tief stach er zu.
Es wurde kein langer Kampf. Als das große Auge des Walrosses unter borstiger Braue müde blinzelnd aus dem Wasser tauchte, rammte der Alte sein Walmesser bis ans Heft hinein. Die Fluten färbten sich rot, schäumten, wurden noch einmal aufgepeitscht, dann wickelte sich die Harpunenleine langsam und gleichmäßig ab. Tot sank das Walroß einem fernen Grund entgegen.
Hand über Hand holte der Alte die Leine ein, sah sich nach etwas um, an dem er das Seil befestigen konnte. Er fand den Grat eines aufgeworfenen Eisblocks. Diesen als festen Punkt benützend, wuchtete der Alte seine Beute aus dem Loch. Es war ein schweres Stück Arbeit und unter der Parka rann ihm der Schweiß in Strömen über Schultern und Rücken. Endlich hatte er es geschafft und drehte sich zu seiner Beute um.
Aus dem Rücken des Walrosses hing eine zweite Harpunenleine. Ungläubig musterte der Alte das straffe Seil, ging dann, das freie Ende aus dem Eisloch zu ziehen. Und zerrte seinen Enkel aus dem Wasser. Es dauerte nur eine halbe Minute, bis die Leiche des Jungen auf dem Eis festgefroren war.
»Seither hat der Alte seine Seele verloren«, sagte Silece. »Er trinkt Wodka, weil sie so, Schluck für Schluck, zu ihm zurückkommt. Das Fleisch des Walrosses hat seine Familie übrigens für drei Wochen ernährt.«

Die Eskimokinder im Norden der großen Seen und am Mackenziedelta bis hinauf nach Resolute, haben nur eine echte Chance, eine High School zu besuchen: das Internat der Mackenzie High School in Inuvik. Und für die meisten ist es eine Qual. Nicht nur, weil Inuvik eine Boom Town geworden ist und überquillt von fremden Männern aus dem Süden, die leichtverdiente Dollars wittern. Was den jungen Eskimos fehlt, wenn sie die Schule in Inuvik besuchen, ist die Weite, ist die Freiheit. Ihnen fehlt die Familie und die Geborgenheit der Sippe. Sie wissen nicht, wie sie sich in der Gemeinschaft mit den Kindern weißer Kanadier verhalten sollen. Ihnen sind Baseball, Football oder andere Spiele der Weißen fremd und sie können sich nur sehr schwer anpassen.

Im Jahre 1970 besuchten drei Eskimojungen aus Tuktoyaktuk die Mackenzie High School. Im großen Schlafsaal hatten sie ihre Betten nebeneinander, zum Essen gingen sie gemeinsam und auch sonst waren sie stets beisammen. Der jüngste von ihnen war neun, der älteste 13 Jahre alt. Paluk war elf und der Anführer der drei. Er überredete seine Freunde Kutsiak (den ältesten) und Kitsok, mit ihm zusammen heimlich aus dem Internat zu verschwinden und nach Hause ins ferne Tuktoyaktuk zu laufen. Für einen echten Eskimo konnten die 200 Meilen Luftlinie doch nicht zu schwer sein. Man würde sich an der Power-Line, der Starkstromleitung, orientieren und innerhalb von spätestens vier Tagen, so hofften die Jungen, würden sie bei ihren Familien sein.

Umsichtig begannen sie ihre Flucht aus dem Internat zu organisieren. Sie legten sich Vorräte an, behielten bei den Mahlzeiten Fleisch zurück und Brot und besorgten sich sogar Wasserflaschen, obwohl Paluk dies eigentlich für überflüssig hielt. Es gibt unzählige Seen im Norden und ihr Wasser ist so frisch und klar, daß man es ohne weiteres trinken kann. Aber Kutsiak bestand auf den Wasserflaschen.

Nun galt es, den günstigsten Zeitpunkt für die Flucht festzulegen. Die drei waren sich einig: Am Sonnabend nach der Schule. Mit etwas Glück würde man ihr Verschwinden erst am Montagmorgen bemerken. Zwar würden sie bei den gemeinsamen Mahlzeiten fehlen und natürlich im Schlafsaal. Aber nachdem sich Kitsok, Paluk und Kutsiak nie durch besondere Disziplin ausgezeichnet hatten, hofften sie, daß man nicht sofort nach ihnen suchen, sondern erst einmal darauf vertrauen würde, daß

sie von selbst rechtzeitig zum Schulbeginn am Montagmorgen erscheinen würden.
Ihre Kalkulation sollte leider nur zu genau aufgehen.
Als die Jungen den Plan gefaßt hatten, die Schule zu verlassen und in ihr Heimatdorf zurückzugehen, hatten sie anfangs erwogen, ein Kanu zu stehlen und mit ihm den Mackenzie abwärts bis ins Eismeer zu fahren. Dann wollten sie sich nach rechts halten und entlang der Küste bis nachTuktoyaktuk paddeln. Aber einmal war es zu gefährlich, ein Kanu zu stehlen, weil der Besitzer sie gnadenlos jagen und ganz gewiß fangen und dann fürchterlich bestrafen würde. Und zum anderen wären sie ganz automatisch danach unter die Aufsicht eines Beamten der RCMP, der Royal Canadian Mounted Police, gestellt worden. Die Aussicht, unter Kuratel eines der legendären Rotröcke Ihrer Königlichen Majestät gestellt zu werden, war fast noch schlimmer als die Tracht Prügel, die ihnen der Kanubesitzer verabreichen würde. Zu marschieren war da weitaus vernünftiger.
Am zweiten Sonnabend im Juli machten sie sich auf den Weg. Die Sonne stand hoch am Himmel, als sie die Mainstreet zunächst stadteinwärts in Richtung Eskimo-Inn gingen, vorbei an der in der Form eines Sechsecks gebauten Kirche aus Aluminium. Vor dem Eskimo-Inn, einem Hotel für Ölsucher und Prospektoren, grölte ein Haufen Betrunkener. Viele Halbbluts waren darunter, wenige Weiße, etliche Indianer aus dem Süden (vor fünfzig Jahren noch Todfeinde der Eskimos) und auch zwei oder drei Innuks, wie die Eskimos sich selbst nennen. Kutsiak starrte angestrengt auf die andere Straßenseite. Er haßte es, Angehörige seines Volkes betrunken zu sehen, Kitsok, der Jüngste, fand das Grölen und Schwanken der Männer lustig und lachte, als er sie hin und her torkeln sah.
Am Ende der Hauptstraße, vor dem Blockhaus eines weißen Trappers, bogen die drei Eskimojungen nach links, gingen hinunter zu den Hangars einer privaten Bedarfsfluggesell-

schaft, marschierten zwischen den abgestellten Maschinen hindurch und erreichten das Ufer eines der zahlreichen Nebenarme der Mackenzie. Wieder bogen sie nach links und, sich hart am Wasser haltend, liefen sie in Richtung Nordosten. Nach einer halben Stunde erreichten sie den Flugplatz und kamen gerade zurecht um zu sehen, wie eine Boeing 727 der »Pacific Western« mit heulenden Triebwerken einschwebte.
Der Pilot setzte die Maschine unmittelbar am Anfang der Rollbahn hart auf, ging voll in die Bremsen und schaltete die Triebwerke auf Reverse, Sand und Staub wirbelten auf, und der gewaltige Vogel rollte aus. Immer wieder hatten die Eskimos staunend und mit offenem Mund der Landung von Düsenmaschinen zugesehen. Nach Tuktoyaktuk hinauf kamen nur Propellermaschinen. Einmotorige DeHavilland Turbobeavers, Twin Otters oder Piper Comanches. Manchmal auch irgendwelche Eigenbauflugzeuge, die trotz ihres merkwürdigen Aussehens in die Luft stiegen und sich dort auch halten konnten.
Kurz hinter dem Flugplatz endete die Straße im Dickicht mannshoher Krüppelkiefern. Durch verfilztes Unterholz, aus dem bei jedem Schritt grauschwarze Moskitoschwärme stiegen, kämpften sich die drei Jungen mühsam voran. Sie wußten, am Ende des Waldes würden sie die Powerline erreichen. Es wurde fast zweiundzwanzig Uhr, bis sie es geschafft hatten. Ihre Gesichter und Hände waren geschwollen und übersät mit dicken Pusteln und Quaddeln von Moskitostichen. Sie hatten Hautabschürfungen und Risse, die gleichermaßen brannten und juckten.
Endlich lag offene Tundra vor den Jungen und weit und eben dehnte sich das Land. Und nun begannen die Schwierigkeiten erst wirklich. Schnurgerade verschwanden die summenden Kabel der Powerline in der endlosen Weite. Ein stetiger Wind, der zum Glück die Moskitos vertrieb, ließ die Drähte singen und trieb den Jungen Tränen in die Augen. Sie hatten vorgehabt, der Powerline zu folgen, aber dies erwies sich bereits

nach wenigen hundert Metern als unmöglich. Tümpel, Flußläufe, Sumpf und Seen verlegten ihnen immer wieder den Weg. Es kostete sie unendliche Kraft und meilenweite Umwege, der Stromleitung zu folgen. Und als sie nach zehnstündigem Marsch Rast machten, mit vor Anstrengung zitternden Muskeln und knurrenden Mägen, da stellten sie fest, daß die Baumgrenze noch nicht sehr weit hinter ihnen lag.
Paluk nahm Brot aus seiner Umhängetasche und ein Stück Fleisch. Das Brot war hart und trocken und bröselte, das Fleisch weich und schmierig. Beides schmeckte ihm nicht, aber er würgte es hinunter und spülte seinen Mund mit Wasser aus seiner Flasche. Die anderen taten es ihm nach. Sie waren müde und abgekämpft und das unablässige Jucken der Moskitostiche machte sie gereizt und streitlustig. Es war Mitternacht durch und so beschlossen sie zu rasten. Am Ufer eines kleinen Sees betteten sie sich in trockenes Moos, aber so müde sie auch waren, sie konnten nicht einschlafen, und so blieb ihnen nichts anderes übrig, als nach wenigen Stunden erneut aufzubrechen.
Gegen Morgen schlief der Wind ein und mit ihm kehrten die Moskitos zurück. Sie kamen in regelrechten Angriffspulks, fielen über die Jungen her und setzten sich auf jede freie Stelle Haut, drangen in die Ohren ein und in die Nasenlöcher, in die Augen und in den Mund. Bald waren Hände und Gesichter der Jungen blutverschmiert vom unablässigen Töten der Insekten.
Mit dem Fortschreiten des Tages begann die Sonne heißer und heißer zu brennen. Das Wasser in den Flaschen wurde alle und so schöpften die Jungen frisches aus einem der Seen, die sie ständig zu umrunden hatten. Wenn doch der Wind wieder einsetzen würde, dachte Kutsiak. Er hatte den Kragen seines Wollsweaters hochgeschlagen und hielt die Enden vor dem Gesicht zusammen, um sich so wenigstens etwas gegen die Moskitos zu schützen. Seine Füße taten ihm weh, waren in den Gummistiefeln wundgelaufen.
Bei ihrer nächsten Rast, es muß fast Sonntagmittag gewesen

sein, zog sich Kutsiak die Stiefel aus. Er hatte drei große Löcher in den Socken und zwei gewaltige Blasen an den Füßen. Den anderen Jungen ging es nicht besser. Mit einem Stück Draht, das Kitsok dabei hatte, stachen sie die Blasen auf und hofften, daß ihnen danach das Laufen erträglicher werden würde. Dann aßen sie. Und stellten fest, daß ihre Vorräte damit praktisch erschöpft waren. Paluk, der einige Meter Schnur bei sich hatte, wollte Schlingen legen, um Hasen zu fangen. Mit Kutsiaks Messer würden sie die Tiere schlachten und zerlegen. Und Kitsok hatte Streichhölzer bei sich, also konnten sie ein Feuer machen.
Während der nächsten vier Stunden fing sich nichts in den sechs Schlingen, die Paluk gelegt hatte, und Holz fanden die Jungen auch keines. Da machten sie sich wieder auf den Weg. Hoch über ihnen zogen Falken ihre Kreise und die riesigen Raben mit den schartigen Höckerschnäbeln, die sie begleitet hatten, schlossen dichter auf.
Am Sonntagabend kam endlich Wind auf, hielt die Moskitos fern und schob von Süden, vom Großen Bärensee her, Wolken heran. Die Wolken deckten die Sonne zu und der Horizont verfinsterte sich. Kurz vor Mitternacht fielen erste Tropfen. Es war ein lauer, sanfter Regen, der die brennende Haut der Eskimos netzte und ihre Schmerzen linderte.
Schon vor Stunden hatten die Jungen aufgehört zu denken. Mechanisch setzten sie Schritt vor Schritt, blickten hin und wieder zu den aufragenden Masten der Powerline, die ihnen bald ferner, bald näher waren.
Einmal, als sie genau unter den singenden Drähten entlang liefen und ein grünalgiger See ihren Weg sperrte, marschierte Kitsok, der Jüngste, einfach geradeaus weiter und ins Wasser hinein. Schon nach zwei, drei Schritten stürzte er platschend in das aufspritzende Naß und fladig riß der Algenbrei auf. Kutsiak schrak aus der Monotonie des Laufens, rannte zurück und watete in den See. Am Kragen zog er Kitsok an Land. Keu-

chend und spuckend blieb der kleinste der Eskimos liegen. Es dauerte lange, bis er sich endlich aufgerappelt hatte. Keiner sprach ein Wort, und schweigend setzten sie schließlich ihren Weg fort. Die Falken begannen tiefer zu kreisen und die Raben kamen noch näher.

Gegen Mittag des nächsten Tages – es war Montag, und das Verschwinden der Jungen in der Mackenzie High School bereits bemerkt worden – blieb Paluk plötzlich stehen. Sein Gesicht war fast bis zur Unkenntlichkeit verschwollen, die Lippen blutige Wülste. Er versuchte Worte zu formen, aber es wurden nur unartikulierte Laute daraus, die weder Kitsok noch Kutsiak verstanden. Die beiden kümmerten sich auch nicht weiter um den Zurückbleibenden, taumelten vielmehr Schritt um Schritt voran. Paluk sah seine Freunde verschwinden, torkelte ihnen noch ein Stückchen hinterher, stolperte, fiel. Er kam noch einmal kurz zu sich, als er fürchterliche Schläge auf den Hinterkopf erhielt. Es waren Schnabelhiebe, aber er war zu schwach, sich zu wehren.

In Inuvik stellte die Schulleitung gemeinsam mit der RCMP Suchtrupps zusammen. Man telefonierte mit der RCMP Station in Tuktoyaktuk, bat, die Eltern zu benachrichtigen und eventuell selbst einen Suchtrupp auszuschicken, da man annahm, daß die Jungen versuchen würden, in ihr Heimatdorf zu gelangen. Leider waren in Tuktoyaktuk die meisten Männer gerade auf Waljagd, und so machte sich nur eine kleine Gruppe von etwa 15 Männern auf die Suche. Sie durchkämmten in zwei Tagen ein Gebiet von 50 Quadratmeilen.

Die 250 Männer, die von Inuvik aus aufgebrochen waren, konnten ebenfalls keinen Erfolg melden. Buschflieger wurden angewiesen, nach den Jungen Ausschau zu halten, und Steve Ray, der gewöhnlich Prospektoren zu ihren Claims flog, gerade aber keine Charter hatte, opferte fünf Tankfüllungen, um mit seiner Turbobeaver nach den verschwundenen Eskimos zu suchen. Vergeblich.

Seit über einer Woche waren Itsok und Kutsiak nun schon unterwegs. Sie hatten Wurzeln gekaut und Gürtelleder und immer wieder Wasser aus den Seen getrunken. Und sie hatten über hundert Meilen zurückgelegt. Die Moskitoschwärme waren dünner geworden und seltener. Nur die Falken und Raben waren geblieben. Letztere hüpften den Jungen manchmal vor den Füßen herum. Kutsiak zog sich seinen Sweater aus, versuchte einen der Raben zu fangen. Es kostete ihn unendliche Konzentration und Anstrengung, aber es gelang.
Wütend kämpfte der schwarze Vogel unter dem Sweater um seine Freiheit. Mit kräftigen Flügelschlägen suchte er den fesselnden Stoff loszuwerden, bekam den Kopf frei und hackte Kutsiak mit seinem gewaltigen Schnabel tief in den Rücken der linken Hand. Aber noch war der Junge stärker. Er tötete den Raben, riß ihm den Kopf ab, trank das hervorsprudelnde Blut. Auch Kitsok trank davon. Dann rissen sie dem Raben mit den Federn auch die Haut in Stücken herunter, schlangen sein rohes Fleisch in sich hinein. Es schmeckte scheußlich, aber sie merkten es nicht einmal.
Die Rache der Raben kam einen Tag später. Kitsok war zurückgeblieben. Sein kleiner neunjähriger Körper wurde von Krämpfen geschüttelt. Er hatte Durchfall und sein Magen schien sich um und um zu stülpen. In den Gedärmen brannte es. Nur die blutigen Fleischklumpen seiner Füße, die im Inneren der Gummistiefel bei jedem Schritt erbarmungslos weiter verletzt wurden, ertrugen die Marter gefühllos.
Völlig ausgepumpt blieb Kitsok stehen. Seine Arme hingen herab und er hob den Kopf mit blicklosen Augen der Sonne entgegen. Plötzlich glitt ein großer dunkler Schatten auf ihn herab. Flügel peitschten die Luft und dann war da ein entsetzlicher, alles durchdringender Schmerz. Kitsok hob die Hände vors Gesicht, wollte schreien, aber der Schmerz war zu mächtig, schnürte seinen Schrei in der Kehle fest. Während er zu Boden fiel, tasteten Kitsoks Finger über leere Augenhöhlen.

Dreieinhalb Wochen nach dem Aufbruch der Jungen von Inuvik steuerte Steve Ray seine Turbobeaver zu einem nicht weit südlich von Tuktoyaktuk gelegenen See. Er konnte es nicht riskieren, das Dorf direkt anzufliegen, da die Ladung seiner Maschine aus Alkohol bestand. Er würde sie am Seeufer löschen und Eskimos würden sie heimlich ins Dorf transportieren. Die Bezahlung, 5000 Dollar, hatte Steve Ray bereits im voraus kassiert.

Für einen Mann allein war es eine ziemliche Plackerei, die Kisten aus dem Flugzeug zu laden und am Seeufer aufzustapeln. Ray kam gewaltig ins Schwitzen. Nachdem die Arbeit endlich getan war, rauchte der Buschflieger eine Zigarette, setzte sich anschließend wieder ans Steuer und ließ den Motor an. Er absolvierte einen perfekten Start, zog die Turbobeaver nach oben, hielt sie auf 100 Fuß Höhe, um unter der Radarüberwachung zu bleiben, und flog ein Stück längs der Starkstromleitung nach Süden. Gerade wollte er nach rechts abbiegen, um dann an Höhe zu gewinnen und Kurs auf Inuvik zu nehmen, als er am Ufer eines der zahllosen Seen eine Gestalt liegen sah. Steve Ray schob das Steuerhorn nach vorne, ging tiefer. Ein einzelner Mensch in der Weite der Tundra, noch dazu ohne Zelt, überhaupt ohne erkennbare Ausrüstung, das mußte er sich genauer ansehen.

Knapp zehn Meter über der Gestalt zog Steve Ray seine Maschine nach oben, ohne daß das menschliche Wesen auf dem Boden sich gerührt hätte. Noch einmal machte der Pilot einen Anflug, wieder keine Reaktion. Ray beschloß zu landen. Tropfenvorhänge stoben auf und bildeten winzige Regenbögen, als die Schwimmer der Turbobeaver auf dem Wasserspiegel aufsetzten. Gekonnt manövrierte Steve Ray seine Maschine bis in unmittelbare Nähe der Stelle, an der die Gestalt lag.

Zwei Stunden später lag Kutsiak in der Krankenstation des Basislagers einer großen Ölgesellschaft in Inuvik. Ärzte und Schwestern bemühten sich um ihn und erstaunlich rasch kam

der Junge wieder zu Kräften. Nur sein Geist blieb verwirrt und niemandem gelang es, eine zusammenhängende Schilderung des Marsches der drei Eskimos zu erhalten. Zwei Tage später barg ein neu zusammengestellter Suchtrupp das Skelett Kitsoks. Die Knochen Paluks jedoch wurden nie gefunden.
Kutsiak lebt heute bei seinen Eltern in Tuktoyaktuk. Er gilt als verrückt, aber ungefährlich. Manchmal, wenn er ein Gewehr in die Hand bekommt, schießt er Raben.

Im Jahre 1940 lebten auf den Belcher Inseln nur zwei weiße Männer, der Leiter der Hudson Bay Company Station, Ernie Riddell, und sein Assistent, Lou Bradbury. Sie führten ein einsames, hartes Leben. Die Bücher, die es in der Station gab, hatten sie mehrmals gelesen, ebenso die Zeitungen und Magazine. Sie kannten sie fast auswendig. Völlig von der Außenwelt isoliert, wußten sie kaum, daß in Europa ein Krieg tobte. Um mit der nächsten Station in Verbindung zu treten, mußten sie einen Morseapparat benützen, der ihre war jedoch zu Beginn des Winters ausgefallen und so lebten sie völlig für sich. Hin und wieder gingen sie auf die Jagd, trockneten Felle, besuchten Eskimos in ihren Iglus und hofften im übrigen, daß es bald März werden würde, denn dann war es Zeit, zur Poststation nach Great Whale River zu gehen.
Eines Morgens sagte Ernie Riddell: »Ich glaube, es ist Zeit für die Post. Ich werde meine Sachen packen und mich nach einem Eskimoführer umsehen.«
»Okay, mach, wie du denkst«, antwortete Lou Bradbury. Er war gerade mit den Journalen der Hudson Bay Company beschäftigt.
Von der Station auf den Belcher Inseln waren es nur knapp 70 Meilen bis nach Great Whale River. Der Weg führte jedoch über Packeis und das konnte ziemlich gefährlich werden. Die beste Lebensversicherung, das wußten die Weißen, war ein guter Eskimoführer. Und der beste, den es in der Nähe gab,

war Peter Sala. Ernie Riddell mochte den getauften Eskimo. Er war mehrmals mit ihm auf der Jagd gewesen, hatte ihn als umsichtig und verläßlich kennengelernt. Also machte er sich zu den Iglus auf, um nach Peter Sala zu suchen. Er fand ihn damit beschäftigt, das Zaumzeug seines Huskie-Gespannes in Ordnung zu bringen.

Peter Sala war sichtlich angetan von dem Vertrauensbeweis des Companymanagers und erklärte sich sofort bereit, mit ihm nach Great Whale River zu gehen. Die Männer packten ihre Sachen, sahen die Schlitten nach und am 12. März brachen sie auf.

Es war eisig kalt und noch ziemlich dunkel. Schneidender Wind blies ihnen entgegen. Und obwohl die Huskies, Nase auf dem Boden, kräftig zogen, kamen die Männer nur langsam voran. Es sah so aus, als würden sie zweimal übernachten müssen, bevor sie Great Whale River erreichen würden. Sie machten Rast, aßen und dann trieb Ernie Riddell den Eskimo noch einmal an, um vor Einbruch der Nacht noch einige Meilen zu schaffen. Schließlich sagte er:

«Okay, für heute ist es genug. Hier wollen wir bleiben.»

Während Peter Sala sich daran machte, aus Schneeblöcken einen kleinen Iglu zu bauen, kümmerte sich Ernie Riddell um die Hunde, versorgte sie mit Fleisch und begann, für ein Abendessen zu sorgen.

Beim Blaken einer Tranlampe saßen die Männer später im Iglu zusammen, rauchten, tranken und schwiegen. Peter Sala besserte einiges an seiner Parka aus und Ernie Riddell säuberte das Innere seines Pfeifenkopfes.

Plötzlich sagte Peter Sala: »Ich bin ein sehr schlechter Mensch.«

»Unsinn«, antwortete Ernie, »jeder kennt dich als umsichtigen, verantwortungsbewußten Führer, als guten Jäger und als einen Mann, der weiß, was er tut.«

»Nein«, sagte Peter, »ich bin wirklich ein sehr schlechter Mensch, sehr, sehr schlecht.«

»Aber warum denn nur?« erkundigte sich Ernie, doch Peter schwieg, und nach einer Weile legten sich die Männer schlafen. In der Dunkelheit des Iglus grübelte Ernie über die Worte des Eskimos nach. Er kannte Peter Sala als einen Mann, der sich nicht einfach Stimmungen hingab. Jeder, der Peter Sala kannte, dachte gut von ihm, hielt ihn für einen geborenen Führer und wäre nie auf die Idee verfallen, daß dieser Eskimo dunkle geheimnisvolle Dinge mit sich herumtrug. Unruhig schlief Ernie Riddell ein.

Am nächsten Morgen versuchte er mehrmals, Peter Sala auf seine merkwürdigen Andeutungen vom vergangenen Abend anzusprechen, aber der Eskimo blieb stumm. Wie erwartet, mußten die Männer noch einmal übernachten, dann erreichten sie Great Whale River Station und der Eskimo verabschiedete sich von Ernie Riddell, weil er einen guten Freund besuchen wollte. Riddell selbst suchte zuerst die Poststation auf und ging dann zu der Niederlassung der Hudson Bay Company, wo Tommy Carmichael diensttuender Manager war. Carmichael und Riddell waren seit Jahren befreundet.

Die Männer setzten sich zusammen, nahmen einen Begrüßungsschluck, entzündeten ihre Pfeifen, und plötzlich fragte Tommy Carmichael: »Hast du schon von den Morden auf Belcher Islands gehört?«

»Von welchen Morden?«

»Gerade bevor du kamst, war Peter Sala bei mir und hat mir davon erzählt. Es müssen mehrere Menschen ums Leben gekommen sein. Genaueres war aus dem Eskimo nicht herauszubekommen«, erwiderte Carmichael und goß sich noch einen Whisky ein.

»Dann müssen wir die Polizei verständigen«, sagte Riddell. Er setzte sich ans Funkgerät und gab eine Meldung an die RCMP Station in Ottawa durch, gleichzeitig verständigte er auch das Hauptquartier der Hudson Bay Company in Winnipeg. Die Antwort kam nach einem halben Tag: Die RCMP forderte

Einzelheiten und kündigte den Besuch einer Untersuchungskommission an.
Riddell und Carmichael machten sich auf die Suche nach Peter Sala. Sie fanden ihn bei seinem Freund Quarak. Und nun war der Eskimo auch bereit, zu erzählen. Vor den Ohren der Weißen enthüllte er ein schreckliches Drama.
Es hatte mit dem Einsetzen des Winters begonnen. Zu jener Zeit hatte sich Peter Salas Freund Charlie Quarak zum Führer einer religiösen Sekte aufgeschwungen. Er zog von Iglu zu Iglu, predigte den Verzicht auf materielle Güter und sprach davon, daß bald ein Heiland geboren werden würde. Peter Sala folgte seinem Freund, hörte ihm zu und schüttelte zur Bekräftigung von dessen Worten immer wieder den Kopf.
Eines Nachts stand ein 13jähriges Eskimomädchen, Mina, vor dem Iglu ihrer Familie und starrte hinauf in einen sternenübersäten Himmel. Alles funkelte und glitzerte, Nordlichter malten ihre Farbenpracht in das Schwarz des Alls und immer wieder fielen Sternschnuppen. Mina hatte schon öfter Sternschnuppen gesehen, aber so viele wie in jener Nacht noch nie. Mina war getauft und sie glaubte an Jesus. Und sie glaubte daran, daß Er wiederkommen würde. In den Tagen zuvor hatte man im Iglu wieder einmal die Weihnachtsgeschichte erzählt, ausgeschmückt, verfälscht, angereichert mit allerlei Mystischem. Und so erinnerte sich Mina an einen Teil der Prophezeiung: »In jenen Tagen . . . werden die Sterne vom Himmel fallen.« Wieder blickte sie zum Firmament und ein Meteor glühte auf, fegte mit feurigem Schweif quer über den Himmel. Mina erschrak. »Jesus kommt wieder!« schrie sie. Und: »Das Ende der Welt ist gekommen!« Dann kroch sie zitternd in den Iglu zurück.
Nur einen Tag später erschienen Quarak und Peter Sala bei Minas Familie und Quarak begann zu predigen. Seine Worte erregten die Dreizehnjährige und sie erinnerte sich an das Erlebnis der vergangenen Nacht. Aber noch wagte sie nicht,

davon zu sprechen. Sie tat es erst, als drei Tage später Ouyerak, ein anderer Eskimo und gleichfalls Laienprediger, den Iglu ihrer Eltern besuchte. Ouyerak nämlich sprach sich ganz entschieden gegen die Lehren Quaraks aus. Mina lief aus dem Iglu und ging, Quarak und Peter Sala zu suchen. Als sie die beiden gefunden hatte, brachte sie sie zu Ouyerak.
Die beiden Prediger traten in einen heftigen Wettstreit und natürlich unterstützte Peter Sala seinen Freund, indem er mehrmals in das Streitgespräch eingriff. Als dazu auch noch Mina von ihrem Erlebnis in der Meteornacht berichtete und versicherte, daß Jesus nunmehr gekommen sei, brach ein unbeschreiblicher Tumult los. Er gipfelte darin, daß Ouyerak Mina als Hexe beschimpfte und Quarak einen Teufel nannte. Quarak und Sala verließen nach dieser Beschimpfung den Iglu, Ouyerak blieb und versuchte, Mina den Teufel auszutreiben.
Es half alles nichts. Mina blieb bei ihrer Behauptung, daß Jesus gekommen sei, daß sie einen Stern habe auf die Erde fallen sehen und schließlich schrie sie in höchster Erregung: »Peter Sala ist Jesus, ich weiß es!«
In maßloser Wut griff Ouyerak zu einem Stück Holz, das im Iglu herumlag und schlug hemmungslos auf Mina ein. Er traf sie mehrmals schwer, dennoch gelang es dem blutenden Mädchen noch, aus dem Iglu zu kriechen. Ouyerak und Minas Familie folgten ihr. Vor dem Iglu drosch Ouyerak weiter auf das Mädchen ein und zerschlug ihr die Halswirbel im Genick. Ihre Familie stand tatenlos dabei. Ouyerak hieß die Familie das Mädchen mit Eis zu bedecken, dann ging er.
Die Geschichte sprach sich unter den Eskimos auf Belchers Island schnell herum und auch Quarak und Peter Sala erfuhren davon. Besonders Peter Sala war von der Prophezeiung des Mädchens, er sei Jesus Christus, zutiefst aufgewühlt. Zusammen mit seinem Freund stellte er Ouyerak. Wieder kam es zum Streit.
Und plötzlich fühlte sich Peter Sala wirklich als Jesus. Und

dazu bestimmt, Gericht zu halten. Er nannte Ouyerak einen Teufel und seine Sippe eine Satansbrut. Als Ouyerak ihn daraufhin verfluchte, forderte Sala seinen Freund Quarak auf, Ouyerak zu erschießen. Das ganze Magazin seiner Winchester 30 – 30 leerte Quarak auf Ouyerak. Dann zogen die Männer weiter zu Ouyeraks Iglu, um auch dessen Sippe zu bestrafen. Sie hinterließen sieben Tote.

Zwei Tage später vollstreckten sie an Alec Ikpac, einem weiteren Eskimo, der sich geweigert hatte, Peter Sala als neuen Jesus anzuerkennen, ein weiteres Todesurteil. Dann gingen Sala und Quarak auf die Jagd. Sie blieben mehrere Wochen fort, und als sie zurückkamen, sprachen sie nicht mehr über den Wahn, der sie zuvor befallen hatte.

Bis zu jenem Tag, als Sala zu Ernie Riddell sagte: »Ich bin ein sehr schlechter Mensch.«

Am 11. April 1940 landete eine neunköpfige Untersuchungskommission der RCMP auf Belchers Island. Die Leichenfunde bestätigten nur zu genau die Worte der Eskimos. Peter Sala und Charlie Quarak wurden in Haft genommen. Die Untersuchungskommission arbeitete schnell. Schon am 15. April konnte Inspektor Martin über Funk seinen Bericht nach Ottawa absetzen. Am 16. April startete das Flugzeug der Beamten mit Sala und Quarak an Bord in Richtung Süden.

Es war Montag, der 18. August 1940, als die Maschine die Gefangenen und das Gericht unter Vorsitz von Richter Plaxton aus Toronto zurück nach Belchers Island brachte. Die Verhandlung begann am 19. August und dauerte zwei Tage. Es wurde viel über die Lebensgewohnheiten der Eskimos und die Gesetze der Weißen diskutiert, dann sprach die Jury die Angeklagten schuldig. Richter Plaxton verurteilte sie zu je zwei Jahren Gefängnis. Polizeibeamte brachten Peter Sala und Charlie Quarak an Bord des Schiffes »Fort Charles«, das am 22. August Belchers Island verließ.

Die Hudson Bay Company wurde angewiesen, den Familien

der Verurteilten an jedem Montag eine Wochenration an Lebensmitteln auf Kosten des Staates auszuhändigen. Außerdem sollte jeder Eingeborene 10 Runden Munition oder eine vergleichbare Menge an Pulver und Blei erhalten, der sich dazu bereit erklärte, die Familien der Gefangenen mit Nahrung zu versorgen.

Nach einem Jahr wurden Peter Sala und Charlie Quarak begnadigt. Sie kehrten zu ihren Familien zurück und starben vor wenigen Jahren als hoch angesehene Männer, die den Weißen getrotzt und dafür gesorgt hatten, daß diese sich endlich mit dem Leben und der Kultur der Eskimos zu beschäftigen begannen.

Der Mackenzie Highway

Der Impala schwimmt in den Blattfedern, daß man seekrank werden könnte. Die Straße ist wellig, von Frostaufbrüchen zernarbt und wölbt sich wie die alten Römerstraßen. Aber sie ist, unerhörter Luxus hier im Norden, immer noch asphaltiert. Das wird sich jedoch gleich ändern, spätestens hinter der Abzweigung zu den beiden Goldminen.
Rechts vom Highway ragen die rotweißen Sendemasten der Fernsehstation in den Himmel. Zwanzig Stunden pro Tag strahlen sie sechs verschiedene Programme aus. Und es gibt kaum einen Haushalt in Yellowknife, in dem das Empfangsgerät nicht ebenso lange in Betrieb bleibt. Unentwegt sorgen Telly Savalas, Karl Malden, Michael Douglas, Steve McQueen, Paul Newman oder Robert Redford für Recht, Gesetz und Ordnung. Unterbrochen lediglich von zweiminütigen Werbespots, die den Indianern und Eskimos die vielfältigen Anwendungsmöglichkeiten der Sojabohne preisen oder zum eifrigen Gebrauch von Avocadoöl für schöneren Teint auffordern. Und die Gesichter der Menschen hier schreien förmlich nach Avocadoöl, sind sie doch während des Sommers fast ununterbrochen einer brennenden Sonne und im Winter schneidenden Eiskristallen, ätzendem Wind und beißender Kälte ausgesetzt. Indes, Männlein wie Weiblein schwören hier mehr auf Wodka oder Whisky als auf wohlriechende Emulsionen aus den Retorten südlicher Schönheitsfabriken.
Über Mittelwelle schmettert Frank Sinatra die Ballade vom

Oberganoven Lee Roy Brown und unter den Pneus spritzen Sandkörner und Kiesel: Gravelroad. In östlicher Richtung führt sie um den Great Slave Lake herum, hinein in die schier unendliche Seenplatte und das arktische Schelf. Der Highway ist hier wirklich nichts anderes als ein miserabler Feldweg und der Impala ächzt, zieht eine langgestreckte Staubfahne hinter sich her und schwingt in den ausgeleierten Stoßdämpfern. Trotz Automatik, Servolenkung, Klimaanlage und Stereoradio fährt es sich mühsam.
Da ist einmal die durchgehende Bank der Vordersitze, deren Abstand zu den Pedalen für Leute mit Dackelbeinen zugeschnitten ist und dann dieses dürre Lenkrad für Spinnenfinger. Am schlimmsten aber macht der Verschluß des Sicherheitsgurtes zu schaffen. Er drückt sich vehement in die linke Niere und sorgt so für ein ermüdungsfreies Sitzen. Dieser Sicherheitsgurt ist ein Patent und entspricht voll und ganz den Forderungen von Verbraucheranwalt Ralph Nader, denn, schließt man den Gurt nicht, so scheppert die Warnanlage irgendwo unter der Kühlerhaube ganz fürchterlich. Außerdem fährt der Wagen dann nicht schneller als drei Meilen pro Stunde. Schließt man den Gurt, geht alles ganz prima, nur eben der Verschluß piekst in die Nieren.
Hellwach kann ich also die Naturschönheiten links und rechts des Feldweges genießen. Azursee neben Azursee und darin, in tausendfältigem Grün, Algenmuster. Zwischen den Seen verfilztes Kieferndickicht, aufgelockert manchmal von Birken, Erlen, Weidengestrüpp. An den Seen zuweilen ein Haus mit Motorboot oder einem Wasserflugzeug davor.
Plötzlich verändert sich die Landschaft, wird wellig und der Highway beginnt sich zu schlängeln. Dann ein Schild mit einem Pfeil: »Cameron Falls«, dahinter, klein, kaum lesbar, reichlich verschämt, eine Zahl »3 Miles«. Ich suche einen Parkplatz. Und alles ist wie in Europa, nirgends einer zu finden. Unmittelbar neben dem Schotterrand des Highway beginnt grundloser

Sumpf oder undurchdringliches Dickicht. Nach drei Meilen bin ich es leid, fahre zurück und parke einfach hart am Straßenrand. Bei der Verkehrsdichte dieser Gegend wird der Wagen hoffentlich kein unüberwindliches Verkehrshindernis darstellen.

Ich hätte es wissen müssen, aber als Neuling macht man anfangs stets die gleichen Fehler. Kaum habe ich etwa 100 Meter über einen schmalen Trampelpfad in Richtung der Fälle zurückgelegt, sind sie da. In endlosen Scharen und mit einem Blutdurst, der Dracula vor Neid erblassen ließe. Myriaden Moskitos. Und Blackflies. Letztere sind besonders schlimm. Wesentlich größer als unsere Pferdebremsen und von enormem Angriffsgeist. Die Hände schützend vor dem Gesicht haste ich zum Auto zurück. Im Handschuhfach liegt eine Dose Insectrepellent. Es wird ein schier mörderisches Spießrutenlaufen. Als ich endlich keuchend im Auto sitze, versuche ich die brennenden und juckenden Stiche zu zählen. Nachdem ich allein auf der Stirn bei 32 angelangt bin, gebe ich auf. Der scharfe Nebel des Insectrepellent beißt, kühlt aber auch und endlich hört das Jucken auf. Ich verbrauche fast den gesamten Inhalt der Dose, bevor ich mich wieder ins Freie wage. Beleidigt drehen die Moskitos ab.

Der Trampelpfad zieht kühne Mäanderschleifen, überwindet schroffe Felsen, wird stellenweise zum Saumpfad, dann wieder zum schmalen Knüppeldamm. Und endlich ist das Rauschen der Fälle zu hören. Letzte steile Felsen sind zu überwinden, dann breitet sich ein liebliches Tal aus. Sanfte Hänge an beiden Seiten. Kiefernwald reicht bis unmittelbar ans Flußufer. Ein Bussard fliegt elegante Kreise. Rechts in etwa 15 Meter Tiefe schäumt Gischt über Klippen. Eine junge Birke biegt sich über die herabschießenden Wasser, die gurgelnd in einem engen, tiefen Felsspalt verschwinden. Haustief darunter und etwa dreißig Meter weiter links ergießen sie sich, rasch an Geschwindigkeit verlierend, in ein breites Becken, das der Fluß

sich gewaschen hat. Dort verströmen sie ihre wilde Kraft, werden sanft, plätschern lieblich und ziehen schließlich still nach Süden in Richtung Great Slave Lake.
Um näher an den Katarakt heran zu kommen, versuche ich links über die Felsen zu klettern. Es geht überraschend leicht und die Aussicht wird noch schöner. Ein schmaler Grat verbreitert sich zu einer Felsnische, wird dann zu einer Art Terrasse. Und dann sehe ich sie: Es sind drei Männer mit dem typischen Bürstenhaarschnitt der GI's und zwei Indianerinnen mit blauschwarzem Langhaar. Sie fraternisieren, um es diskret zu formulieren und so klettere ich wieder zurück. Das Rauschen und Gurgeln des Katarakts übertönt meine Schritte. Eine Stunde später bin ich wieder beim Auto. Gerade rechtzeitig, denn die Wirkung des Insectrepellent beginnt bereits nachzulassen.
In nordöstlicher Richtung schlängelt sich der Highway durch die Seenplatte. Hinter einer unerwartet scharfen Linkskurve steht unerwartet ein völlig zerschossenes Schild mit der nur schwer lesbaren Aufschrift »Escarpment Creek, picturesque picnic site, 1000 ft.« Zerbeulte Autos stehen herum, dick mit Staub bedeckt und die Windschutzscheiben von zahlreichen Sprüngen durchzogen. Ich suche einen Parkplatz für den Impala, verbrauche den restlichen Repellent und gehe die picnic site inspizieren.
Rechts führt ein ausgetretener Pfad an das Ufer eines der namenlosen Seen. Links, einen flachen Hügel hinauf, stehen auf sandigem Grund mehrere Zelte. Vor ihnen, auf angerosteten Dreibeinen Grillwannen. Kühltaschen stehen herum, Campingbeutel. Aber nirgendwo sind Menschen zu sehen. Merkwürdig. Ich schlendere betont nichtsnutzig näher und sehe mich um.
Gegen die grelle Nachmittagssonne hebt sich das Dickicht aus Krüppelkiefern oben auf dem Hügel wie eine schwarze Wand ab. Einzelheiten sind nicht zu erkennen. Kaum merklicher

Wind fächelt Kühlung heran. Er ist so schwach, daß er die Blätter an den Birken zwischen den Zelten nur minimal schaukelt.
Wo, um alles in der Welt, mögen die Leute sein, die hier zelten?
Plötzlich das Trappeln eiliger Schritte, ich fahre herum und fühle mich übergangslos in eine ABC-Ernstfallübung des Technischen Hilfswerks versetzt. Männer mit Gasmaske vor den Gesichtern und großen, dunkelgrauen Gasflaschen in den Händen stürmen die Zelte. Ein kräftiges Zischen ertönt, unterbrochen immer wieder von dumpfem Knattern. Im Nu sind Zelte und Männer in undurchdringlichen, giftig-gelb-braunen Nebel gehüllt.
Dieser Nebel wabert in dicken, schweren Wolken über den Boden. Die Luft ist von ätzendem Chemiedunst erfüllt. Und immer noch zischt und knattert es.
Nach zwei, drei Minuten tauchen die Männer aus dem Nebel, kommen zu mir herüber, reißen sich die Gasmasken von den verschwitzten Gesichtern. Ich erfahre, daß es alles Angehörige der Abschlußklasse des Jahrgangs 1959 eines Gymnasiums in Portland/Oregon sind, die ihr Ehemaligentreffen hier oben im Norden veranstaltet haben. Leider errichteten sie ihr Zeltlager auf dem Verkehrsknotenpunkt mehrerer Ameisenstämme. Und da half ihrer Ansicht nach nur der gezielte Einsatz hochwertiger Insektizide. DDT at its best. Ich habe es vorgezogen, der herzlichen Einladung zum Essen nicht zu folgen, denn natürlich wurden die Vorräte in den Zelten aufbewahrt und folglich tüchtig eingenebelt.

Laut travel map endet in zwei Meilen der Highway, zumindest sein nordöstlicher Arm, und so beschließe ich, mir dieses Ende anzusehen. Es werden vier Meilen und dann habe ich allen Grund, die Konstrukteure in Detroit in ein Dankgebet einzuschließen. Die Büchse mit dem Insectrepellent ist auf den Boden gerollt und ich versuche, sie zu greifen. Als ich endlich

wieder nach vorn sehe, spritzt Wasser um den Kühler des Impala. Dennoch funktionieren die Bremsen. Irgend etwas schlägt und poltert gegen das Bodenblech des Autos, scheppert ganz fürchterlich, aber dann steht der Wagen endlich. Mitten im Verbindungsarm zweier Seen. Sogar der Motor läuft noch. Das muß man ausnützen und ich schalte die Automatik auf Rückwärtsgang. Ein wunderbarer Wagen. Er schafft es und so bleiben mir nasse Füße erspart. Allerdings nehme ich mir vor, nach meiner Rückkehr nach Yellowknife dringend mit dem zuständigen Herrn von der Straßenverwaltung zu reden. Zumindest *ein* Schild sollte Unbedarfte wie mich auf das Ende des Highway hinweisen. Kopfschüttelnd steige ich aus.
Und sehe mich ganz schrecklich ausgelacht.
Der da lacht, ist knapp einen Meter sechzig hoch. Allerdings auch fast so breit in den Schultern und so versage ich mir eine Antwort auf sein Gelächter. Der Mann stellt sich als Phillipp Daughtery vor, von Beruf Prospektor. Sein Haus ist nur wenige Hundert Meter entfernt auf der anderen Seite des Verbindungsarms. Ein Wäldchen verdeckt die Sicht darauf.
»Noch zwei Meter weiter und Sie hätten mein Kraftwerk zerstört«, sagt er und deutet ins Wasser des Verbindungsarms. Jetzt sehe ich, daß da zwei meterdicke Rohre in der Strömung liegen. Daughtery erklärt mir, daß sich in den Rohren Turbinen befinden, die sein Haus mit Strom versorgen. Das funktioniert zwar nur im Sommer, ist aber billiger als das Dieselaggregat, das die Stromversorgung während der Wintermonate übernimmt.
»Sie sehen immer noch ziemlich erschrocken aus, kommen Sie, nehmen Sie einen Drink«, sagt Daughtery und stiefelt mir voran ins Wasser. Geschickt springt er über ausgelegte Steine und erreicht tatsächlich trockenen Fußes die andere Seite. Leider versuche ich ebenso elegant zu springen wie er und erreiche daher sein Haus tropfnaß.
Während Hemd und Jeans in der Sonne trocknen, sitze ich in

einem viel zu kurzen Overall auf der Terrasse seines Hauses und schlürfe eisgekühlten Rumpunsch. Daughtery hockt mir gegenüber auf einem winzigen Stühlchen und scheint begeistert darüber, jemanden zu haben, mit dem er reden kann. Wortreich preist er die Vorzüge des freien Lebens im Norden. Es fällt mir schwer, mich auf seine Worte zu konzentrieren, da es betäubend nach Petroleum riecht. Daughtery scheint das nicht zu merken, er parliert munter drauf los. Schließlich halte ich es nicht mehr aus und frage, wo denn, um Himmels willen, in seinem Haus Petroleum ausläuft. Meine Frage entlockt ihm einen Lachkrampf, dann steht er auf, kommt zu mir herüber und faßt nach einem Bein des Overalls: »Hier, Sie sitzen im besten Moskitoabwehrmittel der Welt.« Verblüfft sehe ich an mir herunter, schnuppere. Der Overall riecht durchdringend. »Alte Prospektorenmethode«, erklärt Daughtery. »Billiger als dieses Chemiezeug in den Dosen und zuverlässiger. Außerdem gewöhnt man sich sehr schnell daran.« Das erwies sich als richtig. Ich wurde auf der Terrasse seines Hauses nie von Moskitos oder Blackflies belästigt. Allerdings mußte ich nach meiner Rückkehr ins Explorer Hotel in Yellowknife feststellen, daß einige amerikanische Ladies naserümpfend hinter mir herschnüffelten. Aber als echter Trapper hält man so was aus.

Dabei, Phillipp Daughtery erzählt es reichlich launig, war es der Gestank, der ihn vor 40 Jahren aus Yellowknife vertrieben hatte. Daughtery gehörte im Jahre 1935 zu den ersten Minenarbeitern, die sich am Nordarm des Great Slave niedergelassen hatten. Gold war gefunden worden und die Einwohnerzahl der heutigen Hauptstadt der Territories betrug knapp 150 Menschen. Die Regierung in Ottawa versuchte alles zu tun, um den Minenarbeitern das Leben im Norden erträglicher zu machen. Also ließ sie eine Reihe von Häusern bauen, die den Arbeitern unentgeltlich zur Verfügung gestellt wurden.

»Diese Häuser waren ganz praktisch und angenehm«, sagt

Phillipp Daughtery, greift nach seinem Rumpunsch, schnüffelt am Glas, trinkt und bereitet sich flugs einen neuen Drink. »Wegen des Permafrostbodens standen sie auf Pfählen und waren gut isoliert. Es gab in ihnen ein Wohnzimmer, zwei Schlafräume, eine Küche und eine Abstellkammer. Auch möbliert waren diese Häuser und wir hatten tatsächlich eine Art Komfort. Allerdings, eines hatte die Regierung – oder der Architekt, der die Häuser entworfen hatte – vergessen. Es gab nämlich keine Toiletten. Während der Sommermonate fiel das zunächst kaum auf. Im Winter aber wurde es widerlich. Also haben wir zur Selbsthilfe gegriffen und öffentliche Toiletten gebaut. Zwei große, schöne und sehr zweckdienliche Gebäude. Aber auch wir kamen nicht auf die Idee, für eine Kanalisation zu sorgen. Und das fiel nun im Winter erst einmal nicht auf. Doch auch das Jahr 1936 hatte einen Sommer. Einen sehr schönen, sehr warmen. Und Yellowknife stank zum Himmel.
Inzwischen war die Bevölkerung nämlich rapide gewachsen, auf 350 Leute. Und außer, daß die Benützer der öffentlichen Toiletten ihr Geschäft verrichteten und ihre Namen an die Wände schrieben, tat sich nichts. Die Regierung in Ottawa schickte einen Dr. O. J. Stanton, der für eine bessere Hygiene in der Stadt sorgen sollte, aber es gab niemanden, an den der Doktor sich wenden konnte. Und dann hatten wir in Yellowknife plötzlich ein Trinkwasserproblem, ausgerechnet in Yellowknife, das an einem der größten Süßwasserseen Kanadas liegt.
Der Doktor bemühte sich redlich und schrieb jede Woche im ›The Prospector‹, der einzigen Zeitung, die es damals hier im Norden gab, wie wir uns verhalten sollten. Die meisten von uns haben seine Artikel auch gelesen. Nur geändert hat sich nichts. Yellowknife drohte eine Epidemie. An allen Häusern wurden Tafeln angeschlagen mit der Aufforderung, Abfälle zu verbrennen, Wasser abzukochen und die Häuser mit Chlorlösung zu waschen. Aber das Problem war, daß wir damals das Ufer

des Sklavensees, dort, wo wir immer unser Wasser holten, bereits völlig mit Abfällen verseucht hatten, und da kam die Regierung plötzlich auf die großartige Idee, uns eine Wasserversorgung zu verordnen. Hierzu wurde das Government Health Survey Team nach Yellowknife geschickt. Und diese Leute haben dann als erstes ausgerechnet, was uns der ganze Kram kostet. Pro Kopf wären 72 Dollar zu bezahlen gewesen. Und es hätte noch einmal drei Jahre gedauert, bis all der Unrat, der sich angesammelt hatte, verschwunden gewesen wäre. Nun, das hat mir einfach zu sehr gestunken. Und da bin ich hier heraus gezogen. Die Yellowknifer haben dann im Jahre 1940 ihre Wasserversorgung und auch ihre Kanalisation bekommen.«

Nach dem achten Rumpunsch erläutert mir Phillipp Daughtery eingehend die Lösung seines eigenen Kanalisationsproblems und ich stelle fest, daß unser Gespäch tiefschürfend wird. Zum Glück sind Jeans und Hemd inzwischen getrocknet und so kann ich mich verabschieden. Der Petroleumduft allerdings blieb mir noch eine Weile. Da so ein Rumpunsch ungemein anregend wirkt, versuche ich mich als Sandbahnralleypilot und nach drei Stunden erreiche ich bei Rae/Edzo die Brücke über den Nordarm des Great Slave. Ein ausgeschlachteter Sikorsky Helikopter steht davor und läßt Schlimmes ahnen. Auch sehen mich die Indianer, die in einem Zeltlager in der Nähe kampieren, so komisch an. Ich beschließe, mich mit ihnen bekannt zu machen. Aus dem Duty Free Shop habe ich noch eine Flasche Wodka bei mir und so geht es überraschend glatt mit dem Freundschaftschließen.

Der älteste der Indianer heißt Flying Eagle und nickt anerkennend mit dem Kopf, während er trinkt. Er trinkt ausgiebig. Nachdem meine Flasche leer ist – Minutensache –, lädt er mich zum Sitzen, bietet seinerseits Hochprozentiges an.

Alkohol im Norden, ob in Europa oder Kanada, hat etwas Mystisches. Wie ein Zauberschlüssel öffnet er Türen und Her-

zen, sorgt für Stimmung, macht Laune, regt an und bietet unendlichen Erzählstoff. Flying Eagle erklärt es mir.
Bis zum Jahre 1939 war es unmöglich, in den Northwest Territories Alkohol zu kaufen, es sei denn, man wies auf der zuständigen Polizeistation nach, daß man ihn für medizinische Zwekke benötigte. Dann war es möglich, bei der Polizei zwei Gallonen Schnaps und zwei Barrels Bier zu kaufen – als äußerste Menge für ein Jahr. Die wenigen Ärzte, die es im Norden gab, waren vollauf damit beschäftigt, jeden Einwohner der Territories so krank zu schreiben, daß er in den Genuß des Alkohols kam. Außerdem wurde natürlich geschmuggelt.
Flying Eagle war einer der ersten, der »bootlegging« am Sklavensee betrieb. Zuerst mit Booten, später mit einem Wasserflugzeug. Da auch heute noch geschmuggelt wird, besonders für die Eskimos an der Eismeerküste, wird mir die Bedeutung des Helikopterwracks klar. Flying Eagle grinst zustimmend, fügt jedoch hinzu, daß er heute nichts mehr mit diesem Geschäft im Sinn hat. Das erledigen jetzt seine Söhne, die sich mit diesen modernen Flugmaschinen besser auskennen als er.
Später, in Yellowknife frage ich den Manager der Autoverleihfirma nach den Alkohol-regulations in den Territories. Der Mann ist im Nebenberuf Kustos am Yellowknifer Museum und als habe er nur auf das Stichwort gewartet, erzählt er mir 130 Meilen lang über den Kampf der Nordländer um einen lizenzierten Liquor Store. Und im Museum zeigt er mir Unterlagen. Immer wieder hatte man im Northwest Territories Council über die Frage diskutiert, ob es opportun sei, einen Liquor Store zu etablieren. Und man war zu keinem Ergebnis gekommen.
Schließlich wurde es im Jahre 1938 dem höchstehrenwerten Mineninspektor Jock McMeekan zu dumm. Er setzte sich hin und schrieb einen geharnischten Brief an die Regierung. Dieser Brief ist im Museum in Yellowknife einzusehen und lautet: »We free Canadians, who are without self praise or undue

conceit, doing our best to break new ground in a country which has for the past seven years or so been sitting on its tail and belly aching rather than looking around at the tremendous productive possibilities of its far reaching territory, cannot legally buy a bottle of whiskey . . . even a glass of beer. To get that inalienable right of every Canadian: a drink when we want one, we either have to go to the police and make a comic declaration that we need two gallons of it for medicinal purposes . . . or else help some far-sighted citizen compound a felony by buying a bottle from him at (and this hurts) ten dollars a bottle.
The result of this lamentable state of affairs is that liquor, the tongue loosener an aid to good fellowship, the killer of inhibitions when used properly, is abused. Bill Smith comes in from the bush; he wants a drink (why shouldn't he?). He buys a bottle. Along come Alec and Ray and Ole and Pete and the bottle is gone – ssfft! Follows another, bought by Ole, say. Then Alec and Roy feel it incumbent upon them to get a crock. It is hard to get sometimes, therefore, much more attractive than if it could be purchased as it should be; over the counter. There is a lurking element of dare deviltry in the buying of every bottle.
Respectfully we ask, why no vendor's store and, more important still, why no beer parlour? The thousands of dollars monthly in tax revenue which comes from liquor shipped in here from Alberta incidentally puts no money in the Dominion purse. But it does help out Bible Bill Aberhart.«
Die Regierung schreckte auf, sah, was in den Territories geschah, oder vielmehr nicht geschah und sann auf Änderung. Es ging dabei in erster Linie darum, jemanden zu finden, der den Verkauf übernahm. Also trat man an die Hudson Bay Company heran. Und die Manager in Winnipeg zeigten sich zunächst auch höchst interessiert. Dann aber befanden die Direktoren von »The Bay«, daß es doch nicht recht sei, ins Alkoholgeschäft einzusteigen. Und damit lag Yellowknife weiter trocken.
Im Januar 1939 erschien die Zeitung »The Prospector« mit der

Schlagzeile auf der ersten Seite: »How long, O Lord!« Und unter den Bewohnern begann es zu rumoren. Die Luft wurde, trotz Kanalisation, dicker und dicker. Bis zum 20. Mai 1939. Da verkündeten handlange Lettern im »The Prospector«: »Geänderte Alkoholgesetze«. Und nun begann der Boom.

In den Annalen der RCMP finden sich zahlreiche Eintragungen über das Sicherstellen von Destilliergeräten und schwarz gebrannten Alkoholika. Denn weil man vor der Änderung der Gesetze aus menschlichem Verständnis alle Augen zugedrückt hatte, wenn irgendwo der Duft von Schwarzgebranntem durch die Straßen zog, so mußte man jetzt natürlich dem Gesetz Genüge tun. Gegen Ende des Jahres 1939 weisen die Bücher der Polizei immer häufiger Eintragungen darüber aus, daß gesetzestreue Yellowknifer ihre Destillierapparate freiwillig bei der RCMP ablieferten. Zu jener Zeit gab es bereits zwei lizenzierte Liquorestores in der Stadt und die Einwohner wollten, wie ein Captain Richardson im Jahresabschlußbericht feinsinnig bemerkt: »nicht länger Gefahr laufen, an Eigenproduktionen zu erblinden.« Beim Government Health Survey Team wurden seit diesem Zeitpunkt auch keine Fälle plötzlicher Blindheit in Yellowknife und Umgebung mehr bekannt.

Requiem für ein Caribou

Zu Beginn des zwanzigsten Jahrhunderts grassierte in Kanada das Nationalparkfieber. Immer wieder unternahmen Abgeordnete, die sich dem Naturschutzgedanken verbunden fühlten, im Parlament Vorstöße für die Einrichtung von Nationalparks. In den Northwest Territories wurden in den Jahren 1911 bis 1922 drei Nationalparks eingerichtet. Als erster jener auf Baffin Island, mit 21470 Quadratkilometern der zweitgrößte. Der Nahanni National Park mißt 4765 Quadratkilometer und der größte ist der Wood Buffalo National Park in der Nähe von Fort Smith.

Im Jahre 1923, knapp 11 Monate nach der Gründung des Wood Buffalo Parks, beauftragte die Regierung in Ottawa zwei Wildhüter aus den Northwest Territories, eine Rentierherde in diesen Park zu treiben, um so Rentiere auch im Süden der Territories anzusiedeln. In Ottawa war man überzeugt, daß derartiges durchaus möglich sein müßte.

Die beiden Wildhüter, Jerry Simon, ein gebürtiger Engländer und Costa Garriets, dessen Eltern aus Griechenland eingewandert waren, übernahmen trotz erheblicher Skepsis den Auftrag. An Bord der »Radium Queen« fuhren sie den Slave River abwärts bis in den Great Slave Lake und von dort weiter den Mackenzie Fluß hinab bis ins Eismeer.

Sie hörten sich unter Eskimos um und erfuhren, daß die nächste Rentierherde erst auf Banks Island, oder aber noch weiter östlich, auf Victoria Island, zu finden sein würde.

Da sich der Kapitän der »Radium Queen« weigerte, auf der Rückfahrt eine Renherde an Bord zu nehmen, beschlossen die beiden Wildhüter, bis zum Herbst zu warten und die Tiere dann übers Eis aufs Festland zu treiben. Sie zogen bis Paulatuk in der Damley Bay und schlugen dort ihr Sommerlager auf. Die Zeit bis zum Herbst vertrieben sie sich mit Jagen und Fischen und halfen den Eskimos bei der Waljagd. Dabei knüpften sie wichtige Beziehungen zu den Eingeborenen, die ihnen zu Beginn des Winters dabei helfen sollten, die Herde übers Eis zu treiben.

Anfang Oktober 1923 schien die Witterung ihrem Vorhaben günstig. Der Amundsen Gulf war mit Treibeis bedeckt und Simon und Garriets fuhren zusammen mit sechs Eskimos in drei Hundeschlitten über das Eis, um auf Banks Island eine geeignete Rentierherde zusammenzutreiben.

»Wir fanden die Tiere in der Nähe der De Salis Bay«, notierte Simon in seinem Tagebuch, »und trieben sie mit Hilfe der Eskimos hinüber nach Melville Hills.« Das waren etwa 200 Kilometer. »Die Herde war nicht groß, nur 35 Tiere, aber wir dachten, die würden wohl genügen. Um hin und wieder unsere Vorräte auffrischen zu können, hielten wir uns nach Westen in Richtung Collville Lake und wollten später den Mackenzie aufwärts. Bis zu den Ausläufern der Franklin Mountains kamen wir gut voran, und wir entließen die Eskimos«, heißt es weiter in Simons Tagebuch. Dann aber schien sich die Natur gegen die beiden Wildhüter verschworen zu haben. Eisige Schneestürme hielten sie immer wieder auf, sprengte ihre Herde und sie verbrachten Monate damit, die Tiere wieder zusammenzutreiben. Wölfe und Bären griffen an.

Als im Mai 1924 der Frühling über den 60. Breitengrad zu kriechen begann, schöpften Simon und Garriets neue Hoffnung. Nicht mehr lange, so dachten sie, und es würde möglich sein, die Herde, sie war auf 19 Tiere zusammengeschrumpft, in den Süden zu treiben. Da griffen die Moskitos an.

Rentiere sind Moskitos nicht gewöhnt, ebensowenig wie Blackflies. Was den Wölfen und Bären entgangen war, erledigten die Insekten. Die Wildhüter waren verzweifelt.
Aus den Fellen verendeter Tiere schneiderten sie Schutzkleidung für die wenigen Überlebenden, schnitten Schlitze für Augen und Ohren hinein und führten die vier Rens, die ihnen geblieben waren, an Halftern über das Land. Auf diese Art war es jedoch unmöglich, für sich selbst Nahrung zu jagen, und 90 Meilen südlich von Wrigley entschlossen sich Simon und Garriets schweren Herzens, eines der Tiere zu schlachten. Sie koppelten die drei verbliebenen an und schlugen etwa 500 Meter abseits ihr Lager auf, da sie den Rens den Anblick ihres toten Kameraden ersparen wollten. »Wir hatten uns so sehr an die Tiere gewöhnt und sie sich an uns, daß dies das wenigste war, was wir für sie tun konnten«, notierte Simon.
Und dieses wenige erwies sich auch noch als schlecht, denn in der folgenden Nacht wurden zwei Tiere von Wölfen gerissen. Mit ihrer letzten Renkuh am Halfter, sie hatten sie »Susi« getauft, zogen die Wildhüter weiter. Susi schien sich allmählich an die Moskitoplage zu gewöhnen, war zutraulich, folgsam und blieb immer in der Nähe der Männer. Bei Fort Providence setzten Simon und Garriets mit einer Treidelfähre über den Mackenzie und auch dies überstand Susi wohlbehalten, obwohl die Besatzung der Fähre lüsterne Augen machte und mehrmals zu verstehen gab, daß man Susi lieber in der Pfanne, denn auf dem Kahn haben wollte. Simon übernahm in der Nähe der Anlegestelle die erste Nachtwache, Garriets die zweite und es wurden keine besonderen Vorkommnisse erwähnt.
Schließlich hatten die Wildhüter mit Susi den Kakisa Lake erreicht und damit über 1300 Kilometer zurückgelegt, als sie ein plötzlicher Wetterumschwung zu einem Biwak zwang. Bei Temperaturen von minus 15 bis 20 Grad Celsius harrten sie sieben Tage in ihrem Biwak und es war Garriets, der, von

nagendem Hunger gepeinigt, Susi immer häufiger mit einem Caribou verglich.
»Ich kann wirklich keinen Unterschied sehen«, sagte er immer wieder und als Simon nicht zu begreifen schien, fügte er schließlich hinzu: »Wenn ich das schon nicht kann, dann ist es für die Bastarde aus Ottawa erst recht unmöglich.«
»Du meinst . . .?« fragte Simon und wagte es noch nicht, den Satz zu Ende zu sprechen.
»Aber klar. Schlachten wir Susi und besorgen wir uns als Ersatz ein Caribou. Caribous sind außerdem nicht moskitoanfällig, die haben im Nationalpark viel größere Überlebenschancen.«
Simon zögerte. Lange. Drei Tage lang. Dann war der Hunger übermächtig und Susi am Ende ihres Weges angelangt. Kaum hatten die Wildhüter sie geschlachtet, besserte sich das Wetter. Es begann die große Jagd auf ein Caribou.
Die Jagd dauerte elf Tage, dann hatten es Simon und Garriets geschafft. In alter Anhänglichkeit nannten sie ihre Beute wieder Susi und quälten sich mit dem störrischen, ständig auskeilenden Tier nach Südosten. Diesmal aber legten sie größten Wert darauf, Siedlungen möglichst weit zu umgehen. Ganz so sicher, daß man ihnen »Caribou-Susi« als Ren abnehmen würde, waren sie doch nicht. »Wenn wir sie erst einmal im Park haben würden, könnten wir sie einfach laufen lassen und sagen, sie sei uns entkommen«, bemerkt Simon zu ihrem Plan in seinem Tagebuch und vielleicht hätte der ja auch geklappt, wenn nicht, ja, wenn nicht Kosten entstanden wären.
Für ihr Unternehmen »Rentierherde« berechneten die beiden Wildhüter der Regierung die stolze Summe von 500 Dollar. Eine gerechte Abfindung für über ein Jahr harter Arbeit, wie sie fanden. Von Fort Smith aus telegraphierte Jerry Simon die Forderung nach Ottawa durch. Sein Partner wartete inzwischen unmittelbar an der Grenze des Nationalparks mit Caribou-Susi am Halfter. Er mußte sechs Tage lang warten, bis Simon wieder zu ihm stieß. Er hatte inzwischen die Antwort

der Regierung erhalten: Man konnte beim besten Willen nur 100 Dollar erübrigen.
»Immerhin, besser als nichts«, sagte Costa Garriets. Er wußte, daß es sinnlos war, gegen die Entscheidungen des Governments anzugehen.
Da standen sie nun beide, hielten eine Caribou-Kuh am Halfter, hatten 400 Dollar Verlust gemacht, nicht ein einziges Rentier lebend in den Süden gebracht, keine brauchbare Ausrüstung mehr und keine Verpflegung. Und außerdem stand das alljährlich begangene Gründungsfest von Fort Smith, der 28. August (ein nicht verbürgtes Datum, da es die Ansiedlung unter dem Namen Fort York bereits im Jahre 1715 oder sogar schon früher gab) bevor.
»Was, zum Teufel, machen wir mit diesem angebrochenen Jahr?« fragt Jerry Simon in seinem Tagebuch und gibt drei Seiten später eine detaillierte Auskunft: »Das Regierungsgeld ist angekommen und wir haben zur Feier des Tages Caribou-Susi geschlachtet und uns richtig satt gegessen. Was an Fleisch übrig war, haben wir an die Indianer verkauft und von dem Erlös und weil Gründungstag war, in der Kirche ein Requiem für Susi abhalten lassen. Father Ebner weiß zum Glück nicht, wer Susi war und so hält er uns für gute Christen. Möge der Herr uns verzeihen, aber wir sind es wirklich.«
Während des Herbstes verfaßten die beiden Wildhüter einen ausführlichen Bericht über das »Unternehmen Rentierherde«. Sie wiesen mehrmals eingehend darauf hin, daß es wohl unmöglich sein würde, Rens in den Waldbüffel-Nationalpark zu bringen, da nicht nur die klimatischen, sondern auch die übrigen Umweltbedingungen um den 60. Breitengrad für Rentiere ungeeignet seien, insbesondere wegen der Moskitos und der Blackflies. Ihr Bericht schließt mit der Vermutung, daß jenes eine Ren, das sie angeblich im Park ausgesetzt haben, binnen kurzem eingegangen sein muß.
Erst 32 Jahre später, im Frühsommer des Jahres 1956, ver-

traute Jerry Simon auf seinem Sterbebett dem Pfarrer von Fort Smith an, daß er zusammen mit Costa Garriets gar kein Ren, sondern ein Caribou im Nationalpark geschlachtet und nicht etwa ausgesetzt hatte. Noch dazu eines, dem ein Requiem gehalten wurde.

Stockpile Shell

Ein erster Goldrausch, ein kleiner, brach 1858 in Kanada aus, als das begehrte gelbe Metall in British Columbia gefunden wurde. Achtunddreißig Jahre später begann der große Run nach Norden. Am Klondyke River im Yukon Territory waren 1896 Prospektoren fündig geworden.

In den Northwest Territories hat es einen echten Goldrush nie wirklich gegeben, dazu waren die Vorkommen zu gering, ihre Gewinnung zu schwierig. Es blieb großen Minengesellschaften vorbehalten, die Ausbeutung der Erzvorkommen zu übernehmen. Fast ein halbes Jahrhundert verstrich. Dann kamen die Ölprospektoren. Und nun überzieht ein Netz von Stockpilestationen die arktische Küste. Was sich rund um das Mackenziedelta anbahnt, ist dem Bau der Alaskapipeline vergleichbar.

Inuvik, einst verschlafenes Eskimonest im Delta, hat sich zur Boomtown gemausert, mit sprunghaft gestiegener Kriminalitätsrate und allen anderen Begleiterscheinungen. Es geht um schnell verdiente Dollars; und die haben von jeher eine magische Anziehungskraft auf Glücksritter aus allen Teilen des amerikanischen Kontinents.

Im Inselgewirr vor der Eismeerküste, auf 69 Grad, 12 Minuten und 46 Sekunden nördlicher Breite und 135 Grad, 6 Minuten, 04 Sekunden westlicher Länge hat die kanadische Shell Kompanie ihr »Farewell Stockpile« errichtet. Als ich die Insel besuchte, verkündete ein Schild, daß bereits seit 410 Tagen ohne Unfall gearbeitet worden war.

Ein Stockpile zu besichtigen ist entweder ungeheuer einfach oder mit schier unüberwindlichen Schwierigkeiten verbunden. Für den offiziellen Weg bedarf es rund eines halben Hunderts an Unterschriften von Verantwortlichen, die entweder gerade auf Reisen, krank, in wichtigen Besprechungen oder nur bedingt zuständig sind.

Man kann natürlich auch einfach den Piloten einer Versorgungsmaschine überreden, einen mal eben mitzunehmen. Das dauert dann kaum eine Minute und kostet, je nach Geschmack, entweder eine Flasche Wodka oder eine Flasche Whisky.

Scotty Holloway bevorzugte Wodka. Er stammt aus Texas und grollt seit zwanzig Jahren, daß er nicht größer gewachsen ist als einen Meter vierundsechzigeinhalb. Derartiges muß in Texas wirklich ein Makel sein. Um dennoch auf seine Mitmenschen herabsehen zu können, wurde Scotty Pilot. Und was für einer!

»Ich fliege nur nach Gefühl«, versichert er mir und die gelbrote Twin-Otter Turboprop benimmt sich dabei wie ein einzureitender Mustang. Im Gepäckteil zerren Kanister, Schachteln, Holzstangen, Schaufeln, Pickel und Beile an den Halteseilen. Es muß wirklich an der Maschine liegen, denn weder beim Start, noch bei der Landung ist auch nur der Hauch eines Lüftchens zu spüren.

Henry Sinclair, der Leiter der Esso-Station, sieht mich denn auch nach der Landung prüfend an, stellt fest, daß meine Gesichtsfarbe noch nicht ins Grünliche spielt und akzeptiert mich prompt als vollwertigen Menschen. »Scotty ist unser Tester, wissen Sie. Wer einen Flug mit ihm heil übersteht, dem kann auch hier draußen kaum etwas Ernsthaftes passieren«, beantwortet er meine unausgesprochene Frage.

Später, im Aufenthaltsraum der Station, berichtet Sinclair über die Arbeit auf dem Stockpile. Sie ist hart. In drei Schichten suchen die Arbeiter rund um die Uhr nach Öl. Wer drei Wochen auf der Insel war, erhält eine Woche Urlaub und wird in den Süden geflogen. In ihrer Urlaubswoche geben die Männer dann hemmungslos jene rund 3000 Dollar aus, die sie sich erschuftet haben. Noch vor einem halben Jahr taten sie dieses in Edmonton/Alberta. Jetzt genügt ihnen bereits Inuvik. Manche fliegen nicht einmal so weit. Sie nehmen statt dessen Scotty Holloways Dienste in Anspruch. Doch davon später. Das »Farewell Stockpile« ist eine saubere Arbeitsstelle.

Vor allem ist es eine Arbeitsstelle, auf der Tag und Nacht die Tiefstrahler brennen. Auch während der Mittsommersonne. Das ist zwar Unsinn, wie Henry Sinclair einräumt, aber Vorschrift. Die Tiefstrahler sind an roh behauenen Kiefernstämmen befestigt, und einer der Arbeiter hat nach sechs Wochen ohne Urlaub – wer nicht will, muß die ihm zustehende Freiwoche nicht nehmen – seine Schuhe an einen derartigen Mast genagelt. Danach schickte ihn Sinclair zwangsweise in den Süden.

Stockpileeinsamkeit ist grenzenlos. Das knapp zwei Hektar große Inselchen, schmutzigbraune Schottererde, von Truckspuren zerfurcht, erhebt sich nur etwa drei Meter hoch aus den Wassern des Eismeeres. Sein südlicher Rand wird von einem Fuhrpark säuberlich nebeneinander aufgereihter Trucks begrenzt. Die Trucks sind nur während der Wintermonate im Einsatz. Auf ihrem Weg in den Süden nehmen sie Abfälle mit und auf der Rückfahrt transportieren sie Versorgungsgüter für ein Jahr. Auf ihre Achsen werden ganze Unterkunftsbaracken montiert.

Während der Sommermonate keilt eine gewaltige Ramme Kiefernstämme als Fundament für diese Baracken in den Permafrostboden des Inselchens.

Die Stämme werden wasserwaagengenau in einer Höhe abgesägt und über Rutschen zieht dann ein Bulldozer die Baracke auf das Pfahlfundament. Die Arbeiter schlafen in zweistöckigen Kojen, haben Fernsehgeräte, Radios, Bar und Kühlschrank in ihren Unterkünften. In der Gemeinschaftsbaracke gibt es sogar einen Kinosaal, in dem unentwegt Pornofilme gezeigt werden. Mehrere Flipperautomaten, Kickertische und ein Poolbillard stehen zur Verfügung, sogar eine kleine Bibliothek. »Aber gelesen wird hier kaum«, sagt Henry Sinclair. »Hier wird nur gearbeitet, gegessen und geschlafen.«

Für das leibliche Wohl der Männer sorgt ein chinesischer Koch, der pingelig darauf achtet, daß jeder der Männer täglich mindestens 4000 Kalorien zu sich nimmt. Und Unmengen an Flüssigkeit. Der Alkoholkonsum der Arbeiter hält sich in Grenzen, dazu ist ihre Arbeit zu schwer und zu gefährlich. Ein falscher Griff kann einen Finger, eine Hand, manchmal sogar einen Arm kosten. Und im Winter kommt die Erfrierungsgefahr hinzu. Manchmal auch der Besuch eines Eisbären.

»Daß so ein weißer Riese ganz erheblichen Schaden anrichten kann, wenn er versucht, an unsere Vorräte zu gelangen, können Sie sich sicher vorstellen«, sagt Henry Sinclair und bedauert, daß es ihm und seinen Arbeitern verboten ist, Eisbären zu schießen. »Das dürfen nur Eskimos, oder die Gameofficers der Regierung.«

Der Aufenthalt zwischen schwer schuftenden Ölprospektoren ist nichts für sensible Naturen. »Die bekommen Depressionen, Platzangst, Verfolgungswahn und dergleichen. Um hier leben und arbeiten zu können, muß man ein ganzer, ein harter Mann sein. Was zählt, ist die tägliche Arbeitsleistung. Auf nichts anderes hat man sich zu konzentrieren. Und nach drei Wochen kann man sechs Tage lang Arbeit und Einsamkeit vergessen, kann sich austoben. Da geht es dann manchmal etwas laut und wild zu, aber ernstlich passiert ist noch niemandem etwas. Schon deshalb, weil das Tragen versteckter Waffen verboten ist. Natürlich kann jeder ein Gewehr mit sich herumschleppen, aber das sieht man dann und außerdem ist es unpraktisch. Wer jedoch mit einem Revolver oder einem Messer erwischt wird, fliegt. Und muß eine saftige Strafe bezahlen. Dieses Risiko

geht keiner der Männer ein, lieber versaufen sie ihre hartverdienten Dollars, als sie der Regierung in den Rachen zu werfen.«
Wer nicht säuft, nach Edmonton fliegt oder nach Inuvik, der hält sich an Scotty Holloway. Dieser Texaner hat sich neben seiner Fliegerei eine außerordentlich einträgliche Geldquelle erschlossen. Seine Überlegungen, die ihn, wenn auch noch nicht zum Millionär, so doch ziemlich reich gemacht haben, waren einfach: Zwar ist der Hin- und Rückflug für die Arbeiter, die ihre Freiwoche im Süden verbringen, kostenlos, indes, er dauert natürlich einige Stunden, und schwerarbeitende Ölprospektoren, die sich drei Wochen lang an Pornofilmen aufgeheizt haben, wollen in der Regel keine Zeit verlieren, um endlich die Theorie zu verlassen und selbst praktisch tätig zu werden.
Für Scotty stellten sich folgende Fragen: Wo fand man die willigen Damen? Wie brachte man sie dazu, in den Norden zu kommen? Und schließlich, wie waren sie entsprechend unterzubringen?
Die erste Frage ließ sich am leichtesten beantworten: In Manhattans 42. Straße erklärten sich spontan zwei Dutzend von Scotty angesprochene Damen bereit, den nördlichen Notstand zu beheben. »Durchwegs nette, saubere und hübsche junge Dinger, die mit Begeisterung bei der Sache sind«, wie Scotty versichert. Nur hatten die Damen eben so recht keine Vorstellungen von den Lebensbedingungen am Eismeergestade.
Holloway, der findige Texaner, hatte. Also setzte er sich hin und kalkulierte. Nach mehrtägiger, schweißtreibender Kopfarbeit stellte er fest, daß es zunächst einmal die runde Summe von 50000 Dollar zu investieren galt. Für Unterbringung, Ausstattung und natürlich für den Transport. Scotty selbst besaß wenig mehr als 3000 Dollar. Zu einer Bank konnte er schlecht und zu einem Wucherer wollte er nicht gehen. Andererseits war er überzeugt davon, eine außerordentlich gewinnträchtige

Marktlücke entdeckt zu haben. Es blieb ihm also nichts anderes übrig, als sich nach Partnern umzusehen. Daß die Damen, die er angeworben hatte, alle frei, das heißt ohne Beschützer (lies: Zuhälter) arbeiteten, war zwar auf den ersten Blick ein Vorteil, verhinderte aber jetzt die Bildung einer Interessengemeinschaft, beziehungsweise, einer Kapitalgesellschaft. Eine Woche lang trieb sich Scotty Holloway in den einschlägigen Lokalen Manhattans herum, dann hatte er die nötigen Kontakte gefunden. Und er hatte festgestellt, daß man in New York nicht unbedingt zwei Meter groß sein muß, um von den Menschen beachtet zu werden; eine gute Idee genügt. Die ersten Verhandlungen wurden telefonisch geführt. Dann lud ein sehr distinguiert aussehender Mann Scotty in ein vornehmes Speiserestaurant. Bei Austern, T-bone-steak und Eisbombe kam man sich näher.

»Ich habe sehr schnell gelernt, daß man so was nur generalstabsmäßig planen und organisieren kann. Wie in einem richtigen Konzern. Und im Grunde ist das ja auch nichts anderes als ein gut funktionierendes Wirtschaftsunternehmen«, erzählt Scotty.

»Wir haben das alles ganz genau festgelegt, mit Tarifen, Arbeitszeit, Freizeit für die Mädchen und so. Und weil ich es war, der die Idee hatte und ich ja eigentlich auch der einzige bin, der sich hier oben auskennt, habe ich mir einen Anteil von 32 Prozent sichern können.«

Das Unternehmen, mit dem Scotty ins Geschäft kam, ist eigentlich ein sizilianischer Familienbetrieb. Allerdings ein multinationaler. Und wie ein echter Multi verfügt diese Familie auch über die entsprechenden Beziehungen. Nun ging alles seinen geordneten Gang. Scotty beantragte beim Government die Lizenz für die Errichtung eines Freizeitzentrums an der Eismeerküste. Die Erlaubnis wurde überraschend schnell erteilt. Dann hieß es, auf den nächten Winter zu warten. Als er, für Scotty viel zu langsam, endlich kam, karrten drei riesige

Trucks die gleiche Anzahl Unterkunftsbaracken in den Norden. Zwar standen für diese Baracken keine Pfahlfundamente bereit, aber die New Yorker Familie war, ebenso wie Scotty, der Auffassung, daß es in diesen Fällen alte Truckreifen als Unterlagen auch täten. Das würde zudem für eine bessere Federung der Behausungen sorgen. Kaum waren die Baracken installiert, an einen Generator angeschlossen und mit Energie und Vorräten versorgt, flog Scotty seine Twin Otter nach New York. Er mußte den Weg zweimal machen, da er nicht alle Damen auf einmal befördern konnte. »Aber schon während der Flüge wußte ich, daß ich einen Volltreffer gelandet hatte. Es sind wirklich zauberhafte Mädchen.«
Die zauberhaften Mädchen versehen mittlerweile ebenso wie die Stockpilearbeiter einen Rund-um-die-Uhr-Dienst. Und nach einigen Pannen haben sie sich bestens an die Lebensbedingungen im Norden gewöhnt.
Von einer Probebohrung, etwa 30 Meilen nördlich von »Farewell-Stockpile« kommt eine Arbeitscrew zurück. Die Männer verschwinden unter den Duschen, ziehen sich um. Die meisten von ihnen gehen essen. Einige jedoch greifen lediglich nach ein paar Sandwiches und kommen dann zu Scotty und mir herüber. Sie brauchen nichts zu sagen, Scotty weiß genau, was sie wollen. Zehn Minuten später ist seine Maschine startklar und noch einmal zwanzig Minuten später landen wir im sogenannten Freizeitzentrum, eine Insel, nicht größer als jene von »Farewell-Stockpile«.
Zwei der mit grüner Ölfarbe gestrichenen Baracken dienen ausschließlich als gewerbliche Räume, die dritte Baracke haben sich die Damen als privates Refugium hergerichtet. Es ist überraschend gemütlich. An den Wänden hängen Pop-Poster, Kaffeetischchen stehen herum, auf Sofas türmen sich Kissen. Und überall stehen, hängen und liegen Spiegel, Schminkutensilien und Parfumflakons. Auf den Tischen und Stühlen Comic-Hefte.

Die Damen, die gerade nicht im Dienst sind, schreiben Postkarten, lesen, dösen vor sich hin oder plaudern. Sie sind erstaunlich jung, sehen drall und gesund aus. Vor allem drall. »Das Schönheitsideal ist im Norden anders als im Süden«, erklärt Scotty auf meine Frage. »Ich bevorzugte dünne, große Blondinen. Heute hätte ich Angst, mir an so einem Mädchen einen Splitter einzuziehen. Es ist wirklich so, wer schwer arbeitet, will auch während seiner Freizeit was Solides in der Hand haben.« Und die Mädchen sind durchwegs außerordentlich solide.

Sue, eine 22 Jahre alte Negerin aus der Bronx, knapp einen Meter achtzig groß und sicherlich ihre 85 kg schwer, ist unter den Mädchen die Respektsperson. Sie verbucht die Einnahmen, bewilligt Urlaub und kümmert sich, da sie mal als Krankenschwester gearbeitet hat, auch um die medizinische Betreuung ihrer Kolleginnen. Sie erzählt auch, warum es ganz besonders Spaß macht, im Norden ein »Happy Hooker« zu sein.

»Du glaubst ja gar nicht, wie nett die hier alle sind. Richtige Gentlemen. Nicht so wie in New York, wo man manchmal wie ein Stück Dreck behandelt wird. Die Männer, die hier oben arbeiten, sind unverdorbene, gesunde, bärenstarke Kerle. Mit denen kann man richtig Spaß haben. Und manchmal bahnen sich da auch dauerhafte Verbindungen an. Vor einem halben Jahr hat eine von uns sogar geheiratet. Die wohnt jetzt mit ihrem Mann in Tennessee. Und du kannst mir glauben, unsereins gibt die besten Ehefrauen ab, treu und verläßlich. Außerdem, hier oben kann man niemandem etwas vormachen. Hier weiß jeder genau, was er bekommt. Da läuft kein Schmus, bei dem sich hinterher herausstellt, daß doch alles ganz anders ist.«

Daß die Sache natürlich doch einen Haken hat, verrät mir Scotty auf dem Rückflug. Selbstverständlich kann und darf sich jedes Mädchen verlieben und natürlich auch heiraten. Aber da ihr Weggang eine Lücke hinterläßt und dies den Ertrag der »Freizeitgesellschaft« schmälern würde – was die Großaktionäre der New Yorker Familie gar nicht mögen –, muß jede Heiratswillige für Ersatz sorgen. In den meisten Fällen genügt es, die Adresse einer Kollegin zu nennen. Diese wird dann schon dazu überredet, anstelle ihrer Vorgängerin im Norden Dienst zu tun.

Und auch der männliche Heiratskandidat kommt nicht ungeschoren davon. Ein Mädchen, das geheiratet wird, schlägt sich in der Bilanz des Unternehmens als rote Zahl nieder. Also wird eine Ablösesumme notwendig. Diese richtet sich ganz nach der Qualifikation der Dame und beträgt zwischen 1000 und 5000 Dollar. Scotty weiß von einem Fall, bei dem die Kolleginnen der betreffenden Heiratskandidatin eine Sammlung für die Ablösezahlung veranstalteten.

Zurück auf »Farewell Stockpile« frage ich Henry Sinclair, wie sich seine Gesellschaft zu dem Freizeitzentrum stellt. Sinclair winkt müde lächelnd ab. »Was wollen Sie? Uns geht das doch nichts an. Wir können unseren Arbeitern ja nicht vorschreiben, was sie in ihrer Freizeit tun sollen. Und wie Sie sicherlich gemerkt haben werden, geht alles ganz sauber und fair zu. Wer sich darüber empört, daß nach außen ehrenwerte Gesellschaften ein solches Zentrum aufgebaut haben, der sollte sich überlegen, welche Alternativen es gibt. Nämlich keine.«

Sinclairs Worte werden von einem RCMP-Hauptmann bestätigt, der seit Beginn des Ölbooms in Inuvik Dienst tut. Dorthin sind mit den Arbeitern auch dunkle Geschäftemacher gekommen. Man kann ohne Lizenz eine Bar oder eine Gastwirtschaft eröffnen (um in Hinterzimmern Glücksspiele zu veranstalten oder einen Bordellbetrieb aufzuziehen). »Wir hatten hier früher kaum Ärger mit Betrunkenen oder Randalierern. Wer einen Rausch hatte, schlief ihn aus und ging danach wieder zur Arbeit. Heute rottet sich hier immer wieder Gesindel zusammen, zieht grölend durch die Straßen und richtet eine Menge Unheil an. Da wird das Kanalisationssystem demoliert (es läuft oberirdisch und muß beheizt werden, da es sonst während der Kälteperiode nicht funktionieren würde), es gibt wesentlich mehr Schlägereien als früher und auch der Alkoholschmuggel blüht wieder. Aber wie will man etwas kontrollieren, wenn ständig neue Gesichter auftauchen? Die Arbeiter, die ihre Freiwoche haben, fallen ein wie die Geier, wollen sich amüsieren, die drei Wochen auf ihrer Stockpile vergessen. Wer wollte ihnen das verbieten? So schnell, wie sie ihr Geld verdienen, geben sie es auch wieder aus. Und es gibt eine Unmenge von Leuten, die ihnen ihre Dollars abnehmen wollen. Mit diesem, ähem, Freizeitzentrum haben wir keine Last. Da läuft alles ruhig und es gibt keinen Ärger. Und was hinter den Wänden geschieht, interessiert uns nicht.«

Seit der so erfolgreichen Premiere der Ölwaffe durch die arabischen Länder haben viele große Mineralölgesellschaften ihre Anstrengungen forciert, im Norden Amerikas und Kanadas Bohrungen niederzubringen. Derzeit laufen Probebohrungen auf dem arktischen Archipel und im Nordpolarmeer. Und natürlich sehen viele Menschen in diesen Gebieten ihre Zukunft, wollen teilhaben am wirtschaftlichen Aufschwung, den sie oft nach ihren eigenen Vorstellungen gestalten. Leider bezieht niemand die Eingeborenen dieser Gebiete in seine Vorstellungen mit ein. Und niemand schert sich darum, daß dicht unter der Küste und vor dem gewaltigen Delta des Mackenzie die – für die Eskimos lebenswichtigen – Walfanggründe liegen, aus denen die Belugas allmählich vertrieben werden. Für die Eskimoanrainer ist dies genau so schlimm, als hätte man die Tiere ausgerottet.

Wenn die Regierung in Ottawa, die in der Vergangenheit schon oft großes Verständnis für die Belange der Ureinwohner gezeigt hat, hier nicht in absehbarer Zeit zu einer gesetzlichen Regelung findet, wird es bei den Pingos im Mackenziedelta bald keine Smokehouses mehr geben. Die Ausbeutung der Ölvorräte wird die Eskimos überrollen und vertreiben. Wenn dann nach etwa 50 Jahren – so lange sollen die Vorkommen, die man in diesen nördlichen Regionen vermutet, ausreichen – der Weiße Mann wieder von der Küste des Eismeeres verschwindet, wird es mindestens noch einmal so lange dauern, bis die Eskimos zurückkommen können. Wenn überhaupt.

Die Hudson Bay Company

Wohin man im Norden auch kommt, die Hudson Bay Company ist schon da. Es gibt keinen noch so abgelegenen Außenposten der Zivilisation ohne Agentur jener Handelsgesellschaft, die Kanada dem britischen Empire erschlossen hat.
Gerade in den Northwest Territories waren es Angehörige von »The Bay«, wie man die Hudson Bay Company in Kanada respekt- und liebevoll nennt, die für gutnachbarliche Beziehungen zwischen Indianern, Eskimos und Weißen sorgten. Und das heutige Kanada wäre undenkbar ohne die Gebiete, die »The Bay« im Jahre 1896 an die Regierung in Ottawa abtrat. Aus diesen Gebieten entstanden bis zum Jahre 1912 die Provinzen Alberta, Saskatschewan, das Yukon Territory und die Northwest Territories.
Um die Geschichte der NWT zu verstehen, muß man die Geschichte der Hudson Bay Company kennen. Und jene der »Northwest Company«, die später mit The Bay fusionierte. Die meisten Manager von The Bay, die ich im Norden getroffen habe, erzählten mir wilde Eroberungsgeschichten. In den Archiven von The Bay in Winnipeg liest sich die Geschichte der am 2. Mai 1670 gegründeten Company nicht ganz so dramatisch, dafür sind die Daten präzise.
Es begann damit, daß Europäer eine Schiffspassage zu den reichen Märkten des Fernen Ostens suchten und dabei fast zufällig jenes für die Gewinnung von Fellen so unerschöpfliche Gebiet entdeckten, das man heute als Kanada bezeichnet.

Jacques Cartier versuchte, diese Schiffspassage für die Franzosen zu finden. Er fuhr im Golf von St. Lawrence flußaufwärts, bis ihm die Stromschnellen von Lachine, kurz hinter Montreal, die Weiterfahrt verwehrten. So hatte er zwar nicht die Passage in den Fernen Osten entdeckt, dafür aber eine hervorragende Wasserstraße, die vom großen Pelzjägergebiet nach Süden führte. Damit begründete er den französischen Pelzhandel.
Nachdem der Versuch Martin Frobishers, die amerikanische Nordküste zu umsegeln, fehlgeschlagen war, versuchten die Engländer, und neben ihnen die Holländer das gleiche mit der europäischen Nordküste. Bei diesen Expeditionen sammelte Henry Hudson seine Erfahrungen als Arktikforscher.
Auf einer Reise, die er in holländischen Diensten unternahm, wurde sein Schiff vom Packeis eingeschlossen. Seine Mannschaft meuterte. Um zu überleben und um sich auch weiterhin den Gehorsam der Mannschaft zu sichern, versprach Hudson den Matrosen, mit ihnen über den Atlantik zu segeln und an der amerikanischen Küste bei Long Island an Land zu gehen, sobald sie dem Packeis entronnen wären.
Er machte sein Versprechen wahr und entdeckte dabei den Hudson River, einen weiteren Wasserweg zu den Pelzgegenden im Norden. Nachdem Hudson nach England zurückgekehrt war, wurde er zum Militärdienst gepreßt, mit der Aufgabe, jenen Teil der amerikanischen Ostküste zu erforschen, der auf den Karten der englischen Marine noch weiß war. Hudson entdeckte jene Bay, die heute seinen Namen trägt und überwinterte mit seinem Schiff vermutlich in der Ruppert Bay. Er hatte endlich einen Weg zu jenem Teil der Erde gefunden, der in der damaligen Zeit als der absolut größte Pelzlieferant galt. Hudson erfuhr jedoch nichts mehr von den Auswirkungen seiner Entdeckung. Bei einer Meuterei kam er auf tragische Weise ums Leben. So blieb es Medard Chouart, Sieur des Groseilliers und Pierre Esprit Radisson, den Gründern der Hudson Bay Company überlassen, aller Welt die Bedeutung

von Hudsons Entdeckung für den Pelzhandel vor Augen zu führen.

Der große Waldgürtel Kanadas, der vom Atlantik bis zum Pazifik reicht, ist reich an Pappeln, Birken und Espen und in den Flußtälern gibt es Weiden in Mengen. All diese Pflanzen gehören zu der bevorzugten Nahrung der Biber. Es gibt keine vergleichbare Landschaft auf der Welt, die den Bibern so ideale Lebensbedingungen bietet. Und aus der Sicht eines Fellhändlers ist der Waldgürtel des Nordens ein wahres Eldorado.
Schon sehr bald entspann sich zwischen Holländern und Franzosen eine erbitterte Feindschaft um die Vorherrschaft in diesem Gebiet. Huronen- und Algonquins-Indianer brachten ihre Felle auf dem St. Lawrence zu den französischen Händlern. Die Irokesen waren die Mittelsmänner der Holländer in Albany und auf dem Hudson River.
Der Streit zwischen Holländern und Franzosen ging so weit, daß die Holländer die mit ihnen verbündeten Irokesen mit Feuerwaffen ausrüsteten und sie gegen die Huronen auf den Kriegspfad schickten. Die Irokesen zerstörten zahlreiche Dörfer der Huronen und brachten so den französischen Pelzhandel zum Erliegen.
Der erste große Erfolg von Des Groseilliers, den man sich wohl am besten als einen indianisierten Franzosen vorstellen muß, war, daß er das Waldgebiet bis zu den Großen Seen durchstreifte. Er suchte die geflohenen Huronen in ihren Verstecken auf und es gelang ihm, sie dazu zu überreden, auch weiterhin Felle den St. Lawrence Strom hinunter zu den französischen Handelsniederlassungen zu bringen. Des Groseilliers nahm im Jahre 1659 seinen Schwiegersohn Radisson mit auf die Reise. Die beiden wurden beim französischen Gouverneur vorstellig und beantragten eine Handelslizenz. Indes, der Gouverneur war abgeneigt, traute den beiden martialisch und wild aussehenden Trappern nicht. Also machten sich die beiden als unab-

hängige Händler auf den Weg. Und es bekam ihnen schlecht, denn der lange Arm des Gouverneurs sorgte dafür, daß sie mehrmals überfallen wurden. Außerdem verurteilte man sie zu diversen Geldstrafen und brachte sie so um den Erfolg ihrer Expedition.

Aufgebracht über derartige Ungerechtigkeit schiffte sich Des Groseilliers nach Frankreich ein, um sich dort Genugtuung zu verschaffen, aber bei Hofe wollte ihn niemand anhören. Auch stieß sein Vorschlag, eine direkte Handelsverbindung zwischen Frankreich und der Hudson Bay einzurichten, auf taube Ohren. Nach seiner Rückkehr nach Quebec sah er keinerlei Möglichkeit, seinen Handel fortzusetzen und so fuhr er zusammen mit Radisson nach Boston, wo die beiden einen George Cartwright trafen, der sich gerade auf dem Wege nach Massachusetts befand. Die Herren kamen ins Gespräch und Cartwright nahm die beiden Franzosen mit nach England, wo er sie Sir George Carteret vorstellte, der sie mit zum König nahm.

Man kann sich unschwer vorstellen, welchen Eindruck die beiden Ausländer aus den kanadischen Wäldern auf die Höflinge Karls II. machten. Aber ihr Angebot, Handelsexpeditionen in ferne Urwälder zu unternehmen und damit Englands Macht zu mehren, hatte etwas Faszinierendes. Dennoch dauerte es ziemlich lange, bis Des Groseilliers und Radisson erste Fortschritte erzielten. Schließlich war es Prinz Rupert, der Cousin des Königs, der im Jahre 1667 ihr Projekt aufgriff und sich beim König dafür stark machte. Rupert of the Rhine war einer der brillantesten Royalisten seiner Zeit. Als Führer der Kavallerie hatte er während des englischen Bürgerkrieges großen Eindruck gemacht und sich später als Admiral der Flotte während der Kriege mit den Holländern große Verdienste erworben. Außerdem galt er als Patron der Künste und war selbst ein geschickter Graveur. Ruperts ständig suchender Geist muß von dem Handelsprojekt der beiden Franzosen begeistert gewesen sein. Nach und nach gelang es ihm, die

Höflinge Karls II. ebenfalls zu begeistern und so konnte das Abenteuer beginnen.
Der König überließ Des Groseilliers und Radisson zwei Schiffe der Royal Navy, die »Eaglet« und die »Nonsuch«, eine Ketch. Am 3. Juni 1668 war es endlich soweit: Die Eagle unter Kapitän William Stannard mit Radisson an Bord und die Nonsuch unter Kapitän Zachariah Gilliam aus Boston mit Des Groseilliers an Bord segelten die Themse abwärts.
Als Handelsware für die Indianer hatten die Schiffe Bisquits, Mehl, Rind- und Hammelfleisch, Rosinen, Pflaumen, Zucker und Gewürze, Essig und Öl und, als besondere Spezialität, acht Gallonen Zitronensaft an Bord. Außerdem hatten die Schiffe »Wampunpeage« geladen. Wampun war die Standardwährung des frühen Pelzhandels, die man von den Indianern übernommen hatte. Sie bestand aus kleinen Muschelschalen, die man überall an der Küste von Neu England fand und die als eine Art Wechselgeld weit verbreitet waren.
Während der Überfahrt geriet die Eaglet in einen Sturm und wurde so schwer beschädigt, daß sie nach England zurückkehren mußte. Die Nonsuch jedoch entkam dem Sturm und erreichte die Südküste der James Bay am 29. September 1668. Noch bevor der erste Schnee die flachen Küsten überzog, hatten die Seeleute Fort Charles fertiggestellt, das als späteres »Rupert's House« in die Geschichte einging.
Fort Charles war ein zweistöckiges Blockhaus mit einem 12 Fuß tiefen Keller und einem geschindelten Dach. Die Flüche und Verwünschungen der Seeleute, die in dem strengen Winter von 1668/69 in Fort Charles an den Feuern saßen, hat niemand überliefert, aber es müssen grimmige Flüche gegen jenes unwirtliche Land gewesen sein, an dessen Küste sie gelandet waren. Und selbst in ihren freundlichsten Träumen haben sich diese Seeleute nicht ausgemalt, welchen Aufschwung Kanada während der kommenden Jahrhunderte durch die mit einem königlichen Freibrief versehene Handelsgesellschaft nehmen

sollte. Denn jetzt war eine Handelsverbindung geschaffen und als im Frühling die Eisschollen auf dem Rupert River brachen, stachen Kapitän Gilliam, Des Groseilliers und die Besatzung mit der Nonsuch in Richtung England in See. An Bord hatten sie eine gewaltige Ladung Felle.
Der Erfolg der Reise überzeugte eine Gruppe königlicher Investoren. Und diese Interessengemeinschaft konnte den König schließlich dazu bewegen, eine »Royal Charter« zu unterschreiben. Dies geschah am 2. Mai 1670. Die sogenannte »Royal Charter« war zu jener Zeit eine bewährte Methode, auf dem Umweg über Handelsgesellschaften das Territorium des Empire zu vergrößern. Die »Moskau Company«, die »Eastland Company«, die »Virginia Company« und die »East India Company« sind Beispiele dafür.
Es zeugt von einem starken England, daß die »Hudson Bay Company« im Jahre 1670 gegründet wurde. Überall strahlte noch der Glanz des Elizabethanischen Zeitalters, obwohl die große Königin bereits seit 1603 tot war. Auch Shakespeare weilte seit einem halben Jahrhundert nicht mehr unter den Lebenden. Aber Miltons »Paradise Lost« war ein begeistert aufgenommenes neues Buch – und erst drei Jahre alt. Im Jahre 1666 hatte der Brand von London die englische Hauptstadt fast völlig zerstört und Christopher Wren plante gerade den Wiederaufbau der St. Paul's Cathedrale.
Im Jahre 1670 regierte Karl II. seit zehn Jahren das Inselreich. An seiner Seite standen Männer, die schon für seinen Vater gekämpft hatten und die unter der Commonwealthregierung ein Exil ertragen mußten. Diese Männer hatten Abenteuer in Kriegs- und Friedenszeiten erlebt. Es herrschte eine Art Ruhelosigkeit auf allen Gebieten. In der Wissenschaft, der Kunst und gerade im Handel suchte man nach neuen Ufern. Und nach Gebieten, die man erobern konnte.
Der erste königliche Freibrief für die Hudson Bay Company ist in den Archiven der Gesellschaft erhalten. Er besteht aus fünf

Kultfiguren der Eskimos. Wann sie errichtet wurden und welche Bedeutung sie haben, ist bis heute nicht geklärt. Sie dienten den wandernden Sippen seit Jahrhunderten als Wegweiser durch das Ewige Eis.

Nächste Seite oben: Basis-Camp einer Jagdexpedition. Zum Schutz gegen den eisigen Wind wurden Schneeblöcke um die Zelte geschichtet.

Nächste Seite Mitte: Baptistenkirche auf Ellesmere Island. Um sie errichten zu können, ließen sich die Missionare auf einen »Teekrieg« mit ihren Kollegen aus Rom ein.

Nächste Seite unten: Nach erfolgreicher Robbenjagd. Die Tiere werden am Strand sofort zerlegt. Ihr Fleisch wird dann per Kanu zu den Siedlungen gebracht.

Vorhergehende Seite: Die Bohrstation einer Mineralölgesellschaft nur knapp 150 Kilometer südlich des Nordpols.

Oben: Eskimos haben einen Eisbären erlegt. Für europäische Begriffe geschieht dies auf wenig waidmännische Art: Mit kleinkalibrigen Projektilen, meist 222er Magnum, wird solange auf das Tier geschossen, bis es fällt. Daher ist auch die ganze Vorderseite des Bären voll Blut. Die Eskimos essen immer noch Eisbärfleisch, obwohl die meisten Tiere schwer trichinös sind.

Unten: Von Tierforschern mit einem Betäubungsgewehr erlegt: Der König des Nordens. Dem Eisbären wird eine Blechmarke ins Ohr gezwickt. Die Forscher erhoffen sich davon Aufschluß über die Wanderwege der Bären.

Pergamentblättern, etwa in der Größe 60 × 50 Zentimeter und auf ihnen wird detailliert beschrieben, welcher Rechte sich »The Governor and Company of Adventurers of England trading into Hudson's Bay« erfreuen konnten. Gerichtet war der Freibrief an »Our Dear and Entirely Beloved Cousin Prince Rupert and his associates: The Duke of Albermarle, Earl of Graven, Lord Arlington, Lord Ashley, Sir John Robinson, Sir Robert Vyner, Sir Peter Colleton, Sir Edward Hungerford, Sir Paul Neile, Sir John Griffith, Sir Philip Carteret, James Haye, John Kirke, Francis Millington, Wm. Prettyman, John Penn and John Portman, the true and absolute Lords and Proprietors«. Die Ländereien, die König Karl II. der Gesellschaft überließ, umfaßten ein Gebiet von einer Million vierhundertsechsundachtzigtausend Quadratmeilen. Das entspricht 38,7 Prozent des heutigen Kanada.

Natürlich setzten die Franzosen den Handelsbestrebungen der Engländer heftigen Widerstand entgegen. Der Kampf um die Vorherrschaft im Pelzhandel endete eigentlich erst im Jahre 1821 und bis zum Jahre 1713 tobte sogar ein offener Krieg, der nur höchst selten von Friedensperioden unterbrochen wurde. Allerdings darf man dabei nicht vergessen, daß die unerhört strengen Winter, die unberührte Wildnis und die schier unendlichen Entfernungen für die wenigen Männer, die damals im Norden lebten und arbeiteten, einen ganz natürlichen Schutz boten. Hinzu kam der Umstand, daß The Bay während der stürmischen Jahre vor 1713 das Gebiet um die Hudson Bay in unverbrüchlicher Treue für die Englische Krone behauptet hatte. Dies machte sich bezahlt, als im Jahre 1749 der Königliche Freibrief durch ein Parlamentskomitee bestätigt wurde. Und es spielte eine ebenso große Rolle bei den europäischen Friedenskonferenzen.

In den ersten Jahren seit Bestehen der Gesellschaft entwickelte sich der Pelzhandel außerordentlich gewinnbringend. Vor dem Jahr 1685 gab es drei Forts an der James Bay, Fort Charles (später Fort Rupert River und Ruperts House), Fort Moose und Fort Albany. Daneben bestanden York Factory an der Westküste der Hudson Bay sowie kleinere Niederlassungen auf dem Festland.

Im Jahre 1686 kam plötzlich ein französischer Adliger aus den Wäldern. In seinem Gefolge hatte er 100 Soldaten und einen Geistlichen. Chevalier de Troyes hielt sich nicht lange damit auf, die 16 englischen Händler in Fort Moose gefangenzunehmen und einen großen Sieg im Namen des Königs von Frankreich und Navarra zu verkünden. Fast ebenso schnell fielen seinen stürmischen Angriffen Fort Rupert River und Fort Albany zum Opfer. Die wenigen Überlebenden in den Diensten von The Bay setzten sich nun in York Factory fest und verteidigten zäh und umsichtig diesen Stützpunkt.

Während der folgenden Jahre war es typisch für The Bay, daß *eine* Niederlassung stets gehalten wurde. Mochten die einzelnen Forts, abgeschnitten von der See und ihrem Hinterland auch der Reihe nach in Schutt und Asche sinken, mochten die Männer getötet und die Felle verbrannt werden, *eine* Station gab es immer, von deren Dach die englische Flagge wehte.

Drei Schiffe der Company, die unter dem Kommando des erfahrenen Marineoffiziers, Kapitän Michael Grimington, standen, überwinterten bei York Factory und im Frühjahr 1693 fuhren sie nach Süden und eroberten Fort Albany zurück. Im darauffolgenden Jahr landeten zwei französische Kriegsschiffe Kanonen vor York und zwangen die Besatzung nach einer 19tägigen Belagerung zur Übergabe. Im Jahre 1696 fand eine Art Wettfahrt zwischen englischen und französischen Kriegsschiffen in Richtung York Factory statt. Zwei Stunden nachdem die Briten die Mündung des Nelson River besetzt hatten, kamen die französischen Schiffe in Sichtweite von York Factory. Die Franzosen wurden zum Kampf gestellt und besiegt, ihre Ausrüstung und ihre Felle erbeutet und York Factory war wieder in englischer Hand.

Nachdem die englischen Pelzhändler nun wieder York und Albany in ihrem Besitz hatten, wollten sie daran gehen, Fort Rupert River und Fort Moose zurückzuerobern. Da kündigte zu Beginn des Jahres 1697 Kanonendonner die größte Seeschlacht in der Geschichte der Hudson Bay an. Die französischen Händler hatten sich die Unterstützung ihres Königs gesichert, um in einem letzten verzweifelten Ansturm die englische Gesellschaft für immer aus der Hudson Bay zu vertreiben. Vier französische Kriegsschiffe unter dem Kommando von Pierre le Moyne, Sieur d'Ibreville, der schon bei der Erstürmung von Fort Rupert River im Jahre 1686 dabei war, erreichten nur 40 Stunden nach der Ankunft dreier britischer Schiffe die Hudson Straße. Die »Pelikan«, das französische Flaggschiff unter d'Ibreville wurde von ihren Begleitschiffen getrennt und ankerte vor York Factory, um die Ankunft der drei anderen Segler abzuwarten. Aber die drei englischen Schiffe waren schneller und so entschloß sich d'Ibreville trotz des ungleichen Kräfteverhältnisses von eins zu drei, die Engländer anzugreifen. Die Schlacht dauerte mehrere Stunden und die »Pelikan« wurde von allen Seiten attackiert. Ihre Mannschaft wehrte alle Versuche, sie zu entern, erfolgreich ab. Ganz plötzlich stellte auf einmal das englische Kriegsschiff »Hampshire« das Feuer ein, begann zu schlingern und sank. Mit der »Hampshire« gingen 290 Mann unter. Wenig später ergab sich die »Royal Hudons's Bay« mit 190 Mann. Das dritte Schiff, die »Dering«, konnte in die Mündung des Nelson River entkommen.
Ein Sturm, der zur gleichen Zeit über die Hudson Bay tobte, verhinderte, daß d'Ibreville die »Royal Hudson's Bay« als Prise nehmen konnte. Der Sturm trieb die »Pelikan« und die »Royal Hudson's Bay« auf Grund und machte sie zu Wracks. Dreiundzwanzig Seeleute der »Pelikan« ertranken bei dem Versuch, im eisigen Wasser schwimmend die Küste zu erreichen. Schließlich aber kamen nun die drei anderen französischen Schiffe an und dies ermöglichte es d'Ibreville, seine

Kanonen an Land zu schaffen und die Übergabe von York Factory zu fordern.
Kommandeur in York Factory war Henry Baley und um ihn scharten sich Männer, deren Tapferkeit außer Frage stand und die bereit waren, die Sache auszukämpfen. Männer wie Grimington von der »Dering«, Smithsend von der »Royal Hudson's Bay«, Henry Kelsey und andere. Und so weigerte sich Baley zunächst, das Fort aufzugeben. Später handelte er immer neue Ultimaten aus und schließlich erreichte er, daß seine Garnison unter Trommelklang und wehenden Fahnen abziehen konnte. Kapitän Grimington erhielt sein Schiff zurück und es wurde ihm gestattet, damit nach England zu segeln. Gouverneur Baley und seine Leute begleiteten ihn. Und wieder einmal hatten die Männer von The Bay nur mehr einen einzigen Außenposten in der Hudson Bay: Fort Albany.
An den europäischen Königshöfen wurde im Jahre 1697 der Frieden von Reykjawik unterzeichnet und dieser Vertrag bescherte der Hudson Bay Company eine längere Friedensperiode. Gleichzeitig aber war die Gesellschaft zu jener Zeit fast ruiniert.
Die Geschichte der Hudson Bay Company kann jedoch nicht darauf beschränkt bleiben, einzig ihren Werdegang als Gesellschaft zu schildern, denn der Charakter einer Gesellschaft wird in erster Linie von jenen Männern geprägt, die sie führen und für sie arbeiten. In den frühen Jahren waren es Prinz Rupert und seine königlichen Freunde; und Radisson und Des Groseilliers, die ruhelosen Händler- und Eroberernaturen, die der Gesellschaft ihren Stempel aufdrückten.
Während der ersten Jahrzehnte in der Geschichte von The Bay bauten ihre Repräsentanten Niederlassungen längs der Küste, trieben Handel mit den Indianern und fürchteten sich vor den Franzosen. Immer wieder versuchten der Gouverneur und sein Komitee in London ihre Vertreter an der Handelsfront dazu zu bewegen, auch auf dem Festland Niederlassungen zu errichten.

Dies aber scheiterte an fehlender Ausrüstung und weil es einfach nicht genügend Männer für diese Art Unternehmungen gab. So dauerte es 20 Jahre, bis nach der Gründung der Gesellschaft eine erste Expedition ins Landesinnere aufbrach.
Henry Kelsey kam als Lehrling der Gesellschaft im Jahre 1677 in die Hudson Bay. Im Jahre 1690 unternahm er eine Reise in die »Prairie Lands«. Diese Reise sicherte ihm unter den englischen Forschern Unsterblichkeit. Als mutiger und unternehmungslustiger junger Mann lernte er die Sprache der Krähen-Indianer und paßte sich ganz dem indianischen Leben an. Zwei Winter verbrachte er im Tal des Saskatchewan, wo er sein Basislager in der Nähe von The Pas unterhielt. Sein Bestreben war es, unter den verschiedenen Indianerstämmen Frieden zu stiften, so daß diese ohne Angst vor Angriffen ihre Biberfelle nach York Factory bringen konnten. Er war der erste Angestellte von The Bay, der ein wirklich harmonisches Verhältnis zwischen der Gesellschaft und den Eingeborenen schuf. Die freundschaftlichen Bande, die er und seine Nachfolger mit den Indianern knüpften, waren einer der mächtigsten Faktoren bei der Entwicklung des Pelzhandels in Kanada.
Gegner von The Bay haben später versucht, Kelseys Aufzeichnungen zu diskreditieren und als Fälschungen zu entlarven, in der Absicht, der Gesellschaft zu unterstellen, sie habe den Forschungsauftrag, der in dem königlichen Freibrief extra gefordert wurde, vernachlässigt. Kelseys Tagebuchaufzeichnungen wurden Gegenstand politischer und später auch historischer Kontroversen, die endgültig erst im Jahre 1926 bereinigt wurden. In diesem Jahr fand man zahlreiche Originalaufzeichnungen von ihm in einem Schloß in Nordirland. Sie befanden sich unter Dokumenten, die den Nachkommen von Arthur Dobbs gehörten. Dobbs hatte die Hudson Bay Company im 18. Jahrhundert heftig angegriffen.
Henry Kelsey war der erste weiße Mann, der Moschusochsen gesehen hat und die Büffel auf den Kanadischen Prärien. Spä-

ter wurde er Gouverneur von York Factory und in den Archiven der Gesellschaft ist nachzulesen, daß er, gemäß des königlichen Freibriefes, stets für ein »discovery to ye Norward« eintrat.
Von d'Ibrevilles Sieg zur See und auf dem Lande im Jahre 1697 bis zum Frieden von Utrecht im Jahre 1713, in welchem England und Frankreich ihre Streitigkeiten beilegten, hatte die Gesellschaft nur eine einzige Handelsniederlassung in Kanada: Albany. (Der Herzog von Marlborough, der die britischen Waffen zum Sieg geführt und damit zum Frieden in Europa beigetragen hatte, war ein Gouverneur der Company.) Der Vertrag von Utrecht gab The Bay alle Niederlassungen an der Hudson Bay zurück. Im September 1714 übernahmen James Knight und Henry Kelsey stellvertretend für Königin Anne vom französischen Gouverneur Nicolas Jérémie York Factory. Von nun an lagen 70 Jahre friedlichen Handels vor der Gesellschaft.
Es war James Knight, der erste strenge disziplinarische Richtlinien aufstellte, auf deren Einhaltung er innerhalb der Niederlassungen ebenso wie im Umgang mit den Indianern eisern achtete. Da Krieg zwischen den Indianerstämmen dem Pelzhandel schadete, bemühte sich Knight um einen permanenten Frieden. Auf ihrem Weg nach York Factory wurden die Chipewyan Indianer oft von den Krähen-Indianern überfallen und beraubt. Knight schickte deshalb im Jahre 1715 William Stewart ins Landesinnere, um als Friedenstifter zu wirken. Stewart überquerte die Barren Lands und die Wälder südlich des Großen Sklavensees. Dort hielt er eine Versammlung der Stämme ab. Es gelang ihm, die Indianer zu versöhnen, aber schon zwei Jahre später befanden sich die Krähen wieder auf dem Kriegspfad und so baute Knight nördlich von York eine neue Handelsniederlassung an der Mündung des Churchill River. Fort Churchill wurde später als Fort Prince of Wales bekannt.
Unter den Indianern ging das Gerücht, daß weiter im Norden

Kupfer gefunden worden war und so entschloß sich James Knight im Jahre 1719, mit zwei Schiffen in den Norden zu segeln, um der Gesellschaft neue Ländereien zu erschließen. Vor Marble Island erlitt Knight Schiffbruch. Zwar konnte er sich mit den Besatzungen der Schiffe retten, aber er und seine Männer verhungerten.

Daß die Engländer nunmehr ihre Handelsgesellschaft fest etabliert hatten, hinderte die Francokanadier nicht daran, diesen »Bastards from the Bay« heftig Konkurrenz zu machen. Natürlich hatten sie es schwerer, weil die Küsten fest in britischer Hand waren und sie so gezwungen waren, Niederlassungen auf dem Festland zu gründen. Indes auch die französischen Händler bewiesen Erfindungsreichtum. Und sie setzten eine fast unschlagbare Waffe ein: Feuerwasser.
Immer wieder schickten die Engländer Expeditionen ins Landesinnere, um den Pelzhandel mit den Indianern neu zu beleben. Jedoch war diesen Expeditionen nur mäßiger Erfolg beschieden. Wenngleich die englischen Expeditionsleiter ihre eigentliche Aufgabe also meist verfehlten, leisteten sie als Forscher Beträchtliches. Eine der bemerkenswertesten Expeditionen während des 18. Jahrhunderts führte Samuel Hearne im Jahre 1771 bis zum Eismeer. Er war der erste Weiße, der den Arktischen Ozean vom Landesinneren aus erreichte. Am 21. Juni 1770 überschritt er den Polarkreis und erlebte das Wunder einer nicht untergehenden Sonne. Allerdings erlebte er auch ein Massaker zwischen Indianern und Eskimos, bei welchem der Eskimostamm völlig vernichtet wurde. Hearne gründete 1774 Cumberland House und übernahm im Frühjahr 1776 das Kommando über Fort Prince of Wales.
Der Streit zwischen Franzosen und Engländern im Norden war nicht nur eine Auseinandersetzung zwischen den beiden Nationen, es war auch der Wettstreit zwischen zwei Routen – der Hudson Bay und St. Lawrence Route. So folgten die Briten den

Spuren der Franzosen ins Innere des Nordwestens, gründeten Niederlassungen und ließen sich erneut auf kriegerische Auseinandersetzungen mit den Männern aus Montreal ein.
Im Jahre 1784 erwuchs der Hudson Bay Company ein Rivale, der das Zeug dazu hatte, die Engländer in die Knie zu zwingen. Schottische Einwanderer gründeten die North West Company. Es waren dies die Herren Frobisher, McTavish, Mackenzie, McGillivray, Todd, Sutherland, McKay und McLoughlin. Diese sogenannten »Wintering partners« lebten und arbeiteten im Westen. Sie reisten durch die Prärien in das Athabasca Land, überquerten die Rockies und drangen bis zum Arktischen Ozean vor. Mit allen Mitteln bemühten sie sich, die Vormachtstellung der »the English«, wie sie die Angestellten der Gesellschaft nannten, zu brechen. Diese wiederum wehrten sich mit nicht weniger schmutzigen Tricks gegen die »Canadiens« oder die »the Pedlars«, wie die Company die »Nor'Westers« bezeichnete.
Über allen North West Leuten stand Alexander Mackenzie. Er folgte Peter Pond, einem Pelzhändler und Glücksritter, in den fernen Nordwesten. Mackenzie unternahm seine Reisen nicht aus purem Abenteuergeist oder als närrische Kuriosität, ihm ging es einzig darum, einen preisgünstigen Verbindungsweg von diesen fernen Regionen in den Süden, in die zivilisierte Welt zu finden.
Von Fort Chipewyan am Lake Athabasca brach er im Jahre 1789 auf und fuhr jenen Fluß abwärts bis ins Eismeer, der heute seinen Namen trägt. 3200 Meilen hin und zurück bewältigte er in 102 Tagen. Nun dehnte sich die Landkarte Kanadas weit in den Norden. Mackenzie jedoch war bitter enttäuscht, weil er keine Passage in den Pazifik gefunden hatte. Wie Samuel Hearne glaubte auch Mackenzie an die Illusion der Nordwest-Passage. 1793 fuhr er den Peace River aufwärts, quälte sich über die Rockies und schrieb an einen Felsen an der Küste des Pazifischen Ozeans »Alexander Mackenzie, from Canada,

by land, the twentysecond of July, one thousand seven hundred and ninety-three«.
Mackenzie kehrte nach London zurück, um seine berühmten »Voyages« zu veröffentlichen. Er wurde vom König zum Ritter geschlagen und brachte es zum berühmtesten Pelzhändler seiner Zeit. Sein fruchtbarer Geist begann nun einen Plan zu entwickeln, der alle Pelzhändler in Kanada vereinen sollte. Ihnen allen sollte die Route der Hudson Bay Company zur Verfügung stehen. Im Jahre 1804 bemühte sich Mackenzie, unterstützt von einem Edward Ellice aus London, die Gesellschaft aufzukaufen, aber dieses Vorhaben scheiterte. Ein Jahr später bot die North West Company der Hudson Bay Company jährlich 2000 Pfund, um die Hudson Bay Route benützen zu dürfen, was abgelehnt wurde. Ermutigt von Lord Selkirk bemühte sich Mackenzie 1808 Mehrheitsanteile an »The Bay« zu erwerben, um diese dann mit der North West Company zu verschmelzen. Dieser Lord Selkirk indes hatte Mackenzie nur als Strohmann vorgeschoben. Nachdem er durch ihn die Mehrheitsanteile an der Hudson Bay Company erworben hatte, machte er sich daran, die Gesellschaft zu reorganisieren.
Nun setzte Sir Alexander Mackenzie alles daran, Genugtuung für diese Schmach zu erlangen. Mit allen Mitteln gingen seine Agenten gegen die Angestellten der Hudson Bay Company vor. Nachdem Lord Selkirk durch Landerwerb auch noch die Northwest Route für Mackenzie unpassierbar gemacht hatte, kam es zum offenen Kampf. 1816 überfielen Meti-Indianer in Diensten der North West Company die Niederlassung von The Bay in Seven Oaks und töteten 20 Männer, unter ihnen Robert Semple, den Leiter der Station. Dies brachte Lord Selkirks Siedlungsprojekt auf seinen Ländereien zum Scheitern. Der Lord führte einen ergebnislosen Kampf gegen Mackenzie und starb als schwer enttäuschter Mann im Jahre 1820. Sir Alexander Mackenzie, der fähigste Gegner der Hudson Bay Company, überlebte ihn nur um wenige Monate, auch er starb 1820.

Ein Jahr später schlossen sich die Hudson Bay Company und die North West Company zusammen. Im gleichen Jahr (1821) erhielten die Vereinigten Gesellschaften vom Parlament in London das Handelsmonopol für folgende Gebiete:

1. Das Nord-Department. Es umschloß das Land zwischen der Nordgrenze der Vereinigten Staaten von Amerika, der unbekannten Arktik im Norden, Hudson Bay im Osten und den Rocky Mountains im Westen.
2. Das Süd-Department. Es reichte von der James Bay nach Süden bis zu den Provinzen von Ober- und Unterkanada und schloß die östliche Küste der Hudson Bay ein.
3. Das Montreal-Department deckte die Interessen der Gesellschaft in Ober- und Unterkanada ab, beinhaltete die Königlichen Außenposten, später Labrador.
4. Den Columbia-Distrikt. Zu ihm gehörte das gesamte Tal des Columbia Flusses.

Als im Jahre 1867 die kanadische Konföderation Wirklichkeit wurde, waren sich alle Verantwortlichen von The Bay darüber im klaren, daß nun das Ende der Regierungsgewalt der Hudson Bay Company gekommen war. Jetzt ging es nurmehr darum, das Land an die britische Krone zurückzugeben, damit diese es unter kanadische Verwaltung stellen konnte. Dies geschah 1869.

Die Northwest Territories

Kanada ist nach der Sowjetunion das zweitgrößte Land der Erde. Verwaltungsmäßig ist es in zehn Provinzen und zwei Territorien gegliedert. Das größte Gebiet nehmen dabei die Northwest Territories mit 3379700 Quadratkilometern ein. Sie reichen vom 136. Längengrad im Westen bis zum 61. Längengrad im Osten und vom 60. Breitengrad im Süden bis zum 83. Grad 07 Minuten im Norden. Die Bevölkerung der N.W.T. beträgt derzeit etwa 40000 Menschen, was einer Dichte von etwa 0,01 Einwohner pro Quadratkilometer entspricht.
Der Kanadische Schild, der sich halbkreisförmig um die Hudson Bay legt, ist die geologisch älteste Region des Landes und nimmt fast die Hälfte des Gebietes ein. Der Kanadisch-Arktische Archipel umfaßt einmal die Tiefländer und Plateaus, die besonders Bank Islands, Prince of Wales Island und Devon Island sowie Teile von Victoria Island und Baffin Island umfassen. Dort ist die Oberfläche des Landes vorwiegend eben oder nur leicht gewellt. Die Hügel erreichen dort zwischen 100 und 400 Metern Höhe. An die Tiefländer schließen sich die sogenannten Innuitians an. Sie liegen nördlich des Viscount Melvill Sound und bilden ein bis auf etwa 2900 Meter ansteigendes Gebirge und sind teilweise vergletschert.
Die ersten Siedler kamen vor etwa 10000 Jahren in die Northwest Territories. Sie kamen über die Landbrücke, die damals Asien mit dem amerikanischen Kontinent verband. Und sie hatten viele Nachfolger, die in späteren Jahren ihren Weg über

das Eis der Beringstraße nahmen. Quer durch Alaska und das Yukon Territory wanderten sie in das Gebiet der großen Seen, folgten den Herden der Caribous nach Süden in Richtung British Columbia, Alberta und Saskatchewan und zogen immer weiter in den Süden bis nach Nordamerika. Von diesen ersten Einwanderern stammen die Prärieindianer ab. Ihr Weg in den Süden führte vermutlich durch eisfreie Korridore entlang der Cordillera.

Vor ungefähr 8000 Jahren waren die Gebiete entlang des Mackenzie River, um den Großen Sklaven- sowie den Großen Bären-See eisfrei, ebenso die westliche Arktikküste. Kleine Gruppen von Indianern, vermutlich nahe Verwandte der Büffeljäger, die zu jenen Zeiten die Prärien eroberten, zogen in die eisfreien Gebiete und folgten wiederum den Herden der Caribous. Diesmal in nördlicher Richtung. Auf ihren Zügen erreichten die Indianer die Küste des Arktischen Ozeans.

In einem Zeitraum von annähernd 2000 Jahren, also vor etwa 6000 bis 8000 Jahren, schmolzen die letzten Überreste der Gletscher in dem Gebiet der Territories und die Waldgrenze verschob sich nach Norden, etwa in der Ausdehnung, wie sie auch heute noch verläuft. Dabei war das Gebiet um die Hudson Bay damals der Eiskeller der Territories, wo sich die Gletscher am längsten hielten. Das langsam wärmer werdende Klima lockte immer mehr Indianer in den Norden. Diese Indianer hielten sich hauptsächlich in den Waldgebieten auf, wo sie allmählich feste Jagdgewohnheiten entwickelten und feste Ansiedlungen gründeten. Einige Stämme folgten weiterhin den Caribouherden bis ins Tundragebiet, kehrten jedoch in jedem Winter in die Waldgebiete zurück, wo es Brennholz und jagdbares Wild gab.

Während der folgenden 2000 Jahre überquerten die Vorfahren der heutigen Eskimos das Eis der Beringstraße und zogen in östlicher Richtung durch die kanadische Arktis. Diese Eskimos hatten bereits gelernt, Meeressäugetiere zu jagen, besonders Seehunde, und diese Technik ermöglichte es ihnen, sich

auch während der langen dunklen Wintermonate mit Nahrung zu versorgen. Und natürlich auch mit Brennmaterial.
Fast 3000 Jahre lang änderte sich nun fast nichts mehr. Die Indianer blieben in den Wäldern, die Eskimos siedelten im Tundragebiet, auf den Inseln und entlang der Küste. Zwar wuchsen die Indianerstämme im Laufe der Zeit, strenge Winter jedoch dezimierten ihr Volk immer wieder, so daß eine fast konstante Bevölkerungsdichte zu schätzungsweise 0,0001 Indianer pro Quadratkilometer erhalten blieb. Bei den Eskimos war die Bevölkerungsdichte noch geringer. Archäologische Funde aus jüngster Zeit lassen den Schluß zu, daß die ersten Eskimos, die in den N. W. T. siedelten, vor etwa 1000 Jahren ausstarben. Weshalb dies geschah, ist nicht bekannt. Vermutungen gehen dahin, daß sie von den Krankheiten dahingerafft wurden, die die ersten Besucher aus Nordeuropa auf das amerikanische Festland brachten. Diese Besucher (Normannen) kamen wahrscheinlich aus Grönland, und ihre Schiffe erreichten die N. W. T. etwa in der Zeit zwischen 800 und 1000 n. Chr.
Um die Jahrtausendwende drangen Eskimos noch einmal über die Beringstraße und Alaska nach Kanada vor. Zu jener Zeit hatten weiter südlich die meisten Indianer feste Gebiete besiedelt und manche Stämme – die Huronen zum Beispiel – betrieben sogar Ackerbau.
Die neueingewanderten Eskimos beherrschten inzwischen die Technik des Walfanges und eine Periode milderen Klimas lockte sie nach Osten und Süden bis fast an die Waldgrenze. Hier lassen archäologische Funde wiederum den Schluß zu, daß sich die Bevölkerung gerade der Eskimos kräftig vermehrte. Ein knapp zwei Jahrzehnte währender Kälteeinbruch vor etwa 300 Jahren dezimierte die Bevölkerung jedoch sehr stark.
Die Eskimos, die heute in den N. W. T. leben, sind die Nachkommen jener Einwanderer, die vor etwa 1000 Jahren über die Beringstraße kamen.
Als im 16. Jahrhundert die ersten Europäer den Sankt Lorenz-

Strom befuhren, lebten nach Schätzungen etwa 50000 Indianer und einige Tausend Eskimos in den Territories. 1535 hatte der Franzose J. Cartier das Sankt-Lorenz-Strom-Gebiet entdeckt. Ihm folgten Engländer, die vor den nachfolgenden Franzosen nach Norden auswichen. Es waren die Gründer der Hudson Bay Company, die die Territories erschlossen, indem sie Handelsniederlassungen gründeten. In die Spuren der Händler traten Missionare. Eine der ersten Siedlungen im Norden wurde 1610 von Henry Hudson auf Belcher Islands entdeckt. Die Siedlung, in der jedoch erst 1928 eine Handelsniederlassung errichtet wurde, hieß Sanikiluaq. Inzwischen gibt es 68 Siedlungen in den Territories. Sie sind hier in alphabetischer Reihenfolge (mit der Einwohnerzahl in Klammern) aufgeführt:
Aklavik (761), Arctic Bay (303), Arctic Red River (121), Baker Lake (850), Bathurst Inlet (11), Baychimo (7), Broughton Island (335), Cambridge Bay (806), Capr Dorset (601), Chesterfield Inlet (290), Clyde (359), Colville Lake (74), Coppermine (716), Coral Habour (399), Detah (182), Enterprise (62), Eskimo Point (673), Eureka (4), Fort Franklin (382), Fort Good Hope (368), Fort Liard (392), Fort McPherson (763), Fort Norman (279), Fort Providence (659), Fort Resolution (701), Fort Simpson (792), Fort Smith (2476), Frobisher Bay (2423), Gjoa Haven (382), Grise Fiord (114), Hall Beach (302), Hay River (2734), Holman (271), Igloolik (611), Inuvik (3006), Isachsen (11), Jean Marie River (54), Kakisa (9), Lac La Martre (181), Lake Harbour (207), Mould Bay (3), Nahanni Butte (76), Norman Wells (339), Pangnirtung (906), Paulatuk (107), Pelly Bay (241), Pine Point (1379), Pond Inlet (550), Port Burwell (81), Port Radium (99), Rae Edzo (1319), Rae Lakes (130), Rankin Inlet (638), Repulse Bay (272), Resolute (209), Rocher River (1), Sachs Harbour (161), Sanikiluaq (263), Snare River (8), Snowdrift (249), Spence Bay (411), Trout Lake (54), Tuktoyaktuk (671), Tungsten (130), Whale Cove (240), Wrigley (212), Yellowknife (8500).

Reisemöglichkeiten

Dem Interessierten stehen zahlreiche Möglichkeiten offen, die kanadischen Northwest Territories zu erreichen.
Am schönsten reist man sicherlich mit dem Schiff über New York und dann hinauf bis zur Hudson Bay, eventuell weiter über die Baffin Bay nach Tuktoyaktuk und von dort den Mackenzie aufwärts bis zum Großen Sklavensee. Auskünfte über Schiffsreisen erteilt jedes Reisebüro oder man wende sich direkt an Reedereien.
Die schnellste Verbindung in Kanadas Norden hat man natürlich per Flugzeug. Die Lufthansa bietet Arrangements an, inzwischen auch einige große Reiseveranstalter. Billiger sind die Angebote der kanadischen Fluggesellschaft Air Canada, die einen Ampextarif für Hin- und Rückflug bis Edmonton in Alberta für bereits etwa 1300,– DM offeriert. Hinzu kommen dann noch die Flugkosten in die Territories selbst, die bei etwa 300,– bis 700,– DM liegen, je nachdem wie weit man fliegen will.
Gewarnt werden muß in diesem Zusammenhang vor sogenannten Jagdreisen, die für etwa 15 000,– DM angeboten werden. In diesem Preis ist zwar der Abschuß für einen Büffel, einen Wolf oder einen Bären enthalten, ebenso Hin- und Rückflug sowie Unterkunft und Verpflegung für drei Wochen, wer sich jedoch eine Jagdsafari selbst organisiert, kommt mit der Hälfte des Geldes aus.
Auskünfte über preisgünstige Reisen in die Northwest Terri-

tories erteilt neben der kanadischen Fluggesellschaft Air Canada auch das Canadische Touristik Bureau in Frankfurt, Bibergasse 6, Telefon 0611/280157.

Wer die Territories bereist, sollte auf ein festes Programm verzichten und seine jeweilige Route dem Zufall überlassen. Oder den Empfehlungen, die er von Einheimischen erhält. Da es außer dem Mackenzie Highway – der erst in den achtziger Jahren fertiggestellt wird – keine Straßen im Norden gibt, ist man entweder auf Schiffe oder auf Flugzeuge angewiesen, in erster Linie auf Flugzeuge. Es gibt Dutzende zuverlässiger privater Gesellschaften, die meistens nur aus ein, zwei Mann bestehen und echte Buschfliegerei betreiben.

Hier die Adressen einiger Reisegesellschaften:
Arctic Convention Bureau
Box 1920
Yellowknife, N. W. T. XOE 1 HO
Telefon (403) 873-5959

Ferguson Travel Agency
Box 44
Fort Smith N. W. T. XOE OPO
Telefon (403) 872-4826 / Telex 034-4826

Mack Travel
Box 1760
Inuvik N. W. T. XOE OTO
Telefon (403) 979-2942 / Telex 034-44566

Sunset Travel
Box 487
Frobisher Bay N. W. T.
XOA OHO

Yellowknife Travel
Box 308
Yellowknife, N. W. T. XOE 1 HO,
Tel. (403) 873-4481

Da der Norden in verschiedene Jagdzonen eingeteilt ist und weil zudem die Bestimmungen häufig wechseln, ist es sinnvoll, sich vor Antritt einer Reise bei der Game Management Division, Government of the Northwest Territories, Yellowknife, N. W. T., XOE 1 HO nach den jeweils gültigen Bestimmungen zu erkundigen. Auskünfte erteilen auch die lizenzierten Outfitter, ohne die man ohnehin kaum Spaß an einer Jagd in den Territories hat.

Hier eine Liste der bekanntesten lizenzierten Jagdführer:
Drum Lake Lodge
Am Wrigley Lake in den Mackenzie Bergen gelegen. Ausgangspunkt für Großwildjagden, aber auch für Anglerfreunde geeignet.
Zu erreichen über Mr. Paul Wright, Fort Norman. N. W. T. XOE OKO.

Nahanni Butte Outfitters
Liegt im Mackenziegebirge. Gejagt werden kann auf Dall Sheep, Grizzly, Caribou, Moose und Wolf.
Zu erreichen über Mr. Don Turner, Box 307, Fort Nelson, B. C. Canada, Tel. (604) 776-6646.

Bison Big Game Outfitting
Die einzige Büffeljagd im Norden.
Zu erreichen über Mr. Frank E. Laviolette, Box 163, Fort Smith, N.W.T. XOE OPO

Hungry Horse Camps Ltd.
Bietet die Jagd auf Dall Sheep, Grizzly, Caribou, Moose, Wolf und Schwarzbär.
Zu erreichen über Box 299, Sundre, Alberta

Fred Carmichael
Outfitter für Dall Sheep, Grizzly, Caribou, Moose und Wolf.
Zu erreichen über Reindeer Air Services, Inuvik, N. W. T. XOE OTO